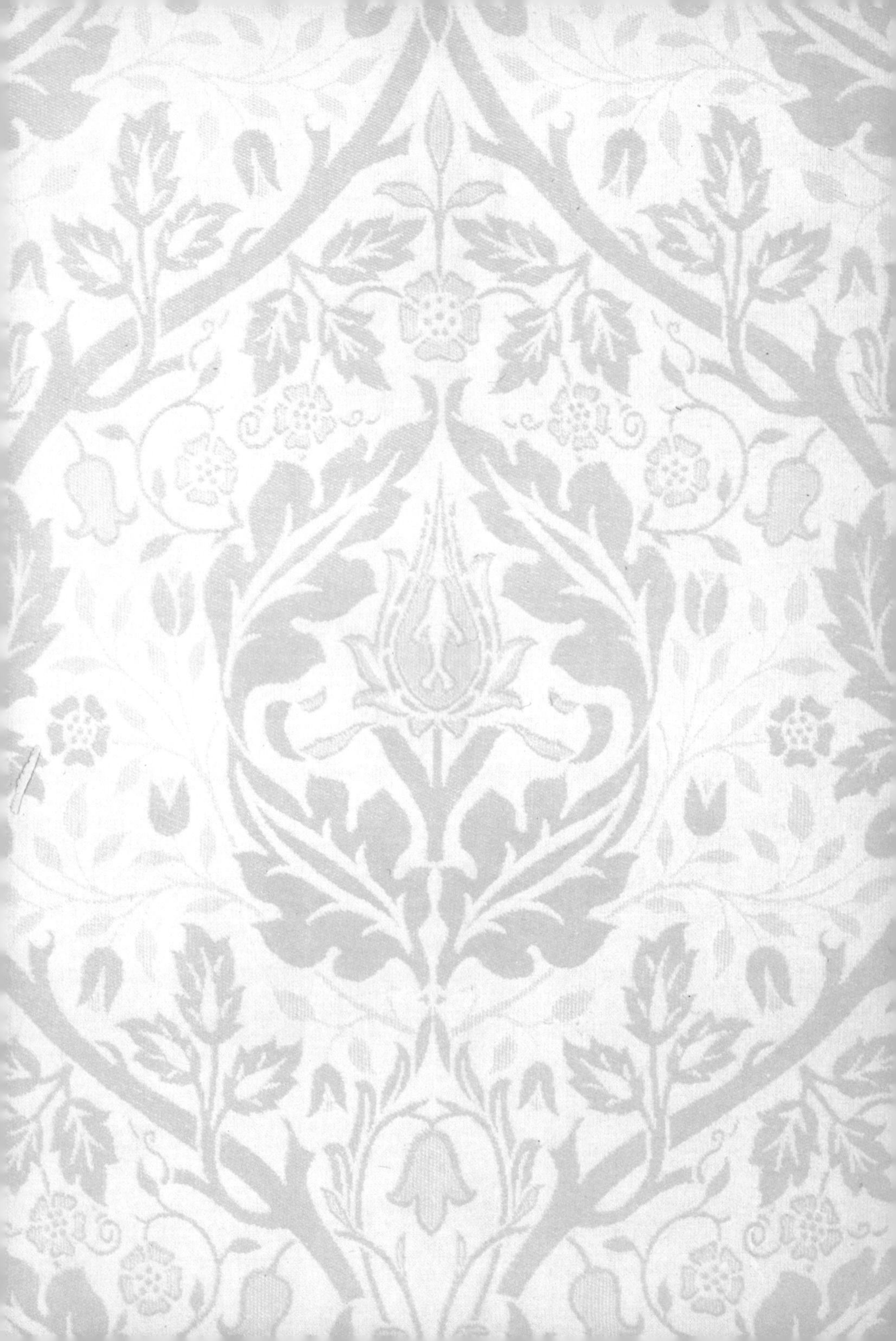

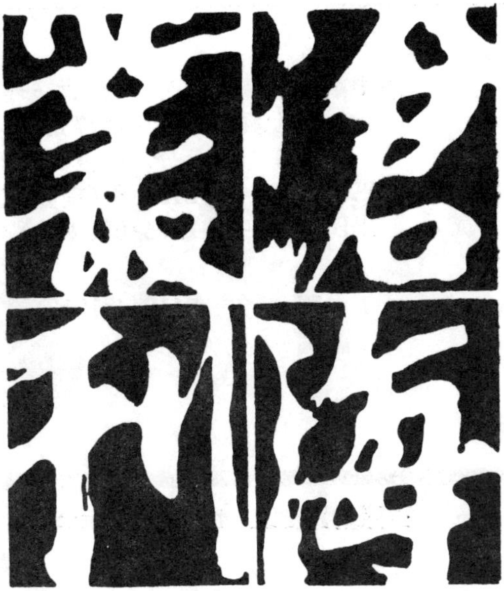

清史論集

陳捷先 著

東大圖書公司 印行

國家圖書館出版品預行編目資料

清史論集／陳捷先著. --初版. --臺北
市：東大發行：三民總經銷，民86
面；　　公分. --(滄海叢刊)
ISBN 957-19-2154-8 (精裝)
ISBN 957-19-2155-6 (平裝)

1. 中國-歷史-清(1644-1912)論文，講詞等

627.007　　86012881

國際網路位址　http://sanmin.com.tw

著作人　陳捷先
發行人　劉仲文
著作財產權人　東大圖書股份有限公司
臺北市復興北路三八六號
發行所　東大圖書股份有限公司
地　址／臺北市復興北路三八六號
電　話／五〇〇六六〇〇
郵　撥／〇一〇七一七五——〇號
印刷所　東大圖書股份有限公司
總經銷　三民書局股份有限公司
門市部　復北店／臺北市復興北路三八六號
重南店／臺北市重慶南路一段六十一號
初　版　中華民國八十六年十一月
編　號　E 60021
基本定價　肆　元
行政院新聞局登記證局版臺業字第〇一九七號

ISBN 957-19-2155-6 (平裝)

序

清朝是滿族建立的，滿族有著悠久的歷史淵源，他們的祖先在東北亞歷史舞臺上活動的時間可以上溯到先秦時代，在中國各民族長期共同發展的過程中，滿族確實起過相當重要的作用。尤其到他們建立清朝以後，在近三百年的統治期間，對種族的融和、邊疆的開拓、文化的發揚、歷史的傳承，都作過可觀的貢獻。因此，滿族的史事有很多是值得我們關注並應進行深入探索的。

中國是個多元民族的國家，國家的治亂與民族事務的處理是否得當很有關係，而且民族政策的成敗好壞，不但見效於當時，而且影響於後世。清朝在建立政權之初，正如以往中國很多朝代更替時的情形一樣，有不少民族直接或間接的投身在當時的動亂社會中，甚至有親身參與當時戰爭行列的。滿族早年主政者，在大變局中，卻能清醒的、理性的運用靈活的方法，漸進的實行政策，不斷的修正偏差，以致獲得了代明有國的勝利，成為統治中國的主人。尤其難得的是他們有恢宏的氣度，尊崇接受各族的優良文化，並讓各族的菁英共同來分享統治權力。又巧妙的運用藏傳佛教以控制蒙古與西藏；更務實而不盲從的採用漢人傳統的典章制度，收到以漢制漢的效果。

在清人崛起之初，在解決困難而複雜的民族問題上，滿族帝王的作為是成功的，可以得到肯定評價的。

清人入主中原以後，面臨眾多的漢人，廣大的土地，確有茫無涯際，不勝其任的慌亂感，後來雖以承襲漢族制度，創製很多適合變局後時代需要的政策，來收拾人心、撫順輿情，如此才漸次的恢復社會的秩序，穩固的統治政權。然而漢人傳統官場的一些層垢積弊，特別是貪污的問題，在乾隆年間隨著漢族官制的移植而顯現了，從而也顯現出了清廷政治的腐敗與國運中衰的徵兆。

這部論文集所收錄的十篇論文，多半是與上述這些清史重大問題有關的。由於文章是從我近年為中外師友祝壽、還曆、榮退或是參加學術會議的眾多著作中選出的，文體未必劃一，而內容也是學海一勺，加上現居海外，參考書籍不多，管窺蠡測之誤，必然難免，尚祈方家君子指教。

最後，我要在此感謝我的同鄉好友，傑出的成功實業家劉振強先生協助出版這本書，也感謝東大圖書公司編輯部同仁們為這部書問世所花費的時間與精力。

一九九七年八月於加拿大溫哥華山邊屋

清史論集 目次

從民族問題的處理看清朝政權的建立

一、小引

中國是一個多元民族的國家，歷史上朝代的更替，確有不少是因民族問題的處理得當與否而決定成敗的，清朝政權的建立就是一個明顯的例證。

清朝是滿族建立的，滿族的先世出自建州左衛，是女真的一支，明朝把他們看成是「看邊小夷」，因為他們的文化程度不高，實力也不強。但是到西元十七世紀後，滿族中出現了幾位傑出的領袖，他們先後統一了女真，戰敗了朝鮮，降服了蒙古，推翻了明朝，在明崇禎十七年（西元一六四四年）進入北京，成為統治中國的新主人。滿洲的興起與壯大乃至於代明有國，固然有很多原因可以解釋，若就民族問題的處理一端來看，似乎也能對他們的成就獲得一些答案，而且也不失為是研究此一問題的一個新方向。現在我就試從以下幾點，作一些說明：

二、女真族的統一

明朝遼東地區，女真部落林立，同時並存的有海西、建州、野人三大部分以及若干小的部落。海西女真居住在吉林扶餘（伯都訥）以北的松花江大轉折後的江南，以及黑龍江省哈爾濱東邊的阿什河流域。建州女真分佈在長白山北部、牡丹江、綏芬河流域。野人女真則遍居於自精奇里江下游直到庫頁島的整個黑龍江南北廣大地區。明初很重視遼東的經營，為了統治女真諸部，採行了設置羈縻衛所的政策，頒給女真大小氏族部落首領印信和敕書，讓他們定期進貢，管理部民並保守疆土。印信象徵地位與權力，可以藉以參加朝貢活動包括從事朝貢貿易。敕書則是在遼東進行馬市貿易的憑證，有此便可「擅參貂之利」。因此印信和敕書是與財富有關的。明朝中期以後，女真各部間常有戰亂，搶奪敕書，原因即在於此。

建州女真是由明初設置的建州衛而得名的。建州衛後來又衍生出建州右衛與建州左衛❶。這

---

❶ 據《明實錄》諸書所述，成祖永樂元年（一四〇三年）十一月以胡里改部首領阿哈出為建州衛指揮使，設置建州衛。永樂十年（一四一二年）從建州衛中分出左衛，以猛哥帖木兒為指揮使，努爾哈齊即出自此衛。正統七年（一四四二年）又從左衛中分出右衛，由猛哥帖木兒異母弟凡察任首領，至此建州三衛正式成立。

一支女真是由早年的斡朵里部與胡里改部匯集成的，多年來一直是女真諸部中比較先進的部落。明神宗萬曆十一年（西元一五八三年），建州左衛的首領覺昌安、塔克世父子二人，幫明兵作「嚮導」，在總兵官李成梁的指揮下，攻打另一個在古勒城的女真首領，結果覺昌安父子在戰爭中被明軍「誤殺」了❷，明朝為了補償建州左衛的損失，就讓塔克世的「嗣人」繼承了左衛長官的職位，並得到「敕書二十道，馬二十匹」❸。這位建州左衛的繼承人就是後來著名於史冊的清太祖努爾哈齊。

努爾哈齊繼任職位後，在明朝默許下，發動了復仇的戰爭，經過幾年的時間他幾乎統一了建州各部❹，也搶得各部的敕書，奠定了他「始強」、「始富」的基業❺。

---

❷《滿洲實錄》等清代官書都記覺昌安、塔克世二人在古勒一戰中被明兵誤殺（華文書局版，頁二九）；然明人著作如沈國元《皇明從信錄》、程開祜《東夷奴兒哈赤考》、王在晉《三朝遼事實錄》等書稱「奴酋為明兵嚮導」、「并死於兵火」等等。

❸《滿洲實錄》，頁二九。（明人著作多稱所賜敕書、馬匹各為二十，見程開祜等人書。）

❹同上書，頁三一～七二。自萬曆十一年五月努爾哈齊起兵克圖倫後，戰事順利，至萬曆十四年七月斬殺尼堪外蘭，復仇之役結束。其後完顏、董鄂、雅爾古諸部來降，建州各部乃告統一。

❺熊廷弼〈答友人查勘遼地書〉中說：「自建州之勢合，而奴酋始強；自五百道之貢賞入，而奴酋始富。」文見《皇明經世文編》，卷四八〇（臺北國風出版社重印本）。

海西女真中以葉赫、烏喇、輝發、哈達四部為最強，其中葉赫是明朝的「北關」，哈達是「南關」，他們是明朝在遼東地區的兩大屏藩。不過海西諸部不相統屬，葉赫尤具野心，因此不能聚匯為大股力量。當努爾哈齊漸露頭角時，葉赫始則向建州索取土地，繼而糾合海西及蒙古各部，組成九部聯軍，攻打建州，努爾哈齊不為所屈，沈著應戰，終於戰敗強敵並得戰利品「馬三千匹，盔甲千副」❻，大為增加了建州的發展資本。

努爾哈齊在擊敗聯軍之後，採取了非常務實的策略來對付這些敵人。他先以軍隊解決了勢力較弱的珠舍里與訥殷兩部❼。與海西女真中力量較強的烏喇與葉赫則結為姻親並訂盟約❽。哈達的首領在萬曆二十七年（西元一五九九年）被誘到建州遭殺害。旋於二十九年努爾哈齊乘哈達內亂與荒歉而兼併這個部族❾，也取得了他們的村寨，人畜與敕書。對於輝發部，努爾哈齊先於萬曆二十三年攻下了他們的重鎮多壁城❿，一則為控制參貂貿易的據點，再則也為日後消滅輝發作軍事路線的安排，結果在萬曆三十五年，乘其首領家族內鬨，攻陷輝發城，又為建州增加了不少

❻《滿洲實錄》，頁九八。
❼同上書，頁九九～一〇〇。
❽同上書，頁一〇二～一〇三。
❾同上書，頁一一〇～一一三。
❿同上書，頁一〇一。

人畜與財物⓫。烏喇在努爾哈齊心目中是一個極難對付的部落，在九部聯軍兵敗之後，努爾哈齊在戰爭中生擒了他們的首領布占泰，不但沒有殺他，也沒有索取贖金，甚至還把自己的侄女嫁給他，護送他回去再當首領⓬；可是布占泰仍然不聽努爾哈齊使喚，反與葉赫合作，對抗建州，因而引起努爾哈齊於萬曆三十五年及四十一年的兩度征伐烏喇⓭，烏喇終被努爾哈齊消滅了，而布占泰卻逃到了葉赫，使努爾哈齊有著除惡未盡的感覺。儘管部下主張乘勝攻打葉赫，但努爾哈齊認為自己糧食不足，應該先「務農事，裕積貯，遂不動兵」⓮。

在與建州以及海西諸部女真發生和戰關係的同時，努爾哈齊也著手對居於松花江、圖們江、綏芬河一帶以及更遠的野人女真部落從事經營的工作。他先命令在烏喇部勢力範圍內的安基拉庫與渥集、瓦爾喀等部貢納貂皮。瓦爾喀響應了他的號召，反叛烏喇而歸順了建州。由於瓦爾喀的歸降以及萬曆三十五年的大敗烏喇⓯，努爾哈齊乘勢於萬曆三十七年至四十二年之間，不斷對烏蘇里江上游、牡丹江流域、圖們江北岸以及日本海西岸各部落用兵，終於征服了渥集、那木都魯、

⓫ 同上書，頁一三二～一三五。

⓬ 同上書，散見頁九七、一〇六、一一七等處。

⓭ 同上書，散見頁一二五、一四六、一五五～一六〇等處。

⓮ 同上書，頁一七六。

⓯ 同上書，頁一四〇～一四四。

尼馬察、木倫、虎爾哈等大小部落，鞏固了北方基地，初步解除了後顧之憂⑯。

萬曆四十四年（西元一六一六年），建州的國勢日強，八旗制度已正式建立，八大臣與若干理事之官「札爾固齊」也參與理政⑰，努爾哈齊在萬事俱備下舉行了正式即金國大汗位的典禮，建元天命，大清帝國的始基由此奠定了⑱。

在政權成立後，努爾哈齊仍對黑龍江及庫頁島諸地的女真用兵，致使達斡爾部的首長終於來歸，努爾哈齊以宗女妻之，從此建立了與達斡爾之間的姻親及臣屬關係⑲。由於達斡爾在努爾哈

⑯ 同上書，頁一六八及一七六。

⑰ 同上書，頁一八〇～一八二。

⑱ 同上書，頁一八四。一般清代官書都記萬曆四十四年努爾哈齊建元天命，即金國汗位。然而事實上在滿文檔案中萬曆四十一年就寫記努爾哈齊「掌金政」事了。同時朝鮮人在光海君六年（一六一四年）也說「今者國號潛稱金」，可見努爾哈齊在舉行正式即汗位前幾年就有自稱金國的事實。至於「天命」年號，在努爾哈齊即汗位之時似乎也沒有確實建立，因為舊滿文記錄中只說當時即位上尊號，即位後的記事年月都用干支，沒有寫作天命幾年幾月的。過了四年後才有鑄「天命金國汗印」之說，這應該是「承奉天命的金國汗印」之意，所以天命作年號必是後來定的。不過清朝康熙年間重修《清太祖高皇帝實錄》時，開始有了「建元天命」之說。本文為行文方便，從康熙朝史官說法。

⑲ 同上書，散見頁一八七、一八九、一九六、二二二、二五六等處。

齊及其子皇太極期間得到優渥的待遇，黑龍江一帶地區的索倫族與鄂倫春族也先後投效金國，其間雖有叛服無常的局面；但到太宗崇德六年（西元一六四一年）將索倫、達斡爾等部眾正式編入八旗，並授該部首領為牛彔章京後，黑龍江中游就完全被清朝統治了⑳。至於海西的葉赫部以及烏喇的一部分殘餘勢力，在天命三年的薩爾滸大戰中，隨著明朝的慘敗也退出了歷史舞臺㉑，遼東各女真民族至此也在滿洲的名稱下歸於一統了。

原本實力不大、憑藉不多的建州左衛，何以能在三數十年內統一遼東全部女真民族呢？以下的一些事實也許可以幫助我們了解這一問題：

滿族興起之時，正值明朝末期，中國內部由於政治腐敗、財經失策而發生了流民運動，使得政局與社會極為不安。萬曆二十年代，明朝又出兵協助朝鮮抵禦日本的侵略，人財兩失，使國家的元氣大喪。加上政壇上又發生黨爭，互相傾軋，不以國事為重，因而給了建州左衛一個有利的

---

⑳ 清代官書中，達斡爾被概括在索倫部總稱之下（如《清太宗實錄》卷三等處）。崇德四年至六年間，索倫部仍與清朝發生戰爭，皇太極命索海等領兵征之，五年，俘獲男子三千一百五十四、婦女二千一百七十三、幼小一千八十九人，都以原氏族為單位編入佐領。六年，又俘獲多人，「按丁披甲，編補各旗缺額」，最後又將陸續歸附人丁「均隸八旗，編為牛彔」。黑龍江中上游遂入統治範圍（事見《清太宗實錄》卷五一；蔣良騏《東華錄》卷三；何秋濤《朔方備乘》、〈索倫部內屬述略〉等書）。

㉑ 《滿洲實錄》，頁二六九～二八〇。

發展機會。

努爾哈齊個人的因素也是值得注意的，例如他對明朝一直佯為恭順，使明朝的主政者與邊將都以為他是一個可信賴的人。他早年殺了克五十並向明朝進獻其首級，充份的表現了他熱心為明朝除邊患的誠意。他擁立哈達的繼承人武爾古岱並以女妻之，完全是配合執行明朝遼東政策的[22]。難怪明朝曾想利用他代替哈報來控制女真各部，因而授予他都督僉事與龍虎將軍等職銜。甚至到他即大汗位的前幾年，他的勢力已經相當強大了；但他仍然對明朝百依百順，竟做到「諭之撤車價則撤，諭之減人數則減」[23]，明朝當然對他仍有著付以重託的希望。

努爾哈齊對女真各部採取的剿撫並用策略也是正確而成功的。他以分化與兵威誘降了或蠶食鯨吞了很多女真部落。他的忍耐功夫也是可嘉的。例如他一再的與烏喇布占泰家族結親，儘管布占泰一直虐待滿洲的宗女。他對葉赫毀婚的侮辱也不作立即報復，為的是顧全自身發展的大局[24]。最後他終於逼使女真各部非亡即降，達到了他統一的目的。

在滿族勢力坐大進而統一女真各部的過程中，還有兩件事也是值得一提的：一是創造滿洲文字，一是成立八旗制度。滿族的祖先原先發明過女真大小字，後來由於蒙古長期的統治，族人不

---

[22] 同上書，頁一一三～一一五。

[23] 《明神宗實錄》，卷四八四，萬曆三十九年六月丁亥條。

[24] 《滿洲實錄》，頁一四六。

會使用本族文字而改用蒙文了。努爾哈齊戰敗九部聯軍以後，想到漢人與蒙古人都有文字，滿洲人只有語言而無文字，實在不便，也不像一個大國的規模，因而在萬曆二十七年（西元一五九九年），命儒臣仿蒙古文字形體創制滿洲文，後來又經清太宗時代在形與音方面做了改良，使其更為完備㉕，滿族中從此便使用自己的文字了，大到寫記書檔，小至鑄錢刻碑，處處都用滿文。滿文的創制與使用，無論對民族自尊心的增強，對女真各部的統一，或是對滿族文化的發展，都有積極的作用與意義。八旗制度是由女真原有的生產與軍事行動中的牛彔組織發展而成的。牛彔原義大箭，早年女真人行師出獵時，各依族寨而行，為了行動劃一，不致錯亂，就以執大箭的人為指揮㉖。努爾哈齊開創龍興大業後，不斷兼併女真部落並俘獲蒙古、漢人，屬下人口越來越多，劃定軍事組織自是必需之事，因而便以牛彔為軍民的單位，設「額真」（「主」的意思）為長官了。按清官書記述，萬曆二十九年以三百人為一牛彔，分黃、紅、白、藍四色旗分別所屬㉗。萬曆四十三年「添設四旗」，八旗制度於焉告成㉘。八旗制不是單純的軍事組織，而是行政、民政、家

㉕ 同上書，頁一〇八～一〇九。達海改良滿文加圈點事見《清太宗實錄》，卷一一，頁一九；然《滿文老檔》稱滿文加圈點係在天聰六年正月（北京中華書局版，頁一一九六～一一九七）。

㉖ 《滿洲實錄》，頁一一五。

㉗ 《皇清文獻通考》，卷一七九，《兵考》一。

㉘ 《滿洲實錄》，頁一八〇～一八一。

族、經濟及各種制度的綜合體，從八旗的高級長官旗主到小單位的牛彔額真，他們戰時領兵，平時則忙於登記戶籍、查勘土地、分配財物、收納賦稅、解決民刑、攤派勞役、指導畜牧、監督生產、辦理婚喪以及控制宗教等等的工作，所以八旗制度是清朝的國體，全國全民都隸屬於八旗。努爾哈齊在疆域日廣，軍民日眾之後，八旗制度能為他將分散的女真人以牛彔小單位組織起來，亦兵亦農，以軍事方式管理，形成一個有力的整體，這對建州左衛的發展與壯大具有重大的意義。

當然，經濟的因素對於女真統一也是有關的，努爾哈齊在兼併各部時也同時取得了各部的敕書，敕書的增多不但增強了努爾哈齊的政治與軍事的資本，同時也驅使努爾哈齊與其他左衛氏族領袖們為敕書而從事更多的征服，因為貪欲是無盡的，貪欲成了他們統一女真的動力了。

總之，努爾哈齊以「順者以德服，逆者以兵臨」的手段以及其他種種方法解決了女真民族的統一問題。

三、朝鮮族的征服

努爾哈齊統一女真，即金國大汗位以後，為了要有更大的發展，必須面臨更嚴重的民族問題，那就是在他們東西兩翼的朝鮮與蒙古族的和戰問題，以及對付南方更強大的漢族問題。

朝鮮與女真在明朝都是受漢人皇朝統治的，但是李氏朝鮮一直想控制女真，因此不斷的對女真進行征剿，特別是建州三衛，經過宣德、成化、正統年間的幾次襲擊，女真族人陸續南逃，最後隔圖們江和鴨綠江與朝鮮對岸而居了。

努爾哈齊興起以後，朝鮮正值日本大舉入侵，國勢大衰，對女真的控制也就有心無力了，只能派出一些使臣常到建州去刺探情況。努爾哈齊則想與朝鮮建立起和平的關係，互相通好，從事貿易㉙。朝鮮雖沒有與建州女真交通相好，但雙方都因實力不足，不敢貿然從事征伐之事。

萬曆四十七年（西元一六一九年），明朝發動了征剿努爾哈齊的薩爾滸山大戰，朝鮮在明朝的命令下不得不派出一萬多人參加東路聯軍，結果一敗塗地，朝鮮將領被俘的十餘人，兵士投降於滿洲的更達幾千人㉚。努爾哈齊有了這一筆降人的本錢，便向朝鮮提出結盟，共同反明，斷絕與毛文龍的關係，歸還逃人等等要求了。可是朝鮮一則是明朝的屬邦，不敢對「君父之國」有二心，同時也怕女真的進一步侵略，始終未予同意。因而採取拖延戰略，婉轉解釋，儘量週旋。所幸金國忙於對明戰爭，努爾哈齊也較為保守，在朝鮮不來侵犯的情形下，也就不急於解決雙方的關係問題了㉛。天命十一年（西元一六二六年），努爾哈齊病逝以後，年輕氣盛的皇太極繼承了金國的汗位，由於毛文龍駐軍韓境所引起的紛爭，朝鮮人韓潤兄弟的來歸滿洲願作嚮導帶領滿洲

㉙ 朝鮮申忠一《建州紀程圖錄》，頁一五～二四（臺北國風出版社重印本）。

㉚ 朝鮮姜弘立《虜中密詔》（見《燃藜室記述》，卷二三，巳未三月初五日條）。

㉛ 《滿文老檔》，頁六二〇、六三四、八六二、八七二。

征韓，以及朝鮮對清太祖的逝世未作任何哀悼的表示種種原因，終使皇太極發動了第一次的征韓戰爭，也就是韓國史書上所謂的「丁卯胡亂」。

天聰元年（西元一六二七年）的征韓之役，金國大軍銳不可當，朝鮮當局只好締約求和；但是在漢城方面的滿洲將帥與朝鮮官員先訂立了江都盟約，而在北部作戰的阿敏又在平壤與朝鮮人另訂了一個平壤之約。兩者內容略有不同，前者為互不侵犯的平等條約，後者則似為金國專享權利而朝鮮只盡義務的不平等盟誓，這也是日後滿洲與朝鮮紛爭的部分原因。

從天聰元年到九年（西元一六二七～一六三五年），雙方雖有盟約，但關係極不和諧。例如：

一、在互通使節方面：朝鮮是被逼訂約的，對明朝又有「君臣天地」的大義關係，因此通使的事是在隱瞞明朝的情形下偷偷的與滿洲進行的。春秋兩次遣使經常誤期，贈禮的事也不能如金國所想的送些需要的物品，態度與禮節上當然更不能使朝鮮待金國如對明朝一樣的恭謹，甚至連通函時朝鮮在文字上都小心研究，不願令君父之國的明朝顏面無光，因此常使金國感到異常憤怒。

二、在互市貿易方面：無論是遣使時的貿易，或者是邊界上的貿易，朝鮮官方與商人都因為無利可圖，興趣不高，而且金國人窮凶極惡的需要物資，甚至在「恐嚇百端」的與「無異奪掠」的情形下進行，使朝鮮官民怨聲載道，只得在萬般無奈下勉強應付，根本談不上互通有無。

三、在逃人交涉方面：金國對朝鮮也是非常不滿的，因為歷年來從遼東渡江逃到朝鮮的漢人、蒙古人以及被滿洲俘獲的朝鮮人，數量不少，朝鮮政府對這些逃人都不予調查，有些漢人被送返明朝，逃回的朝鮮人則讓他們回家團聚。金國人不斷的追究這些逃人，因而成為當時雙方交涉上的大難題。

四、在越界採捕方面：雙方在訂約時都同意「各守封疆」，「兩國人民有私自越境捕獵者，宜嚴察禁止」的；但是人參、獸皮這類昂貴的特產是雙方邊境上居民所渴求的，利之所趨，冒死越境採捕的大有人在，尤其朝鮮人違約的更多，頗令金國方面不滿。總之，在金國的天聰年間，滿鮮雖約為兄弟之國；但名實不符，雙方關係並不和睦，爭執仍多。到天聰末年多爾袞得到了元朝的傳國玉璽以後，在金國的滿蒙漢人都擁戴皇太極改元崇德，建號大清，唯獨與金國約為兄弟的朝鮮不願前往慶賀，新舊怨恨積聚起來，因而使皇太極決定了第二次的征韓行動。

崇德元年（西元一六三六年）十一月，皇太極祭告天地，整理甲兵，頒布軍令，不久發兵征韓，十二月大軍渡江攻破義州、定州。月中先鋒隊伍抵漢城，朝鮮國王李倧逃往南漢山城，當時皇太極也親身抵韓，並渡漢江參與包圍南漢山城戰役。李倧固守山城，又以蠟書八道，令諸道出兵勤王，並遣使告急明廷。然而事與願違，明廷正因流寇大興，無法分兵援助，而朝鮮東部諸道勤王之師，也相繼被清兵擊敗，朝鮮王妃、王子暨宗室多人又被金國人俘獲，李倧見大勢已去，加上皇太極有盡屠朝鮮人的恐嚇言詞，乃出城降清。

清帝向朝鮮提出的投降條件極多，如去明朝年號、奉大清正朔、以長子為人質、以事明朝禮節事清朝、出兵助清征明、不得擅建城垣、每年進貢金銀方物若干等等。皇太極親自主持受降禮，並在所設降壇的三田渡地方建碑，刻記一些「皇帝班師，活我赤子，哀我蕩析，勸我穡事」以及「萬載三韓，皇帝之休」感謝清太宗恩德的文字㉜。

朝鮮戰敗後，明朝失掉了東方的屏藩，清廷從此去掉了一大威脅，而能專力西攻南進了。

四、對蒙、藏兩族的策略

整個明朝，北疆的蒙古勢力仍很強大，到努爾哈齊崛起遼東時，游牧在女真附近的蒙古部落至少有科爾沁、內喀爾喀五部以及察哈爾等幾大部分。由於各部蒙古活動地區有別，實力各異，對明朝與建州女真的關係也不同，因此努爾哈齊對他們的策略也不一樣。大體說來約有以下幾點是慣用的手段：

㈠通婚：努爾哈齊在統一女真諸部時，通婚政策確曾產生過良好的效果。對於漠南蒙古，尤其是駐牧在嫩江流域的科爾沁部，通婚也是極佳的聯絡方式。科爾沁部是元朝皇室的旁支，本來受察哈爾蒙古控制，與鄰近的葉赫部關係良好，因此在萬曆二十一年也參加了九部聯軍去攻打努爾哈齊，戰敗後的科爾沁改變了對建州女真的敵對態度，先於萬曆二十四年遣使通好建州，並「獻馬百匹，橐駝十頭」㉝，從此即與建州建立了良好的關係。此後雙方不但幾乎絕無戰爭，而進一

㉜ 請參看拙作〈略論清天聰年間後金與朝鮮的關係〉（見《清史雜筆》第六輯，臺北學海出版社印行）。

步的又結為親家，最後竟到了「姻盟向最親」的地步[34]。總計自萬曆三十年代之後，努爾哈齊本人就娶過科爾沁部明安貝勒女及孔果爾貝勒女二人；皇太極娶過莽古思貝勒女及寨桑貝勒女二人；阿濟格也娶了孔果爾貝勒女為妻；多爾袞則娶了該部桑阿爾寨臺吉的女兒。除了科爾沁部以外，努爾哈齊的兒子也有娶內喀爾喀五部中札魯特部女子為妻的，如代善娶鍾嫩貝勒女，莽古爾泰娶訥奇貝勒女，德格類娶額爾濟格貝勒女等。努爾哈齊家族的女子也有因政治婚姻而遠嫁蒙古的，如天命初期努爾哈齊的四女兒嫁給了內喀爾喀蒙古巴約特部恩格德爾；天命晚期舒爾哈齊的孫女又下嫁科爾沁的臺吉奧巴[35]。事實上，包括察哈爾蒙古在內，都有與努爾哈齊家族結為姻親的，《滿文老檔》就有如下的一篇記事：（天命七年）四月初一日，召集察哈爾、喀爾喀前來之諸貝勒，汗陞衙門，諭諸貝勒各通婚媾。汗之親家為卓里克圖之子鄂勒哲依圖、揣爾札勒、噶爾瑪、索諾木、博琫。大貝勒之親家為莽古勒額駙之父子、岱表之子巴音岱、綽爾吉、米賽、伊林沁、額布根、伊斯哈布。阿敏貝勒之親家為拜興之子青吉勒、青吉勒之子達賴。莽古爾泰貝勒之親家為額爾德尼達賴之子多爾濟及特陵。四貝勒之親家為兀魯特七貝勒中已故龍貝勒正室之子明安及明安之三子昂昆、班第及多爾濟。德格類阿哥之親家為奇布塔爾。阿巴泰貝勒之親家莽噶泰

[33] 朝鮮申忠一《建州紀程圖錄》。

[34] 張穆《蒙古游牧記》，卷一，錄清高宗乾隆皇帝〈入科爾沁〉詩中有：「塞牧雖稱遠，姻盟向最親」句。

[35] 《滿文老檔》，頁五〇。

之子布當、袞濟、布爾胡納克、阿金。岳託阿哥之親家為威徵之子布彥岱。濟爾哈朗阿哥之親家為臺吉巴拜。齊桑古阿哥之親家為古爾布什臺吉。多鐸阿哥之親家為布達之子恩額類。此皆察哈爾貝勒,英明汗有意呼之為親家,並諭之好生豢養其諸女等㊱。

清太宗時代,科爾沁噶罕女嫁與多鐸;代善又娶喀喇沁部女;而豪格則娶科爾沁女二人。蒙古諸部娶得滿洲貴族家女子的,據可靠史料,至少有岳託女嫁與喀喇沁,太宗本人亦嫁女給察哈爾汗之子為妻㊲。

這些頻繁的婚姻關係,當然可以減少彼此的衝突;同時也破壞了科爾沁、內喀爾喀等部與察哈爾蒙古之間的團結、合作關係。

㈡盟誓:努爾哈齊用以聯絡蒙古的另一種方式是盟誓。天命四年金兵攻打開原時,喀爾喀五部雖有兵援明朝的企圖,但未能成功。努爾哈齊在攻克開原之後,便寫信給喀爾喀五部提到蒙古與女真「衣飾風俗相同」,如果發生戰爭,是「損害大家名聲」的事,所以「願與爾等立一盟誓」㊳。當時喀爾喀五部逼於察哈爾蒙古的威令下,不敢作任何回應。不久以後,努爾哈齊又進攻鐵嶺,並俘虜了宰賽,宰賽是喀爾喀五部中最強也是最有影響力的首領,努爾哈齊為了與喀爾喀五部結

㊱ 同上書,頁三七〇~三七一。
㊲ 同上書,散見頁九〇八、九九九、一二三二、一二四五、一五二六、一五三六等處。
㊳ 同上書,頁九九。

盟，特別「收養」了這個戰俘，終於在這一年的十二月間喀爾喀五部中的二十七位貝勒、臺吉與努爾哈齊派去的官員會盟，殺白馬、烏牛祭天地，又設置酒、肉、土、血、骨各一，以作互相誠信的象徵，敗盟者將會短壽、濺血、蒙土、暴骨㊴。努爾哈齊雖與喀爾喀五部結了盟，但沒有立即釋放宰賽。直到天命六年八月才以一萬頭牲畜的代價，讓五部贖回宰賽。宰賽臨別時，努爾哈齊又親率眾貝勒殺白馬一匹與宰賽盟誓，指明宰賽「歸故土後復生貳心，則天必譴責」㊵。

天命九年正月，努爾哈齊在恩格德爾來歸時，他們之間也書寫了誓言：努爾哈齊發誓要恩養恩格德爾，否則「必受上天譴責」。恩格德爾則聲稱絕不懷二心，不棄汗父，不然即受上天責罰㊶。

天命十一年努爾哈齊又與科爾沁奧巴臺吉會盟，雙方對明朝與察哈爾蒙古頗有責難，發誓永遠「恪守盟好」。盟誓時宰殺牛馬，焚香告天，並行三跪九叩首禮，顯然當時受漢化影響更深了㊷。

清太宗繼位以後，與蒙古諸部仍舉行會盟之事，如天聰二年與喀喇沁盟誓修好，天聰四年與阿魯四部誓盟；天聰五年與諸蒙古盟劃地界；甚至到改元崇德建立大清朝後，仍遣員往外藩諸蒙古貝勒處會盟㊸。

㊴ 同上書，頁一二一。

㊵ 同上書，頁二二六。

㊶ 同上書，頁五七一～五七二。

㊷ 同上書，頁六九八～六九九。

無論如何，此類盟誓在當時是對滿蒙關係的加強有裨助的。

㈢招降：對於統治蒙古族人，努爾哈齊時代即以招降為手段而產生了相當好的效果。早在萬曆三十三年，喀爾喀五部內的恩格德爾就獻馬來謁，努爾哈齊就厚賞了他，令他回國分化其他蒙古，果然一年多以後，他又率領喀爾喀五部貝勒多人來到建州，並給努爾哈齊上了「崑都侖汗」（謙恭可汗）的尊號㊹。恩格德爾不但後來成了金國的駙馬，也成為金國的貴冑中要員了。當努爾哈齊取得遼、瀋之後，喀爾喀各部以及其他蒙古也有來歸的，少的幾十戶，多的三、四千戶，努爾哈齊都給予他們優待，賜賞蒙古族人，努爾哈齊甚至還下令：「賞給蒙古來歸之人以奴僕、耕牛、乘騎及大服。」帶這批被養育的蒙古人「去生祭之所，供其食，有酒則供其飲之。至於瓜、茄、蔥、菜以及菜園之食物皆令同食，衣衫布褲易舊發新。」㊺這種待遇是當時漢族不可能享有的。到天命八年時，努爾哈齊招降的條件更優厚了，他竟諭令：「喀爾喀之諸貝勒上已無主，彼等各自為生，為求生活更加安逸，前來歸附。兀魯特諸貝勒，惡其蒙古國汗，故慕我來歸。凡此來歸之諸貝勒若有罪，則與我八貝勒同等視之，死罪則免其死，遣還故地。來歸之諸貝勒，爾等於處結親立業，……當勿以我女為畏，……豈令爾等受制於女乎？……」㊻如此好的招降待遇，

㊸ 同上書，頁八八九、一〇一〇、一〇八四、一一一二、一一一五、一六二七等處。
㊹ 《滿洲實錄》，頁一二三。
㊺ 《滿文老檔》，頁三五〇、三八八。

對蒙古各部的團結確是具有很大破壞力的。

㈣征伐：在建州左衛以及後來金、清政權的茁壯途程中，雖然以通婚、盟誓與招降等策略籠絡了或撫綏了不少蒙古部落；但是仍有若干是誓死與滿洲對立的，特別是察哈爾蒙古的林丹汗。努爾哈齊在攻克廣寧之後，對一些不願與他合作的蒙古人發動較大規模的戰爭了。首先是在天命八年四月征討札魯特的昂安部，結果大獲全勝，並得到了大量財富[47]。同時也引起了喀爾喀諸部不安，不少貝勒來投降努爾哈齊確是這一戰役的影響。尤至連察哈爾林丹汗的部下也有投奔努爾哈齊的，因而使努爾哈齊與金國領袖們都相信征戰是可以孤立林丹汗的勢力的。

林丹汗的仇視金國，一方面是因為他的祖先曾是漠南、漠北蒙古的共主，林丹汗想效法他的七世祖達延汗重振往日聲威，同時明朝為了對付金國，不惜以增加歲幣為條件，利用林丹汗抑制金國的發展。

林丹汗原本勢力很大，「帳房千餘」，加上有明廷作後援，對努爾哈齊的態度極為蠻橫，他曾經致書給金國，自稱是「四十萬蒙古國王」，而指努爾哈齊只是「水濱三萬滿洲國主」，並囚械了金國來使，令努爾哈齊萬分惱怒[48]。然而在努爾哈齊有生之年，只在察哈爾兵攻打科爾沁時，金

---

[46] 同上書，頁五三六。

[47] 同上書，頁四六四。

[48] 《滿洲實錄》，頁二八〇～二八一。

國派兵支援而令林丹汗初嘗敗績㊾。皇太極繼承汗位之後，在遼瀋地區以及朝鮮威脅解除後，乃向察哈爾林丹汗發動攻勢。天聰六年（西元一六三二年），皇太極統領金國八旗大軍與投順金國的科爾沁、喀爾喀、札魯特、敖漢與奈曼等蒙古軍，大舉進攻察哈爾部，直到西喇木倫河，林丹汗兵敗西走，兩年以後，病死青海大草灘。天聰九年，多爾袞等再率兵追擊察哈爾殘部，俘獲林丹汗之子額哲等人，並取得元代的傳國玉璽，促使皇太極改元崇德，建立大清㊿。

㈤宗教：清入關前利用藏傳佛教來聯絡並控制蒙古，也是值得一述的。滿族人本來不信奉藏傳佛教，清太祖努爾哈齊首先對喀爾喀蒙古引薦來的高僧「敬謹尊師，倍加供給。」㊿當這位高僧斡祿．打兒罕．囊素死後，努爾哈齊還決定收其舍利建塔供奉，因而奠定了日後滿洲與藏傳佛教的良好關係基礎；不過努爾哈齊也訓誡他的子孫，不要像蒙古人一樣的迷信藏傳佛教，以致帶來部族衰弱的後果。皇太極繼立之後，初則在歷次戰爭中降諭保護喇嘛廟與眾喇嘛，並經常贈送僧人銀兩或賜宴，以示聯絡。但是對於犯清規無誡潔之心喇嘛則加以管束，甚至勒令還俗52。這也是貫徹努爾哈齊以來信佛而不佞佛的主張，不蹈蒙古的覆轍。其後皇太極又在敗察哈爾蒙古後

㊾《滿文老檔》，頁六三七、六四七～六四八。
㊿《清太宗實錄》，卷二〇，頁三七，卷二三，頁一七、三三。
51 稻葉岩吉《清朝全史》，頁一〇四～一〇五（中華書局版，但燾譯本）。
52《清太宗實錄》，卷一一，頁二九～三〇；卷三四，頁一一。

興建實勝寺於瀋陽城西三里外，供奉元代八思巴以來代表至高信仰的哈嘛噶喇金佛，使蒙藏世界承認清朝為藏傳佛教的護法地位，也令黃教世界的信徒歸心於清朝[53]。最後在崇德七年（西元一六四二年），皇太極又以空前的熱忱接待達賴喇嘛的來使伊拉古克三胡土克圖訪瀋陽，五日一宴，歷時八月，並讓特使團一行在當地廣衍教法，更增強了清朝在藏傳佛教世界中的護法地位，也為日後達賴喇嘛五世與滿洲帝王歷史性的會談預作了安排[54]。清初皇帝為什麼如此的優禮藏傳佛教呢？乾隆皇帝後來對此事說得最清楚了：「蓋中外黃教，總司以此二人（按指達賴與班禪），各部蒙古一心歸之。興黃教，即所以曳蒙古，所繫非小，故不可不保護之，而非元朝之曲庇番僧也。」[55]總之，滿族在遼東地區的戰爭勝利、朝鮮的征服、大清朝的建立以及日後入主中國等等的大事業，都多少是因為不受蒙古與黃教世界的威脅而完成的，也就是滿族因能與蒙古和平相處而得以專心對付朝鮮與明朝了，這當然歸功於利用藏傳佛教的政策。

在皇太極控制漠南蒙古諸部以後，又建立了一套盟旗制度來編審他們的人丁，規劃他們的牧地，釐清他們的戶籍，確立他們的賞恤，以加強對蒙古族人的統治。另外對蒙古貴族又以封爵、

---

[53] 同上書，卷四三，頁七～一〇。

[54] 同上書，卷六四，頁一九～二〇。沈曾植《蒙古源流箋證》，卷八，頁二〇、二七。

[55] 《衛藏通志》，卷首，《喇嘛說》。此文原刻在故宮雍和宮中石碑上，碑文用滿蒙漢藏四種文字，漢字為乾隆皇帝親筆書寫。

通婚為其籠絡手段，終於收到了隔離蒙古並局限其武力發展的效果[56]。

蒙古諸部先後被滿族以通婚聯繫，以會盟聯絡，以招降撫綏，以宗教控制，或以武力征服，以及以爵祿羈縻，尤其是察哈爾林丹汗的敗歸大漠以後，明朝政府可以說完全失去了北邊的屏障，北方邊防因而不可聞問了。誠如《明史》中說的：「明未亡，而插（按指察哈爾）先斃，諸部皆折入於大清。國計愈困，邊事愈棘，朝議愈紛，明亦遂不可為矣！」[57]

對於藏族，滿洲人除了以宗教籠絡之外，他們又對藏族實行政教分離的政策。清崇德七年（西元一六四二年）西藏內部發生戰爭，顧實汗消滅了原在西藏施行政權的藏巴汗，並提高班禪的地位。達賴喇嘛與顧實汗原本與清太宗就有聯繫，此時更派出龐大代表團訪問瀋陽，清太宗對這兩政教領袖都給予支持，因而熱烈的歡迎他們派來的代表，並致書顧實汗說：「朕聞有違道悖法而行者，爾已懲創之矣」[58]，顯然承認了顧實汗的正統地位。清朝入關後，仍繼續與西藏發展和平交往，而且在順治九年（西元一六五二年）舉行了滿藏兩族領袖（順治皇帝與達賴喇嘛五世）在

---

[56] 《清太宗實錄》，卷二一，頁二〇。清初封蒙古王公五等爵位，即和碩親王、多羅郡王、多羅貝勒、固山貝子、鎮國公等。又給與特別俸祿銀緞等，即所謂「外藩世職，亦應給俸」，以擴大清朝對蒙古的統治。

[57] 《明史》，卷三二七，《外國傳》，頁八四九四（臺北鼎文書局重印本）。

[58] 《清太宗實錄》，卷六四，頁二三。

北京的會談，後來清朝又分別頒給達賴喇嘛與顧實汗掌理西藏宗教與政務的印信，具體的推行該地區的政教分離政策，進一步加強了西藏與中原的關係，幾乎解除了藏族以及受藏傳佛教影響至深的蒙族對滿族在中原發展的威脅[59]。

五、靈活的治漢政策

努爾哈齊在為父祖復仇時，顯然對漢人的印象不好，他在追殺尼堪外蘭的戰爭中，曾經殺盡了鄂勒琿城中的所有漢人。在征明的「七大恨」中也充分的表明了他對漢人政權的仇恨，因此在早年的軍事行動中，凡抵抗滿兵的漢人男丁，事後幾乎被屠殺殆盡，直到遼東的廣大地區被他征服以後，由於情勢改變，他才稍稍改變了對漢策略。至於促使他改變策略的原因，也許與以下一些事實有關：㈠漢人因怕被屠殺而大量逃亡，使金國損失了很多的生產與作戰的人力，也就是損失了很多「受益無窮」之人力[60]。㈡漢人因受身心虐待，終致鋌而走險，從事各種反抗活動，影響到了金國的進一步發展[61]。因此努爾哈齊便宣布「計丁授田」的政策，不久又委派漢將管轄漢

---

59 《清世祖實錄》，卷七〇，頁二〇；卷七四，頁一八。

60 《滿文老檔》，頁一八八。

61 同上書，頁二六八、二八七、三八三。

人，並令八旗軍戶分駐遼東各地以鞏固其統治權，同時又在天命六年至八年的三年之間，數度大事遷徙漢人，以分散實力，這種種措施，旨在轉化漢人成為金國力量而防止其逃亡或反側[62]。然而在遼東被征服的眾多漢人，雖一時逃過了屠殺的命運，但家族的遷徙，與駐防女真同住的不便，沈重的賦稅負擔以及隨時受到的勒索與欺凌，使他們不能安居樂業，久而久之便激化了他們的反滿情緒。從努爾哈齊的談話中，我們不難看出在女真人、蒙古人與漢人間有「懷邪惡之念」之人，大家不「懷忠善之心」，因而他提出警告說：「禍非外來，皆由自致也。」很明顯地當時金國之內存在著民族間的衝突與對立了[63]。特別是被征服的遼東漢人，他們的社會地位下降為農奴了，他們的生命隨時堪憂，如何能使他們勤於為金國生產呢？努爾哈齊新建的大汗國在人口驟增以後，糧食生產並不能等量的增多，嚴重的社會問題立即顯現了。努爾哈齊對漢人的逃亡日眾極為憎恨，對漢人的不合作生產甚感厭惡，於是在天命十年又調整了一次對漢政策。他命令屬人清查漢族人等，以他們的存糧與職業技能等作標準，有利用價值的留下來，其餘窮而無力生產的以及一些曾任明朝官員、秀才、不服從的單身人、可疑的人，全部都予屠殺[64]，留下活命的人編入生產單位，由八旗長官管轄[65]，再一次的剝奪漢人的勞力。努爾哈齊以為如此可節省下大批糧食並清除反抗

[62] 同上書，頁二六九、二七一、二七四。

[63] 同上書，頁四〇五。

[64] 同上書，頁六四三、六四六。

金國的異己人士，可謂一舉兩得。然而這種僵化的治漢政策，不合於時代的要求，結果造成社會生產萎縮，人民生活困難，軍事進展遲緩，政局動盪不安，金國領袖們覺察到民族問題單靠暴力是不一定能解決的，尤其不可能有永久性的解決。

天命十一年，清太宗皇太極繼位之後，即設法調整對漢人的政策，他了解漢族知識分子與官僚必須加以籠絡，收為己用，漢人的平民則應儘量予以收養，使其能苟安生活。因此在他即位後的第四天先降諭對漢人以往逃亡等事，一概不究既往，用以安定漢人民心[66]。不久後又為改善漢人地位制定了新法令，例如滿漢一體，司法與徭役不得有差別待遇；漢人專耕作，不應驅使他們做築城等的其他過重的勞役；滿洲人不得對編入農莊的漢人任加擾害等等[67]。接著又給編莊的漢人改善了生活與地位，規定「按品級每備禦止給壯丁八、牛二，以備使令，其餘漢人，分屯別居，編為民戶，擇漢官之清正者轄之。」[68]由於這道命令，使不少身為不自由的漢人農奴，頓時變為自由農民了。這一「編戶為民」的政策，很有收拾漢人的民心的效果，對日後明軍、明官的歸降是大有號召裨助的。

---

[65] 同上書，頁六四四～六四七。

[66] 《清太宗實錄》，卷一，頁九。

[67] 同上書，卷一，頁九～一〇。

[68] 同上書，卷一，頁一〇～一一。

天聰五年（西元一六三一年）皇太極又接受漢人降臣建議，仿照明朝制度建立六部，而六部次級官員中也安排了漢人[69]。又以《大明會典》為藍本，「參漢酌金」，創制了一套《金典》，以作為行政的準則[70]。儘管初設的六部在舊有的旗制下不能如理想的執行，但這些漢化行為確實在當時已鼓舞了漢官與漢民的心，減輕了對「異族」滿洲的敵意。

終皇太極之世，對漢人的治理政策是正常進步發展的，其後他又陸續實行考試選拔漢人，建立漢軍八旗，設立都察院等事，都是重視漢族的一些具體表現。

清太宗死後不到一年，明朝先亡於流寇，接著清軍大舉入關，定鼎北京，滿族又面臨了更為嚴重的治理漢族的問題。當多爾袞隨著吳三桂的大軍入關時，他們所有的兵力比關內各方漢人的兵力差得多，所占據的土地也小得多，經濟的實力更是有限，而漢人還有牢不可破的夷夏之防，清人想要做全中國的主人是極其困難的，然而多爾袞領導的滿漢合作政府卻在本無勝算的情形下制訂了一套非常成功的對付漢人的政策，終使整個情況改觀，這些成功的治漢政策，至少包括以下幾項：

第一，明末崇禎年間，清兵曾三次深入中原，屠殺虜掠，殘暴極點，給漢族留下極壞的印象。

---

[69] 皇太極初設六部即任用李延庚、吳守進、金玉和、金礪、高鴻中、祝世蔭等分別為吏、戶、禮、兵、刑、工六部漢承政。

[70] 羅振玉編《史料叢刊初編》，卷中，〈天聰朝臣工奏議〉，寧完我《請變通大明會典設六部通事奏》。

到北明亡國以後，多爾袞再率兵入關時，為了改變形象，下令八旗各軍在途經各地時，要「勿殺無辜，勿焚廬舍，勿掠財物」，做到秋毫無犯[71]。多爾袞進入北京時，更宣稱他是為明朝人「雪爾君父之仇」來的[72]，誓言要為漢人消滅流寇，藉以造成他們是「仁義之師」的假象。他們甚至對南明福王建立弘光政權也不反對，並且說：「其有不忘明室，輔立賢藩，……共保江左者，理亦宜然，予不汝禁。」[73]明朝臣民在飽受李自成短暫但恐怖的痛苦統治後，竟遇上了講「仁義」的友人，連史可法等愛國人士都願意與清兵「合師進討（流寇），問罪秦中。」[74]難怪各地人民都有更始之慶，而無亡國之痛了。

第二，流寇入京，崇禎皇帝自殺，李自成等人的很多罪行，使得明朝遺臣遺民，傷心欲絕，悲憤異常。清朝主政者很了解當時漢人的這些心境，於是著手從事撫慰人心與情緒的工作。多爾袞進京後先下令「官民人等為崇禎帝服喪三日，以展輿情」，並且命「禮部、太常寺備帝禮具葬」[75]。諭旨下達後，官民大悅，比起李自成的「拷打追贓」，實在不可同日而語。多爾袞後來

[71] 《清世祖實錄》，卷四，頁一七。
[72] 同上書，卷五，頁五；卷六，頁一六～一九。
[73] 談遷《國榷》，卷一〇二。
[74] 蔣良騏《東華錄》，卷四，頁一七～二〇。
[75] 《清世祖實錄》，卷五，頁三～四。

更為崇禎帝后建造陵墓，又派大學士祭明帝陵，當然這些措施更能迎合明人的心理。崇禎帝殉國時，從死的大臣有幾百人，清廷為安撫民情，又表揚了這批忠義之士，為他們追贈謚號，並撫卹他們的家人[76]。在大亂之後有這些作為，是絕對可以收拾人心的。

第三，滿洲人在關外就已經了解分配部分政權給漢族以及照顧漢族的利益是非常重要的，因此當多爾袞進入北京時，就喊出只要與清朝合作，任何做官的都「官仍其職」，「以原官與滿官一體辦事。」[77]而且不論黨派，不分有無在李自成手下做過偽官，一律錄用。如此籠絡了不少官員，也增強了清朝的政治資本，一般人民也都「各安其業」。對於明朝的宗室也給予特別的優待，只要投順清朝，一切利益都可能繼續享有。至於一般未出仕的知識分子則以維持科舉制度，不使他們進入政壇的希望落空[78]。另外還有一批地主富豪，清廷也照顧了他們的利益，凡是被流寇搶奪去的田畝，一律「歸還本主」[79]。這種種政策，都能令若干漢人喜笑顏開。

第四，當時漢人中居大多數的農民貧民，是流寇的主要組成分子，清廷當然重視他們，入關後，首重減輕他們的負擔，安定他們的生活。因而廢除三餉以及一些苛捐雜稅。又注意其他民生

---

[76] 同上書，卷六，頁二～三。
[77] 同上書，卷五，頁三。
[78] 同上書，卷五，頁六；卷一五，頁四、一五。
[79] 同上書，卷一五，頁二三。

方面的救濟，如命令地方官調查各地鰥寡孤獨以及行乞無業的人，政府並給與救濟。制定《賦役全書》，以防止貪官漁肉小民[80]。嚴懲與民爭利的官員，並整肅土豪奸棍，以保護人民大眾權益，這些行政措施無論效果如何，總是給貧苦大眾一些安撫與慰藉的。

第五，滿洲人在關外雖有與漢人合作治理漢人的經驗，可是漢族畢竟是一個具有深度文化的大民族，因此當滿族入關面臨治理更多漢人更大土地的新局面時，難免有茫無涯際，不勝其任的感覺。多爾袞等權貴頗能接受漢族謀士官員們的建議，對漢族的若干風俗文化採取了寬容的態度，如金之後的「十從十不從」，緩和很多人的反清情緒[81]。郝傑的勸農桑、撫逃亡、禁耗贖、嚴奢侈四項主張以及宋權的治平三策，都被多爾袞認為是有益於新政的，件件採納，命令部院執行[82]。這些政策的實行，不僅能革除明末的弊政，同時也給漢族一個新幻覺，即滿族有由夷變夏的趨勢，大為減少了漢人種族的偏見。

滿族入關初期的這類治漢政策，制定的非常成功，結果迅速的穩定了清廷在京畿以及華北一帶的統治。不過在清朝剛定鼎的時候，在滿族本身社會中卻因主政者善待漢人而發生了一些問題，事實上這種重用漢人，分配政權的事早在入關前一年就有滿洲貴族表示不滿了，有人曾說：「昔

---

[80] 同上書，卷一一，頁一三；卷五七，頁一九～二〇。

[81] 蕭一山《清代通史》，卷上，頁二八三（臺北商務印書館印行）。

[82] 《清世祖實錄》，卷六，頁七。

太祖誅戮漢人，撫養滿洲。今漢人有為王者矣，有為昂邦章京者矣；至於宗室，今有為官者，有為民者。時勢顛倒，一至於此。」[83]顯然他們是對領導人發出了不平之鳴。入關以後，由於「弔民伐罪」的口號成功，維護漢人利益的收效以及一些其他策略也籠絡很多的漢人，結果致使消滅流寇與福王的軍事行動進行順利，從而增強了若干滿族的自信心與優越感，對漢人更為輕視了，他們甚至認為平定中國各地是垂手而得的事。另外又因滿洲貴族壟斷了新政權核心，也分得了極大經濟上的實利。而出死入生的滿洲將士們卻並不如滿洲貴族那樣幸運，他們仍如以往一樣的「貧乏軍士不過一身一騎，攜帶幾何？」[84]不少人頗有微詞了。滿洲主政者為了鞏固政權，團結八旗，不使可信賴的本身力量分崩離析，乃設法強調滿族本位文化並使八旗屬下人變為富裕，「首崇滿洲」的政策，於是又推動了，薙髮與圈地這類壓迫漢民族的弊政便在這樣的一種背景下應運而生。薙髮是強迫漢人對滿族政權的認同與降服，圈地則是酬庸入關有功將士，既可解決滿族生計問題，又有著建立旗人網以保衛京師的軍事作用的[85]。滿洲貴族們以為實行這些政策是可以緩和八旗屬下情緒並鞏固統治權的。可是他們沒有想到有氣節的漢族是非常重視個人尊嚴與傳統文化的，因此認為「頭可斷，髮不可剃」的大有人在。圈地又引起了人民流離失所，生產銳減。顯見這些「首

[83] 《清太宗實錄》，卷六四，頁八〇。
[84] 同上書，卷六二，頁一三～一四。
[85] 《清世祖實錄》，卷一七，頁七～八；卷一二，頁二～三、一二～一三。

崇滿洲」的政策帶來了血腥的屠殺與社會的不安，破壞了滿漢民族間的新建立的和睦關係。清廷這些不妥的、失敗的民族政策，也影響了國家的統一。

南明反清勢力消滅以後，清廷擬定出了另一套新的治漢政策，著手醫療漢民族的創傷了。第一，在用人方面，我們知道：在順治一朝，無論京中或外省，官員都重用滿人或「專用遼左舊人」[86]，對漢人充滿了不信任，即使有漢人任職的也是權輕於滿洲，同時滿漢官員的品級也不劃一，滿高漢低，在在顯示了對漢民族的歧視。康熙以後，皇帝為解決這一滿漢民族間的問題，在政治上他先籠絡那些已投順清朝的漢官，不讓他們離心離德，所以在「滿漢文武，皆為一體」的口號上做了些實際工作。他下令「滿漢大小官員，職掌相同，品級有異，應行劃一。」[87]同時在各省督撫方面，他也降諭：「不論滿洲、漢軍、漢人，應簡選賢能推用。」[88]就連防守地方的武官提督、總兵官等職，他也主張用人惟賢，不拘滿漢。康熙皇帝確實做到了他經常強調的「言行一致」，在他統治期間，中央政府大學士在四大臣輔政期間是滿洲九人，漢人六人；而他親政後則先後任命滿大學士共十一人，漢大學士則升高為二十人，情況顯然大有不同。各省督撫也有改變，康熙年間先後出任總督者，滿洲為三十一人，漢軍為三十七人，漢族則為二十三人；而二百

[86] 徐珂《清稗類鈔》，第十冊，〈爵秩類・滿漢督撫條〉（商務印書館版）。

[87] 《清聖祖實錄》，卷三二，頁二〇～二一。

[88] 同上書，卷二二，頁一八。

六十一個巡撫當中，滿洲僅有六十一人，漢軍為九十八人，漢族共為九十二人，另十人身分不大明確[89]。這些數字足以說明這位帝王確是對「滿漢軍民，原無異視」的。他抓著漢族文武官員的心，當然是可以緩和當時部分民族間的衝突的。

第二，在經濟方面：自從明末以來，中國大部分地區因動亂影響，滿目瘡痍，農村破產，經濟持續崩潰，真是一個民不聊生的時代。順治入關後，雖然廢除明季三餉，救濟貧窮，但是清廷與南明的戰事仍是連續多年，而中國的人口眾多，生產停頓總是不利經濟振興的。桂王殉國之後，康熙帝為漢民族療傷時，認為經濟的課題尤為重要，因此他首先下令永遠停止圈地，以避免滿漢之間的進一步衝突[90]。他為了恢復生產，竭力的鼓勵墾荒，凡是漢人在各省開墾的荒地，「俱再寬限，通計十年方行起科」[91]。又將各地明朝廢藩的荒熟田「撥與原種之人，令其耕種」。這類「更名田」實際上是由政府給予原耕種者耕種，讓他們「與民田一例輸糧」[92]，使之變為自耕農。此外康熙帝又定出招民墾田的獎勵辦法，諸如「貢監生員民人墾地二十頃以上，試其文義通者，以縣丞用；不能通者，以百總用。」招墾一百頃的就可以知縣或守備任用了[93]。這些措施對當時

[89] 嚴懋功《清代各省總督沿革表》及《清代巡撫年表》。
[90] 《清聖祖實錄》，卷三〇，頁八；卷一二〇，頁一九。
[91] 《清聖祖聖訓．卹民》，見《清十朝聖訓》本（臺北文海出版社印行）。
[92] 同上書〈卹民〉，又見北京一史館藏《六部題定新例》、〈戶部新例〉、〈地丁〉部分。

以農立國的中國來說確是能促成恢復生產向前發展的。增加生產，安定民生，再加上不斷的蠲免賦稅，因而人民更有享「清福」的感受了。康熙皇帝一再告誡地方官員不可多事擾民，要「與民休息」[94]。廣大的貧苦漢民族在如此的生活條件下漸漸的恢復生產元氣了，對「異族」的仇恨也因此有了相當程度的退減或遺忘。

第三，在文教方面：中國的知識分子雖在國家總人口中所佔比例並不為高，但是這些「四民之首」的讀書人確是最能影響社會大眾的。清朝入關前後早就注意到這些，在瀋陽時代就舉辦過科舉，選拔優秀漢人，讓他們不再為奴隸。入關後很快恢復明朝科舉制度，也是為了籠絡眾多漢族讀書人的心。康熙以後，在既有的基礎上繼續努力，更進一步的駕馭漢族知識分子。康熙皇帝在科舉方面又增加「萬壽恩科」和貢士的復試，又首創「博學宏儒科」，這些都是為吸收大量漢族士人而特設的[95]。同時為了使參加科舉考試落第的人有新的進身之階，康熙皇帝又頒佈了捐官

---

93 《皇清文獻通考》，卷二八，陸隴其〈論直隸興除事宜書〉中論及招墾授官事，請參考。

94 康熙皇帝曾說：「從來與民休息，道在不擾，與其多一事，不如少一事。」甚至他對於大臣們的報告都主張「貴在簡當」（見《清聖祖實錄》，卷一一四，頁二八）。基本上，康熙皇帝有著尚德的政治理念，他相信「法令禁於一時，而教化維於永久。」（見《清聖祖實錄》，卷三四，頁一〇）因此為政不在多事擾民。

95 請參閱商衍鎏《清代科舉考試述錄》，頁二一。

的規章，大開了另一扇方便之門，實際上又網羅了一批士子。其他又用「徵舉山澤遺賢」，命儒臣入南書房供奉，禮聘漢族學者編書，大力提倡朱子學術等等[96]，都是表現清朝政府對漢人知識分子的禮遇與優容的，這種手段雖不如武力鎮壓立即使漢族服從就範，但是對解決民族問題而言，這些政治措施是勝過百萬雄兵的，絕對能興起高壓政策所起不了的正面作用。

康熙皇帝個人又能以身作則的配合推動以上的治漢政策，他不斷的大聲疾呼「滿漢一家」口號，見諸文字的至少就有二十多次，並付諸執行，因而收到了預期的好效果。他知道水利對農業生產關係最大，所以他對治理黃河「夙夜廑念」[97]，並且六次南巡都與視察黃河有關[98]。他在宮中力崇儉約，也命令中外各衙門減少開支，結果也做到了開源節流的目的[99]。至於在文教方面的表現，更是精彩絕倫，他服膺朱子學成為孔孟程朱的信徒，他教育子孫以《四書》、《五經》為主，

[96] 康熙朝創博學宏儒科事在康熙十七年，《起居注》、《實錄》諸書都記載此事。事實上，清聖祖已於前一年即康熙十六年十月設立了南書房，作為「談經論史」之所，這一機構也籠絡了另一批高級漢人知識分子。編纂群書，則安撫更多漢族讀書人，康熙朝所編經史子集等書不下百種，其中以《古今圖書集成》為最大。

[97] 《清聖祖實錄》，卷一五四。

[98] 同上書，卷一一七、一三八、一四〇、一九二、二一〇、二二〇等處。

[99] 《清聖祖聖訓》，〈聖德、節約條〉。

竟令漢族知識分子羨慕的說出：「士大夫家弗如也！」[100]他臨摹中國書法，閱覽《資治通鑑》諸書，都是終身為之，樂此不疲的事，甚至到咯血還不稍懈[101]。他命令所修的朱子學有關的專書與其他經史方面的專著，多達好幾十種，尤以《古今圖書集成》為最大，費時二十年，成書萬餘卷樣樣都成為中國文化寶庫的重要財富[102]。

滿族入關再制訂的這些籠絡漢族以及為漢人療傷的政策，確實是經過幾番巧思而後產生的，而靈活的運用手法更是值得稱許。因此，入關前後的滿漢民族問題由此得到某種程度的解決了。

六、結語

一個多元民族的國家，其治亂興衰多少是與民族問題處理得當有關的，而且民族政策的成敗

[100] 王士禛《居易錄》（原刊本），卷三，頁八。王氏又說：「聖祖在宮中親為東宮講授《四書》、《五經》。每日御門之前，必令將前一日所授書背誦覆講一過，務精熟貫通乃已。」

[101] 李元度《國朝先正事略》，卷首，曾國藩〈序〉（中華書局《四部備要》本）。

[102] 康熙一朝纂修的專書很多，著名的有《康熙字典》、《佩文韻府》、《駢字類編》、《分類字錦》、《音韻闡微》、《全唐詩》、《書畫譜》、《廣群芳譜》、《律曆淵源》、《古今圖書集成》等，都是中華文化產物中的瑰寶。

好壞，不僅見效於當時，同時也影響到日後。滿族是中華民族的一分子，他們從興起到建立穩定政權的這段過程，其間對民族政策的制作與實行似乎都可以幫助我們了解這些事實。

明朝末年，由於政治腐敗，經濟凋敝，遼東地區對女真諸族的治理政策終於弊端百出了。李成梁用「誘此間彼，專以掩殺為能事」的高壓方式；蕭百芝以高官身分「百般欺辱」女真人；地方政府立碑立約不遵守反而「勒要夷人償命」，市易則由貴族豪強把持，「壓價賤賣」、「貪勒索取」無所不為[103]。女真人在如此不合理的、高壓的政策下起來反抗了，在努爾哈齊的號召下團結成了大勢力反抗明朝，終致建立了政權。同樣的，新興的金在取得控制遼東地區的實權後，努爾哈齊也採取了狹隘的民族報復手段，大肆屠殺漢族人民，結果也引起了漢人的反制行動，有人為反剃髮與女真人從事武裝鬥爭，使得遼南地區到處烽火[104]。有人暗中到處放毒，害得努爾哈齊都飲食難安[105]。有人則冒死逃竄，使努爾哈齊損失了數以幾十萬的兵源與勞動人口[106]。入關以後清廷主

[103] 有關明末遼東女真部族受虐待事，詳見清太祖天命三年征明告天〈七大恨〉文；熊廷弼《遼中書牘》，卷一，〈答友人書〉；朝鮮李民寏《建州聞見錄》等資料。

[104] 《明熹宗實錄》，卷一一，天啟元年六月壬辰條；卷一〇，天啟元年五月癸丑條。又沈國元《皇明從信錄》，卷六，亦載此事。說明滿洲兵入遼陽後即強令漢人剃髮，致人民南逃，一時也引起抗爭，鎮江、復州、蓋州等地均有大規模流血事件發生。

[105] 《滿文老檔》，頁二〇六、二〇七、二〇九等處。

政者為鞏固自己的統治權與平息滿族人士的不滿，再度實行了剃頭、圈地、投充等錯誤的民族政策，因而又激起了滿漢民族的仇恨，破壞了剛建立的薄弱和諧關係，製造了國家分裂的創傷。這些事實說明了民族問題若以沒有遠見的高壓政策來解決，將是仇恨不斷，永無盡期。察哈爾林丹汗的狂傲自大當然不能成就大事業；但是滿洲臨之以兵威，正如對朝鮮一樣以力服之，結果也使得種族間的關係不能和睦的建立起來，甚至要花上百年以上的時間才稍稍的得到改善。

聰明的滿族領袖如皇太極、多爾袞和康熙皇帝玄燁等人，他們的表現則大有不同，他們知道滿族在當時人口很少，文化也不高，要想統治中國僅靠滿族是不夠的，只用高壓手段是不能竟其全功的。他們需要富於運籌帷幄的謀士，他們需要百戰沙場的將士，他們需要從事農業生產的大量農民，他們需要宣揚儒家倫理以安定社會的知識分子，他們需要互通有無的商人，他們也需要撫慰人心的宗教……，他們缺乏的人士、事物、制度太多了，因此他們制定出了一些比較成熟的，也是比較成功的民族政策。例如：

㈠與各族人共享勝利成果：滿族在半個世紀多的歲月中，統一了女真，戰敗了朝鮮、蒙古，取得了中國統治權，他們的收穫可謂豐多美備。然而聰睿的滿族領袖們知道他們無法獨享這份勝利成果，於是先後成立蒙古與漢軍八旗，讓蒙、漢族人分享軍政以及多項大權；又設立六部與都察院、理藩院等衙門，表示有心與蒙、漢族人共治天下。定鼎北京後，因為漢族的人口眾多，漢

---

106 同上書，頁二三五、二三八、六九三、七〇九、七一二。

族的土地廣大，便讓更多的漢人來參與政事，分享成果，而且不斷的修正政策的保守性與周延性，希望能實現「滿漢一體」的承諾。從康熙朝漢人在中外任官的人數的比例持續上升一點來看，滿族制定這一政策的理念是正確的，對於緩和民族間的衝突與仇恨顯然有著正面的作用與效果。

㈡照顧各族人的既得權益：人都是重視個人利益的，滿族主政者掌握了這一常人心理，在制定民族政策時，特別注意到對各族人既得利益的照顧。入關時提出「官仍其職」、「民安其業」的號召。動亂後又命令凡是被流寇搶奪去的田土財產，都要「一一歸還本主」，違者以寇黨論罪。清朝政府在關外與關內都一直重視科舉制度，主要的也是為維護漢族讀書人的權益而設想的，不使這些十年寒窗的知識分子失去進入政壇的機會。清初帝王的再三降諭各級官員不要多事擾民，怕的也是影響到人民的既得權益。這些務實的政策都是最能收攬人心的。加上苛稅的廢除，田賦的蠲免，更名田的給予，盛世滋生人丁的永不加賦等等都讓人民受惠不已。對於外藩、屬國，清廷也無意剝奪他們的既有權益，只要他們朝貢臣屬，蒙古札薩克或是朝鮮的國王，都各有其一如往昔的特權。各族人的權益既被照顧，民族間的對立與仇恨必然也隨之淡化與減少了。

㈢寬容接受各族的特有文化：我國漢滿蒙藏諸族各有其傳統風俗文化與宗教信仰，滿族是當時諸族中文化最落後的。因此從努爾哈齊、皇太極到玄燁，他們不但沒有表現狹隘的民族主義，實行文化「滿族化」的錯誤政策，相反地，他們都借用各族文化的優點來統治各族人民。清初利用藏傳佛教牽制並降服了黃教世界的蒙藏族人，入關後又以儒家思想，特別是程朱理學來控制漢族廣大群眾。他們限制了蒙族的活動範圍，但仍許他們過著遊牧的生活。他們雖強令漢人剃髮，但漢族仍有「十從十不從」的自由活動空間，薩滿教、佛教、道教任憑信仰，政府不加干涉；滿文、漢文、蒙文隨意學習，官方並無必修的語文，即使是考取進士被選為庶吉士修習滿文的一些漢人有因無心學好，成績很差，甚至在期考時交白卷的這些人也未見受到官方嚴厲的懲處[107]。滿族心懷寬大，由此可見一斑。相反的，滿族勤習漢文漢學的不但日多，忘卻祖先語文舊俗的比比皆是。順治皇帝據說能寫一筆蒼勁有力的漢字，也曾經因信佛想逃禪[108]。康熙皇帝則一輩子讀漢書、寫漢字，學問以朱子學見長，書法可媲美董其昌。他又首先仿效漢人古制立嫡立長，事雖不成，但心意可知。他以漢族命名制為他的兒孫命名，依遵漢俗嚴禁殉葬、婦女早婚並講求婚姻的尊卑輩分等事[109]，真是「夷人入中國則中國之」，在在表現了對「異族」文化的尊崇，難怪袁子才後來說出：「近日滿洲風雅，遠勝漢人」的話來[110]。

---

107 詳見李桓《國朝耆獻類徵》（初編），卷二三四〈袁枚傳〉及卷八八〈錢維城傳〉。

108 請參看孟森〈世祖出家事考實〉（《清代史》，頁四五五，臺北正中書局印行）。

109 康熙皇帝依漢俗古禮建立儲君事見《清聖祖實錄》，卷五八，頁一九。「清之避御名，立廟諱」，據唐邦治《清皇室四譜》（卷一，頁六）稱亦自康熙朝始。事實上，清代早期宗室人名都按滿語譯漢，既無輩分用字，亦無偏旁講求，自康熙朝始照漢人命名制度行之。又皇太極在關外雖下令不准女子在十二歲前早婚，但執行不嚴。康熙時，政府始明令不許早婚並嚴禁尊卑輩分不同人雜婚。

滿族在中國建立統治政權的期間確也有違反以上原則的民族政策，如屠殺、圈地、剃髮等等，但這些都是為鞏固一己的統治權，建立新朝代以及防止漢人反側而制定的。事實上他們先後所制定的那些正確而成功的民族政策，也是在有先決條件下完成的，那就是各族必需承認滿族的正統地位，否則也會對各族人施以高壓迫害的處置，文明也會變成野蠻的。

總之，清朝建立政權期間，滿族制定的各種民族政策，有著恢宏的氣度與各族共享成果；不專事貪婪，能照顧到各族人的既得權益，並以寬容的態度評估各族文化的優劣等等的特點，而這特點給了我們一個啟示：一個民族，要想成就大事業，必需具有遠大的眼光，智慧的巧思，寬容的氣度與靈活的方法，漸進的實行政策，不斷的修正偏差，才能獲得最後的成功與勝利。若懷抱著狹隘的民族意識，一味的高壓報復，那樣只能種植更多的仇恨，造成更多的不安與動亂。

---

⑩ 袁枚《隨園詩話補編》，卷七（北京中華書局印行）。

清入關前滿族的宗教信仰

根據可靠史料記載以及地下發掘的遺物，我們可以了解滿洲人的祖先原始宗教信仰是薩滿教。薩滿是指一種能通靈的巫人，她（他）們具有超自然的能力，可以為人向神明或祖先表示禮敬，或請求協助與指點迷津，也可以為一般人因遇險得救，遠征安返，重病康復，久旱降雨，甚至家中被偷以及其他大小疑難事務，祭神問神。由於薩滿教是崇拜多神的，他們崇拜的神明有圖騰神、祖先神、自然神、動、植物神等等，後來又因為與漢族文化接觸，佛、道兩教也影響到了他們，因而薩滿也有崇拜釋迦牟尼、觀音大士、灶神、財神、城隍、關聖帝君等神明了。

中國明朝末年的時候，滿洲部族興起了，薩滿教顯然在當時仍有不少滿洲人在信仰，據朝鮮人訪問過他們以後的說法：「疾病則絕無醫藥鍼砭之術，只使巫覡禱祝，殺豬裂紙以祈神，故胡中以豬、紙為活人之物，其價甚貴云。」❶另外也有朝鮮人參加了當時滿洲人新年宴會，看到努爾哈齊與部屬們在一起狂歡的情景，說他們除「彈琵琶，吹洞簫」之外，還有一項「爬柳箕」的

❶ 李民寏〈建州聞見錄〉（《紫巖集》，卷六，頁五上）。

餘興節目❷。按滿洲人的圖騰崇拜中有敬柳，以為祖先源於柳枝，所以有「柳枝娘娘」的傳說。《清實錄》裡也記滿族始祖愛新覺羅・布庫里雍順自天女出生後，便由他的母親天女佛庫倫「折柳條為坐具，似椅形，獨踞其上」而漂流到三姓地方建造滿洲國家的❸。此外滿族人家也常以柳木為家法，供於堂子，以代表祖先責罰族中不肖子孫，甚至滿族中還流傳一些柳樹變人、與人通婚的神話，都是早年薩滿教舊俗有關的遺痕❹。到清太宗時代，薩滿教在滿族中仍是流行，清太宗就曾經對濟爾哈朗說過：「薩滿經文，平昔考究者，爾等較初懶怠！」❺可見當時在他們的部族中仍有薩滿教的文獻存在。同時在現存崇德年間的滿文舊檔中，還記載了不少與薩滿有關的事件，如崇德三年（一六三八）四月二十二日發生過如下的一件事：

岳託貝勒新福晉訴其大福晉於法司曰：「大福晉請我至其家，招我近前，我即低頭，伊摘

---

❷ 申忠一《建州紀程圖錄》（臺北國風出版社重印本，頁一六）。

❸ 《滿洲實錄》（臺北華文書局重印本，頁四）。崇德四年（一六三九）祭岳託時仍用「祈福柳枝一百」（事見《滿文老檔》，頁四二七，北京中華書局出版）。

❹ 孟慧英著《滿族民間文化論集》，頁二〇八（吉林人民出版社出版，一九九〇年）。

❺ 《清初內國史院滿文檔案譯編》（上），頁三九七（中國第一歷史檔案館，光明日報社出版，一九八六年，北京）。

我額上一髮，於是我未食飯肉，還至家，令塔爾布曰：「爾往福晉家，索我頭髮，不與，則曰我必控訴。」塔爾布曰：「若出此言，爾首領難保矣！」遂去。從此，塔爾布規避，竟不還報。因遣我家兩婦人往索之。大福晉亦遣兩婦人，恐嚇云：「見爾髮上有蟣蝨，為爾捉之，誤摘一髮，已於爾面擲之矣！我取爾髮何用？若聲張此事，於爾不利，與我亦不便等語。」復遣其管家朱木布祿、薩瑪哈圖，仍以此言恐嚇。經審，兩人遣人恐嚇，摘髮以欺新福晉事俱實。……於是眾議：皆以為此係妖術，罪在不赦，應論死。奏入，上曰：「……此罪本不當赦，若誅之，則其父將無子絕嗣，且其又有幼子，可免之死，另築室於園中，令彼分居，以撫養幼子，許伊為幼子賽神，不許為貝勒賽神。」……著法司注冊存案。……❻

上引文中的「妖術」、「賽神」都是與薩滿教有關的，又如同年八月初四日條又記：

正黃旗固山額真譚泰告於法司：其已故之兄固山額真納穆泰之妻阿拉米之母，往祭伊子巴牙爾圖時，攜鑲藍旗安朱牛糸下古木布祿家之稱能眼見（靈魂）之女巫同往。其女巫曰：固山額真納穆泰、阿拉米之父來矣，巴牙爾圖身在，爾等何必祭之？因此將送葬衣服帶回。

❻ 同上書，頁三〇三～三〇四。

且將皇上所賜蟒裘應焚化者，取其裏改製皮端罩服之。又往溫泉，宴請薩穆什喀、龔袞。法司審訊，俱屬實。……上命將阿拉米之母正法，稱能眼見（靈魂）之女巫亦正法。……❼

他如同年十二月初十日內國史院的滿文舊檔中又記有：正黃旗寧塔海牛彔下蘇拜因為他的妻子迷信薩滿，連續祭神三次，終於「耗盡家產」逼得她丈夫告官，負責審理此事的官員親貴濟爾哈朗等以蘇拜的妻子「精神恍惚」有「心病」，判以無罪。清太宗不以為然，乃罰濟爾哈朗「雕鞍馬一匹入官」，又處分了其他有關官員，並說了：「薩滿經文……爾等較初懶怠」的話，表示薩滿迷信是不能鼓勵的❽。

清太宗崇德七年（一六四二）十月，清朝皇室宗親家還發生了一件崇信薩滿的事，官書中的記載是這樣的：

多羅厄勒紅貝勒妃家下章京石漢，叫覡者精古打剪紙人九個，同一太監對七星下祈禱，燒一半，埋一半。……第三日，石漢的妻、洛恰妻來說：妃發昏。石漢雖哭言，怎樣的不幸，遭這樣孽。苦多頓的妻、大央阿的妻又來說，妃已動不得了。石漢的子木成格，叫天叫地

---

❼《崇德三年滿文檔案譯編》，頁一六八（季永海等譯編，遼瀋書社出版，一九八八年，瀋陽）。

❽同❺，頁三九六。

放聲哭妃。……❾

從以上這些記事當中，我們不難看出：第一，儘管清太宗下令「永不許與人家跳神拿邪，妄言禍福，蠱惑人心。若不遵者殺之」❿；但滿族親貴與旗下屬人之中仍有不少迷信薩滿教的。第二，當時的薩滿教顯已受到了佛道兩教的思想與儀注的影響，如裂紙祈神是佛教的觀念，而剪紙人、拜北斗星則又與佛道兩教的儀注有關了。

滿洲人在入關之前，部族中信仰的薩滿教不但明顯的受到了佛道兩教的影響，事實上佛道兩教也已經被若干滿洲人接受而信奉了。談到女真人的信奉佛教，也許應該追溯到很多年以前才對，因為渤海國建立以後，佛教便由中國傳入，而一度盛行於白水黑山之間，並且由渤海再輸入朝鮮半島與日本，女真人不可能在當時不受佛教影響的。又從現存的史料中發現，明朝初年為開發遼東，曾興建了不少的佛寺，如洪武年間在鐵嶺落成的圓通寺、永樂年間在黑龍江入海處建築的觀音堂、永寧寺等，都是著名的古剎。這些佛寺的興建，雖然可以被視為漢人移墾與開發的歷史證物；但也說明了當地女真人受到佛教薰陶的必然性。因此，到明朝末年努爾哈齊崛起時，他的部將「頸係一條巾，巾末懸念珠而數之」，而努爾哈齊自己也「常坐手持念珠，而數之」⓫，可見

❾ 《太宗實錄稿本》，頁七九（遼寧大學歷史系刊本，一九七八年）。

❿ 同上書。

佛教對他們的影響已是很深了。滿洲人對佛法的禮敬與崇拜，還可以從以下幾件事情中窺知：

㈠努爾哈齊在他稱汗建元的前一年，也就是明神宗萬曆四十三年（一六一五），於「四月，始建三世諸佛及玉皇廟，共建七大廟。」⓬正如八旗制度在這一年內擴增完成一樣，建佛廟似乎也與他建立正式政權有關的，其意義是深遠重大的。

㈡努爾哈齊不但建廟以示崇佛，而且下令保護寺廟。他在天命六年（一六二一）十一月三十日頒降諭令說：「任何人不得拆毀廟宇，不得於廟院內拴繫馬牛，不得於廟院內便溺。有違此言，拆毀廟宇，拴繫馬牛者，見即執而罪之」⓭，因此可見他信佛的虔誠。廟宇固然不可拆毀或在廟中做些褻瀆神明的事，即使建築失修損壞後的基石也不能隨意處置。滿文舊檔裡記了這樣的一件事：

> 汗家北塔之基石，被周圍包衣人等盜取毀之。上奏後，遣眾大臣搜尋基石，並將被查獲之人各杖五十。該僧等亦因疏於看守而將為首之八僧晝牢餓囚之，待眾僧修復後釋放。⓮

⓫ 同❶，卷六，頁四下。

⓬ 《滿文老檔》，頁十九（中華書局出版，一九九〇年，北京）。

⓭ 同上書，頁二六七。

⓮ 同上書，頁六三一。

努爾哈齊的重視佛教廟宇，由此也得到一項明證。

㈢努爾哈齊對佛學似乎也有相當的研究，他常以佛書佛理來訓諭諸王大臣。例如他要大臣們推薦賢良人士時說：

> 古傳神佛之書，載言雖有萬種，但仍以心術正大為上。以我思之，人心之所貴，實莫過於正大也。爾諸大臣，勿曰為何舍親而舉疏，勿論家世，視其心術正大而薦之，不拘血統，視其才德而舉之為臣。……⓯

他也以祀佛為例，勸戒屬下貝勒大臣們多行善事，他說：

> （祀佛之僧人）彼因信佛，不娶妻室，不食人間糧穀，擇精食以為生。其能立志制勝者，何處有之？是乃福也！所謂福者，夫乃信奉神佛，苦修今世之身，求得福至，以期來世生於吉祥之地以求福也！爾諸貝勒、大臣，與其僅求一身之福，何如克成所委之事，以善言訓育屬下眾民，去其邪念，開導民心，同心向善，對上不背於汗，忠誠盡職，則爾等亦可揚名於當今，傳聞於後世，是乃功也！福也！我常念者，上天所予大國之事，勵精圖治，

⓯ 同上書，頁三七。

乃從公聽斷，弭盜平亂，普濟貧困，若能仰副天意，撫養貧困，國歸太平，則對天是大功，對己是大福也！[16]

努爾哈齊不僅信佛，似乎也信道教，在他一次為陣亡將士的祈禱文中可以看出一些端倪：

皇天助我，以我為是，縱失一二，並非天遣而死矣！雅巴海，我願為爾祈於天，爾亦告於所去之地閻羅王，俾爾轉生於汗伯父我家，否則或生於爾諸兄和碩貝勒之任何一家，或生於自和碩貝勒以下固山額真以上之任何一家。今書雅巴海、布哈、孫扎欽、巴彥、雅木布里、西爾泰、郎格、敦布達、哈木布祿、汪格等九人之名，祈告於天。蒙天眷我，征戰之道，縱有一二過失，亦必為皇天所諒，而眷佑亦必令爾等轉生於樂土也！……[17]

總之，在努爾哈齊時代，佛道兩教在滿洲部族中已相當流行，大家信仰的程度不亞於薩滿教，尤其是統治階層人士如努爾哈齊等人。

努爾哈齊死後，清太宗皇太極繼承了汗位，這位新統治者對佛道信仰似乎仍是虔誠的，他曾

[16] 同上書，頁三八。
[17] 同上書，頁一七八。

經在天聰五年（一六三一）重新整修了他父親時代興建的玉皇廟，清代官書裡也記錄了這件事：

先是太祖時，建玉皇廟於遼陽城南教場，香火不絕，後為貝勒阿濟格、多爾袞、多鐸屬下莊屯人拆毀，造棺槥市賣。上聞之，怒，追訊毀者，償價重建。……上以廟貌重新，給辦香火牲祭銀百兩。⑱

清太宗對於毀廟的人最為深惡痛絕，天聰八年他也嚴懲過毀廟的屬下人，史書中記：

上都城有廢廟，為御前庖人及眾侍衛之廝卒所毀，上見之怒，命縛至，鞭之（按滿文原始檔案記：「汗親鞭之」）。又有伊訥克牛彔下巴石塔、殷他海牛彔下莊奈、阿哈塞牛彔下白爾泰、巴士、俄庫約，各鞭一百，貫耳。素爾和、額駙滿朱習禮、侍衛阿喇密、胡沙、尼牙哈齊及噶爾噶圖等六人下廝卒，亦毀廟屋，取其木，其主謂不知，使誓於神，仍各鞭其廝卒一百，貫耳。庖人石特庫、薩璧，所以行舉首取木事，各鞭五十。薩祿知為廟中木植，不敢取，大藍取之，鞭一百，貫兩耳。宗室吞齊喀之廝卒，取廟木，又懼法避匿，鞭一百，貫耳鼻。土彥圖牛彔下巴代，以不行約束新俘漢人，致竊廟木，亦鞭五十。⑲

---

⑱《大清太宗文皇帝實錄》，卷八，頁一三。

清太宗的禮敬神佛不僅表現在修廟與處分毀廟的人方面，他自己也時常拜佛，如有一次在出巡途中渡太子河後，便親謁迎水寺拜佛，並行了三跪九叩的大禮[20]。當時滿洲部族中信佛的親貴也不少，如莽古爾泰就與他的家人、親信在佛前跪拜發誓，彼此結盟以對付清太宗，事發後多人受到處罰[21]。這些都足以說明佛教在當時滿族中流行情形之一斑。

不過，清太宗本人對佛教的信仰雖然虔誠，但很理性。尤其對於那些不守清規的出家人與私建廟宇想逃避差役的假和尚，極為不滿。他認為「佛教本清淨正直，以潔誠事之，可以獲福；若以邪念事之，反生罪孽。」至於那些「蠱惑婦女，誘取財物」的佛門敗類，更是被視為「必殺無赦」的人，他幾次降諭要對不法僧人治罪，將私建廟宇拆除。如天聰五年（一六三一）閏十一月十一日的一道諭令中就充分的表明了他個人信佛但不准有違法的僧人存在，他說：

> 奸民欲避差徭，多相率為僧，舊歲已令稽察寺廟，毋得私行建造，今除明朝漢官舊建寺廟外，其餘地方，妄行新造者，反較前更多，該部貝勒大臣，可再詳確稽察，先經察過准留者若干，後違法新造者若干，其違法新造者，務治其罪。至於喇嘛、班第、和尚，亦必清

---

⑲ 同上書，卷二〇，頁一五～一六。

⑳ 《滿文老檔》，頁二五二。

㉑ 同上書，頁二一一二。

察人數，如係真喇嘛、班第、和尚，許居城外清淨寺廟焚修，毋得容留婦女，有犯清規。若本無誠潔之心，詐稱喇嘛、班第、和尚，容留婦女，不守清規者，勒令還俗。……嗣後若有違法，擅稱喇嘛、班第、和尚及私建廟宇者，依律治罪。其願為喇嘛、和尚及修造寺廟，須啟明該部貝勒，方免其罪。……若道士及持齋之人，妄行惑眾，亦一體治罪。㉒

可見清太宗並不反對部族中人信奉佛教與道教，也不完全禁止興建廟宇，只是出家人應該清淨正直，潔誠禮敬，不能妄行惑眾或為逃避差傜而建造廟宇。

一六三六年，清太宗改元崇德，建國號為大清，他重申前令，強調道士「妄言禍福，蠱惑人心，若不遵者殺之。用端公道士之家，出人賠償。」並且還降諭規定：

各寺廟中和尚，有容隱奸細者，本寺廟中和尚全殺；隱藏逃走人者，將本寺廟中和尚為奴。舊冊外私添者，與隱藏逃走者同罪。該管的官若不稽察，或明知不舉，問應得之罪。……和尚先曾娶妻、養牲畜，如今我想佛道原是潔淨的，和尚不該有婦人、孩子、牲畜。南朝（按指明朝）有婦的和尚，若能舍得婦人（和尚）准為僧，若舍不得婦人，各固山為民。有躲避差役新為僧者，亦發為民。南朝有為女僧者，照舊為僧。新為女僧者盡革。……有

㉒《大清太宗文皇帝實錄》，卷一〇，頁二九～三〇。

私建庵觀，俱拆毀入大寺。各處院寺若干，每寺和尚若干，某姓某名，一一開寫明白，後有死亡增添者，照數查看。㉓

同年八月，還有一件事也是可以說明清太宗個人對佛教信仰態度的，《滿文老檔》裡寫記的非常清楚：

十四日，千山大安寺僧人何大峰重修古寺畢，以松花餅進獻於聖汗，曰：「人君食此餅可延壽明目。」聖汗降旨，責之曰：「若勤求治道，愛養人民，國泰民安，則上天眷佑，壽命延長，豈有食此松花餅而可以延壽明目之理耶？」諭畢，以其重修大安寺，賞銀十兩。㉔

另外，當清太宗兄長莽古爾泰病逝後，族中為這位大貝勒辦理祭奠大典時，清太宗又說了一段值得我們一讀的談話：

世俗多用紙為樓塔，上造佛像，焚化以資冥福，甚非所宜，佛豈焚化紙具，可以祈福乎？

㉓ 《太宗實錄稿本》，頁一四。

㉔ 《滿文老檔》，頁一五六九。

著永行禁止。㉕

根據以上所引幾件史料，我們不難看出：清太宗時代佛道兩教都仍在滿洲部族中流行，尤其佛教寺廟與和尚尼姑也顯然為數不少。皇帝本人崇佛是不容置疑的，不然他不會重修玉皇廟，或是賞大安寺僧人銀兩；不過他崇佛並不佞佛，因此他對於「有犯清規」與「妄行惑眾」以及逃避差役的一些出家人則大為不滿，飭令他們還俗或是將他們治以重罪。至於那些危害他個人統治權與滿洲部族生存的「容隱奸細」的僧人，則當然更要嚴加處治，甚至殺無赦了。此外，他不相信吃松花餅可以明目延壽，或是燒紙紮的佛像可以祈福等事，也都是可以說明他的禮佛是有理性的。

在滿洲人未入關之前，他們部族中除了信奉薩滿教、佛教、道教之外，由西藏傳來的喇嘛教（即藏傳佛教）也傳佈開來了，而且由於與蒙古聯絡的政治關係，喇嘛教不但發展的很快，甚至有後來居上的優勢。

喇嘛教是西藏佛教的通稱，元朝初年，密宗高僧八思巴得元世祖寵信，封為國師與帝師，喇嘛教也因而成了元朝的國教。蒙古滅金之後，統治女真人的時間不能算短，其間喇嘛教對女真人的影響不多，可能與早期喇嘛教的信徒多是蒙古貴族有關，到明世宗嘉靖年間，因阿勒坦汗征青海、西藏時，再度帶回密宗教義，而使一般蒙古大眾皈依喇嘛教，從此蒙古的尚武精神也為之喪

㉕《大清太宗文皇帝實錄》，卷一二，頁四〇。《滿文老檔》，頁四二七，記岳託祭禮仍焚燒紙紮物品多種。

失，社會結構也起了大的變化。

滿洲部族中接觸到喇嘛教並受其影響應該是十六世紀末年的事。尤其一位喇嘛教的高僧稱囊蘇（也有譯成囊素的）的來滿洲，更是對滿族宗教信仰的事有著極為重大與深遠的影響。這位由西藏到蒙古弘佛的喇嘛，在清太祖天命六年（一六二一）五月二十一日來到了後金定居，努爾哈齊奉為上賓。據記載，他「入汗衙門時，汗起身與喇嘛握手相見，併坐大宴之。」㉖同年六月初，囊蘇喇嘛屬下的小喇嘛二人也來歸了㉗，滿洲部族中喇嘛教的弘揚由此更盛。可惜囊蘇喇嘛在後金生活的時間不長，第二年他就圓寂西歸了，《滿文老檔》中還特別記敘了這件事：

……囊蘇喇嘛，聞英明汗敬養之善，初曾來往二次。得遼東後，該喇嘛來曰：「我雖身體不適；但仍抱病離故土而來，願在英明汗處棄我骸骨。」不久病危，終前該喇嘛囑曰：「如蒙恩愛，待我死後，將我遺體交與在遼東之巴噶巴喇嘛，令其祭之。」辛酉年十月圓寂，遂於遼陽城南門外韓參將之園屯舍內處修廟治喪。英明汗命巴喇嘛祭之，並遣圖魯什往接囊蘇喇嘛屬下在諸申、科爾沁之六十三戶，賜一漢人屯堡，以葬喇嘛之遺體。又賞給驗射後之弓五十張，賞甲五十副，馬五十匹和驢二十頭，及差使之奴僕男五十人、女五十人。㉘

㉖《滿文老檔》，頁二〇三。

㉗同上書，頁二〇八。

有關囊蘇喇嘛的死，在後來發現的〈大金喇嘛法師寶塔記〉石碑上也有一些記載：

法師斡祿・打兒罕・囊素者，烏斯藏人也。誕生於佛境，道演真淨，既已演通大法，復急普渡群生，由是不憚跋涉，東歷蒙諸部，闡揚聖教，廣散佛惠。……及至我國家，太祖皇帝敬謹尊師，倍加供給。天命辛酉年八月七日，法師示寂歸西，太祖敕令修建寶塔，斂藏舍利。緣累代征伐，未建壽域。今天聰四年，法弟白喇嘛奏請，欽奉皇上敕旨，八王府會旨，乃建寶塔事竣，鐫石而誌其勝。

大金天聰四年，歲次庚午，孟夏吉旦，同門法弟白喇嘛建㉙

又日本學者所著的《奉天與遼陽》一書中也記著：

遼陽城南之喇嘛園，或稱蓮花寺，敕建於清太宗天聰四年，為清代修建最古寺廟之一。……太祖時，從蒙古蒞此弘法的西藏黃教高僧斡祿・打兒罕・囊素，駐錫於此，圓寂於此，建

㉘ 同上書，頁三六五。有關囊蘇喇嘛死亡日期，舊檔與石碑記載有異，待考。又囊蘇一詞，為一大喇嘛下僧職，不是人名。

㉙ 稻葉岩吉著《清朝全史》，頁一〇四～一〇五（但燾譯，臺北中華書局出版）。

墳塋於此，故名喇嘛園或蓮花寺。天命六年，太祖佔領遼陽，迎他來此地弘法，圓寂後，太祖藏之於南門外哈納地方，除建廟奉祀，並撥戶口奴婢等守之。太祖本欲收其舍利建塔，因兵馬倥傯，未能實現，至太宗四年，始建塔奉之。蓮花寺之建造，為此喇嘛祈冥福者也。㉚

清太祖努爾哈齊的禮敬喇嘛，還可以從另外的一些事實中看出來，如《滿文舊檔》天命十年十一月初六日記事中就寫道：

喇嘛因不堪蒙古諸貝勒虐待，慕汗之養育，來歸。喇嘛下之薩哈爾察等亦皆背井離鄉，隨喇嘛來歸，殊堪憐憫。念其歸來之功，所有隨喇嘛前來之薩哈爾察，其子孫世代豁免差役，獲死罪則囚之，獲掠財罪則免之，憐恤之恩勿斷。將此繕擬敕書，賜給一百三十二人（原註：喇嘛乃唐古特部之人，曾來歸蒙古部科爾沁諸貝勒，因見英明汗之恭敬，故來歸遼東）。㉛

努爾哈齊對西藏喇嘛非常崇敬，喇嘛教在當時滿洲部族中的被禮遇當然也就可以想見了。清

㉚ 鴛淵一著《奉天與瀋陽》，頁一二六（日本東京富士山房出版）。

㉛ 《滿文老檔》，頁六四八。

太宗繼位大汗以後，對喇嘛教的崇信與禮敬未改，甚至有超過他的父親努爾哈齊的地方。以下數事也許可為說明：

㈠興建大廟：除了上述的蓮花寺以外，清太宗還興建了一座規模宏巍的實勝寺，專為供奉喇嘛佛像之用。原來在清朝大軍征察哈爾蒙古時，很多蒙古人投降了清軍，其中有一位名叫墨爾根的喇嘛，於天聰八年十二月十五日帶了一尊金佛來瀋陽，獻給了清太宗，這尊金佛頗有來歷，據說「蒙古大元國世祖忽必烈汗時，有帕克斯巴喇嘛用金鑄嘛哈噶喇佛像，奉祀於五台山，後請移於薩思遐地方。又有沙爾巴胡圖克圖喇嘛復移於大元國裔蒙古察哈爾國祀之。」㉜由於這尊金佛具有歷史性的傳承意義，清太宗便在瀋陽城西三里處建寺供養，從崇德元年到三年不斷施工，「嘛哈噶喇寺神位及其器皿所用淘金三十九兩七錢，赤金八十四兩六錢，素金二百二十兩二錢，共金三百四十四兩五錢」㉝，而廟宇共有「大殿五楹，裝塑四方佛像三尊，左右列阿難、迦葉、無量壽、蓮花生、八大菩薩、十八羅漢，繪四怛的喇嘛城於棚廠，又陳設尊勝塔、菩薩塔、供佛金華嚴世界，具上崁東珠。又有須彌山七寶八物，及金壺、金鐘、金銀器皿俱全。東西廡各三楹，東藏如來一百八龕託生畫像，並諸品經卷。西供嘛哈噶喇。前天王殿三楹，外山門三楹。至於僧寮、禪寶、廚舍、鐘鼓音樂之類，悉為之備。」㉞這座實勝寺還有一個千觔的大鐘，並在寺內東西豎

㉜《清初內國史院滿文檔案譯編》(上)，頁一二六。

㉝同上書，頁三一六。

立了兩塊石碑，前後各鐫滿、漢、蒙、藏四種文字。實勝寺的落成禮是崇德三年（一六三八）八月十二日舉行的，莊嚴隆重，清太宗親自率諸王大臣及蒙古各部來賓參加，在佛前行三跪九叩首禮，可謂虔誠之極[35]。清廷如此敬重嘛哈噶喇金佛是有政治作用的，因為這尊金佛的供養就象徵著喇嘛教護法地位的取得。誠如日本學者鴛淵一分析的：「太宗用宗教對蒙古施以懷柔，其效果遂使蒙古不將清朝皇帝視為異族的統治者，精神上反與清室融為一體了。實勝寺可謂清初最值得矚目的佛教建築，使大清帝國基礎更加強固，此種宗教政策之表徵，實寓意深遠。」[36]

㈡禮遇喇嘛：清太宗是非常禮敬喇嘛的，在現存的史料中，他對喇嘛們常賜宴、賞銀等等的記錄很多，現在僅舉出幾件特別的例子，以為說明：天聰八年（一六三四）五月初十，「滿朱習禮胡土克圖喇嘛至，汗郊迎五里外，握手相見，偕入至宮中門下，命坐於御座傍右埸宴之。……賜喇嘛御服黑貂皮端罩一件、銀百兩、毛青布百匹，汗親送喇嘛出邊。」[37]同年十二月十九日，在大宴中，「阿牙克達喜米里克喇嘛率眾臣跪獻酒於汗前。汗曰『朕本不飲酒，念爾等來附諸臣之誠意飲之』，遂飲一卮。」不善飲或平常控制飲酒的大汗，為了尊重喇嘛也飲酒了，當晚「汗

[34]《大清太宗文皇帝實錄》，卷四三，頁九。
[35]同上書，頁一〇。
[36]鴛淵一著，《奉天與瀋陽》，頁七〇～七一。
[37]《清初內國史院滿文檔案譯編》，頁八〇。

復酌酒令獻酒諸臣暢飲致醉。」㊳天聰四年有位喇嘛在接受了清太宗「飲茶食肉」並坐黃幄之後，竟向大汗「求將陣獲之丁副將給之」，清太宗立即下令說：「丁副將尚在遵化，遣人取至潘家口，交與喇嘛」㊴，這確是少見的案例。另外移奉嘛哈噶喇金佛到察哈爾蒙古的喇嘛沙爾巴胡圖克圖後來死在遼東，清太宗「命造銀塔一座，重五百兩，鍍以金，藏其骸骨於塔內，置左配殿，禮祀之。」㊵也充分的表現了清太宗對喇嘛的禮敬，可以說不論高僧們在生前或死後，大汗對他們的態度是一致的。

(三)保護喇嘛：清太宗對蒙古與西藏的喇嘛是竭力保護的，尤其在戰爭期間。例如在天聰六年征察哈爾蒙古時，他就曾下令：「凡大軍所至……勿毀廟宇，勿取廟中一切器皿，違者死。勿擾害廟內僧人，勿擅取其財物。……不許屯住廟中，違者治罪。」㊶當大軍進駐歸化城以後，他更在城裡格根汗廟前張貼了一道諭旨，其文曰：「滿洲國天聰皇帝敕諭：歸化城格根汗廟宇，理宜虔奉，毋許拆毀，如有擅敢拆毀並擅取器物者，我兵既以經此，豈有不再至之理，察出，決不輕貸。」㊷歸化城是當時蒙古黃教中心所在地，清太宗著意保護格根汗廟，除向黃教世界示好以外，

㊳ 同上書，頁一二七。

㊴ 《滿文老檔》，頁一〇〇〇。

㊵ 同上書，頁一三六二。

㊶ 《大清太宗文皇帝實錄》，卷一一，頁二七～三〇。

並有表明滿洲為喇嘛教護法之意，這一點是值得我們注意的。

㈣延僧弘佛：清太宗在興建實勝寺之後，便以喇嘛教的護法自居，想直接與西藏聯絡，延請西藏的高僧來遼東宣揚佛法。崇德四年十月初七日清官書中記：

遣察漢喇嘛等致書於圖白忒汗。書曰：大清國寬溫仁聖皇帝致書於圖白忒汗，自古釋氏所制經典，宜於流布，朕不欲其泯絕不傳，特遣使延致高僧，宣揚法教，爾乃圖白忒之主，振興三寶，是所樂聞，倘即敦遣前來，朕心嘉悅。……㊸

同時也致書達賴喇嘛五世說：

朕不忍古來經典泯絕不傳，故特遣使延致高僧，宣揚佛教，利益眾生，唯爾意所願耳！㊹

西藏高僧到瀋陽弘法之事一直到崇德七年（一六四二）冬天才實現，達賴喇嘛五世派了特使

㊷　同上書，卷一二，頁五。
㊸　同上書，卷四九，頁三。
㊹　同上書，卷四九，頁四。

伊拉古克三胡土克圖一行來到盛京，清太宗對他們「遇之優禮」，並「命八旗諸王貝勒各具宴，每五日一宴之，凡八閱月。」㊺伊拉古克三胡土克圖被太宗尊為「巴克什喇嘛」，並讓他在瀋陽城中「受取愜意灌頂隴教，講究精微經典，以廣衍教法。」㊻喇嘛教從此在滿洲部族得到了進一步弘揚的機會，滿洲與黃教世界的關係也因此增進加強。

清太宗對喇嘛教雖然奉事極誠；但是正像對釋道的信仰一樣，他是理性的，一直保持著信佛而不佞佛的態度，所以他一面尊重喇嘛，保護喇嘛，可是也嚴格的管束喇嘛，不守清規的喇嘛必予處罰，如天聰五年閏十一月他說：

……若本無誠潔之心，詐稱喇嘛班第和尚，容許婦女，不守清規者，勒令還俗。㊼

崇德元年三月間又降諭說：

喇嘛等口作訛言，假以供佛持戒為名，潛姦婦女，貪圖財利，常悖逆造罪，索取生人財物

㊺ 同上書，卷六三，頁一及卷六四，頁一九等處。

㊻ 沈曾植等著《蒙古源流箋證》，卷八，頁二七。

㊼ 《大清太宗文皇帝實錄》，卷一〇，頁二九～三〇。

牲畜，聲稱使人免罪於幽冥，誕妄莫過於此者！……嗣後，其蒙古人為死人懸轉輪結布旛之事，一律禁止。㊽

崇德三年冬天，清太宗再訪歸化城時，清官書中又記載了一段整肅喇嘛的史事：

上聞喇嘛不守戒律，遣察漢喇嘛、戴青囊蘇、理藩院參政尼堪、一等侍衛俄博特、沙濟喇嘛等，諭席勒圖，綽爾濟曰：朕承天佑，為大國之主，統理國政，今聞爾等不遵守喇嘛戒律，任意妄行，朕若不懲治，誰則治之？凡人請爾喇嘛誦經者，必率眾喇嘛同行，不許一二人私往。且爾喇嘛等，又不出征從獵，何用收集多人？喇嘛等皆曰：然。餘人俱當遣出。察漢喇嘛等……以喇嘛之言還奏。上曰：喇嘛處閒人雖多；然須於其中，擇有用壯丁、能隨征行獵者，方可取之；若怯懦無用之人，取之何益？於是以內齊託音喇嘛及諸無行喇嘛等，所私自收集漢人、朝鮮人，俱遣還本主，給以妻室。以土謝圖親王下一喇嘛、扎魯特部落青巴圖魯下一喇嘛，不遵戒律，令之娶妻，又不從，閹之。㊾

㊽《滿文老檔》，頁一四〇六。

㊾《大清太宗文皇帝實錄》，卷四四，頁二七～二八。

清太宗不但管束喇嘛，對佞佛的滿洲親貴也同樣的加以處分。如「多羅饒餘貝勒阿巴泰違法，擅留喇嘛於家。理藩院以奏，下法司審實，擬罰銀三百兩，仍罰人五名、牛三頭；其喇嘛即令遣出，奏聞。上罰阿巴泰銀一百五十兩，以喇嘛交與察漢喇嘛。」[50]由此可知：在清朝入關之前，喇嘛教確在滿洲部族中興盛的傳布了開來，喇嘛也受到滿洲大汗的相當禮遇；但是清初帝王不像蒙古人那樣迷信黃教，以致糜費財物，國力衰微。

綜合以上敘述，我們也許可以得到一些結論：

第一、在清人入關之前，滿洲部族中的宗教信仰可以說是相當自由開放的，薩滿教、漢化後的佛教、道教、喇嘛教都在流行，都有人信仰。大體說來，信喇嘛教的以上層權勢貴族為多，薩滿與佛道則被一般的族人接受，而傳統的薩滿教尤為低下階層的族人所信奉。

第二、當時滿洲族人雖以泛神論的薩滿教為主要信仰；但是這種對各神祇沒有特別愛憎，不排斥其他宗教的滿族原始信仰，在接觸到有高深哲理與隆重儀注的進步宗教時，常在優勝劣敗的原則下，薩滿教的光采便逐漸黯淡了，因而在十七世紀末年，滿洲族人皈依佛、道、喇嘛教的日益增多，這也是不可避免的必然現象。

第三、滿洲部族發展到清太宗時代，帝國規模已經具備了。帝王們為了聯絡蒙藏的黃教世界，為了專力南侵漢人的明朝，乃強化對喇嘛教的信仰，以喇嘛教的護法自居，藉以消除西方強大的

[50] 同上書，卷四二，頁一八。

壓力與威脅，使蒙古各部「一心歸之」，以達到滿洲征服更多更大土地的目的。清初帝王崇敬喇嘛教確是多少帶有一些功利色彩的，實際上也是策略上的一種運用。

第四、由於信奉喇嘛教是與政治、外交策略有關的，清太宗時代的親貴們常給人一種「曲庇番僧」的印象，也因此引起族內薩滿巫師們的反抗不滿，《尼山薩滿傳》一書中就充分表現這一事實。然而清太宗之尊崇喇嘛、保護喇嘛固屬事實，但他也管束喇嘛、嚴懲喇嘛。正如對其他宗教信仰一樣，這位清初傑出的君主，對宗教信仰是相當理性的，他不迷信於任何宗教，也不希望他部族中人迷信於任何宗教，以免重蹈蒙古人的覆轍，變得國弱民貧的地步。這是清太宗的高明之處，也正是他能成就不世功業的原因之一吧！

努爾哈齊與《三國演義》

不少研究清史的前輩學者都說過：《三國演義》一書對清朝的興起是有很大影響的。例如日本的學者稻葉岩吉在他的《清朝全史》裡就寫著：

> 太祖對於漢人情形，多自撫順市上得之。……幼時愛讀《三國演義》，又愛《水滸傳》，此因交識漢人，而得其賜也。❶

中國的蕭一山教授在他的巨著《清代通史》中談到努爾哈齊的兵法時也說：

> 論者謂就其教育程度觀之，似皆由於《三國演義》一書，而揣摩有得者，或亦不無見地耳。皇太極云：「我國本不知古，凡事揣摩而行。」其所揣摩者，殆仍《三國演義》一類之小

---

❶ 稻葉岩吉《清朝全史》，上冊，卷一，頁八二（臺北，中華書局版）。

說，為清朝開國之源泉也。❷

李光濤先生則寫了一篇專論清太宗與《三國演義》的文章，開宗明義的就說：

清太宗當初之立國，與其所以得中國之故，據吾所知，其最大原因，莫如得力於《三國演義》一書。此書本稗官家言，穿鑿附會，不可據為典要，然居關外之金國則因尊崇劉、關、張故事，至於奉此一書，以為開國方略之用。傳之兩世，前之奴兒哈赤，後之皇太極，不曰愛讀之，即曰喜閱之，此外猶有「深明三國志傳」之記事。❸

據此可知：前輩學者多認為努爾哈齊不但愛讀《三國演義》，而且還揣摩《三國演義》中的諸多行事，作為兵法，或作「為開國方略之用」。我個人對於這種看法，持著比較保留的態度。努爾哈齊愛讀《三國演義》也許是事實，但是他究竟運用了多少《三國演義》的知識以及他了解《三國演義》有多深刻，應該還是個問題，值得進一步商榷。現在就將我個人的看法寫在下面：努爾哈齊是個文化落後的滿族領袖，不過他對於中國歷史的知識似乎有著某種程度的了解。

---

❷ 蕭一山《清代通史》，第一冊，頁五六（臺北，商務印書館版）。

❸ 李光濤〈清太宗與「三國演義」〉（文見《明清檔案論文集》，頁四四一，臺北，聯經出版公司版）。

在他建立金國以後所存留下的古老檔案中，我們發現他不少次引用中國歷史人物與事象來訓誡他的子侄、臣工、民眾，或勸諭朝鮮國王、蒙古貝勒與明朝官員，教導他們做人行事的道理。有關這方面的資料，可以分為幾方面來看。例如：

第一，有關致朝鮮國王書信中提到有兩件，一是薩爾滸山大戰之後，努爾哈齊在天命四年（西元一六一九年，明神宗萬曆四十七年）三月間的一封信裡說：

> ……昔金汗、蒙古汗，曾征服三四國，歸於一統。然未得享國長久，此我所素知者。與此兵端，非我昏曚，因明逼我無奈，遂有此舉。若向來有意與大國皇帝結怨，天必鑒之。天何以我為是耶？豈天私我而薄明乎？乃天非非是是，秉公而斷。故天祐我而責明國也！爾朝鮮以兵助明侵我，我知此來非朝鮮兵所願，乃迫於明人，為報救爾倭難之德而來耳！曾聞昔我金大定汗時，朝鮮大臣有趙惟忠者，率四十餘城叛來。我大定汗曰：「我金國征宋趙徽宗、趙欽宗帝時，朝鮮王不助宋亦不助金，乃是公正之國也。」遂不納而卻之。由此而論，你我兩國素無釁隙。今生擒爾大小統兵官員十人，念爾朝鮮王而收養之。此事之結局，爾朝鮮王當知之。❹

---

❹《滿文老檔》，上冊，頁八七（北京，中華書局版，一九九〇年）。

另在天命六年七月初八日，努爾哈齊又因雙方交往不睦，再致書朝鮮國王，他說：

> 我二國平素有何怨尤？我常致書遣人，爾卻無一復文，未遣一人，且不納我所遣去之使者。陣獲之官員，盡釋之歸，而爾卻無一次以善言相謝之。爾竟如此鄙視於我也！挫辱皇天眷祐之人而得計者向無此例。爾國有難，吾亦知之矣。然昔大遼國天祚帝，納我金國之阿蘇不還，宋趙徽宗帝，納金汗所征大遼之餘孽張覺不還歸，故而失敗之例尚且有之。再者，朝鮮之趙惟忠曾率四十餘城叛附，而我金帝概未收納。由此可知，我兩國相好之例有之。此皆爾等所知之事也！爾朝鮮以明為好，而不肯棄之，明國何好有之？我聞周武王封其臣箕子為朝鮮國一代之君。又聞遼東之地原屬爾朝鮮，後為明奪取之。賤朝鮮人甚於其漢民，養之若家奴也！爾若以附於明，惶惶然不敢有一言相悖為善事者，我則非若明威懾他人，惟冀自身安然以居之矣。何去何從，聽憑爾便。再有如趙惟忠者，自朝鮮叛附，爾欲索之乎？❺

這兩封信中所引用的，除箕子一事以外，都是宋遼金元時代的甚或先秦的歷史故事，而且也和朝鮮本身有關的，與《三國演義》的內容可以說沒有任何的涉及。

---

❺ 同上書，頁二一六。

第二，有關寫給蒙古貝勒們信中所引述中國歷史故事的僅有一件，那是天命五年四月十七日向喀爾喀五部首長們談滿洲征伐明朝原因的，信函中有：

昔大遼國帝降服宋之趙徽宗皇帝，後又降服蒙古、朝鮮等國。於女直國地方之烏拉河中張大網捕魚，獲鱘鰉魚而舉宴，女直國之諸大臣皆被迫起舞，惟一名阿骨打之大臣，拒命不舞。大遼天祚帝謂其臣蕭奉先曰：「此阿骨打違命不舞，尚肯從我言乎？可論罪殺之。」蕭奉先諫之曰：「此乃粗蠢之輩，倘其耿直無邪，恐殺之枉然也！且本無罪，焉能僅為拒舞而殺之乎！」帝遂貸阿骨打死。阿骨打聞後懼之，即築城固地，與之構兵。天助阿骨打，使之降服大遼，生擒天祚帝，發往邊隅，降帝號為海濱王。金國阿骨打汗征遼畢，有遼臣名張覺者，統平州城叛附漢人。金汗索之，漢人不與。用是金汗征漢國，擒趙徽宗、趙欽宗父子二帝於汴京城而發往長白山迤東之五國城。金汗命降趙徽宗帝號，稱以昏公，降趙欽宗帝號，稱以昏侯。是乃偏助天譴之國，興兵欲殺天運而生之人，因遭失敗之例。再者，泰和帝六年五月，蒙古國主鐵木真至靜州城朝貢，金泰和帝命其叔永濟王前去收受。永濟至靜州，見蒙古國朝貢之鐵木真，其貌非凡。鐵木真返回其地，永濟謂金汗曰：「該鐵木真非長久納貢與我者，有朝一日，必敗吾事也，可借以邊界之何罪將其殺之。」金泰和帝曰：「若殺前來朝貢之降服民人，則諸國之人焉肯前來歸附我耶？」未從其言。鐵木真聞此事，不再親行，而遣其諸臣前往。金泰和帝崩，欲誅鐵木真之永濟即帝位。鐵木真聞之，詢金國使臣曰：「帝既崩，何人繼之？」使臣告之曰：「皇叔大定帝之七子永濟即帝位。」鐵木真唾曰：「原以為爾中原金國猶如天堂，今永濟登極，始知爾等亦乃人間也！」自此斷絕往來，與之修怨，興師征討。天嘉鐵木真，使金帝之政，為蒙古成吉思汗取而代之。此皆我所聞之往事。若欲聲言放棄該遼東地方（原檔殘缺），倘若拒之，則此非爾獨佔之地也！縱觀後忽必烈色辰帝所築之大都城，迨至脫歡帖木兒帝時，被明洪武帝奪取居之。此皆我所聞歷代修業之道，一遭上天貶謫，即使賢明如神之國，亦必使之棄明就愚，昏庸憒闇，不納忠良之言，偏信惡徒誑語，不行忠義，而行奸宄，以致亂國。❻

文中所述的史事仍以宋金時代為主，不見對三國史有任何的引論。

第三，努爾哈齊對遼東漢人的談話不少，其中有些也引用中國史事來勸解或曉諭漢人的，如出兵攻打明朝之後，他曾經向遼東漢人申訴征明的原因說：

（天命六年）四月初一日，汗曰：「昔大遼帝欲殺忠順安分之人，故我金汗興師征遼，得天嘉祐，以遼國基業授予金汗。後趙徽宗納遼界叛人，我金汗遂遺書於宋曰：願兩國和睦

---

❻ 同上書，頁一四三～一四五。

相處，將我該地之國人歸還與我等語。因拒不歸還，乃興師征伐。天祐我金汗，擒獲徽欽父子二帝。赦其不死，皆加豢養，封以公侯，遣往白山以東之五國城。厥後，我金國末代汗欲殺蒙古成吉思汗，以致興兵，金業遂為蒙古成吉思汗所取代。今我於明國，秋毫無犯，明帝無故援助邊外之人，殺金汗之親族我之父、祖。然我不念舊惡，年年進謁，月月互市，且刑白馬，祭告上天，歃血盟誓，以修和好。然爾無端起釁，偏助葉赫，將我行聘二十年之葉赫之女，改適蒙古。倘無爾明帝相助，葉赫豈敢將我已聘之女改適蒙古？此皆仗恃爾之勢力也！明遺我以七大恨，故我上告於天，征爾明國。」❼

同年十一月十九日，努爾哈齊為「頒計丁服役制」又向投降的漢人發表談話，言談中又援引了中國史事：

凡人君之禍，不自外來，皆由自出。昔桀帝、紂王、秦二世、隋煬帝、金帝完顏亮，皆嗜酒貪財好色，不為國勞，不修國政，故所創基業因其無道而敗也！爾明帝政法不明，縱容太監斂取民財，眾官亦效法其帝，皆搜刮民財。奸詐之富人行賄可以豁免，正直之貧民因無則而陷於苦難。內政不修，反妄干界外他國之事，倒置是非，妄加剖斷。天遂譴之，以

❼ 同上書，頁一八六～一八七。

明帝河東之地畀我。明帝所擾者，乃此也。天既眷我，授以土地，倘我不以天意治理之恐受天責，所謂治者，乃此也。❽

以上二文所引史事，雖然遠及先秦，下至明代，但是其中並未見兩漢三國的人物。同年十二月，努爾哈齊又引以前金滅遼敗宋的史事論及明朝喪失遼東的必然性，他說：

自古以來，未有一國攬他人罪孽而僥倖者。譬如大遼天祚帝招納我金汗所敗之叛人阿蘇，索之不與，遂啟釁端，為金所敗；趙徽宗亦接納金汗所敗之大遼叛臣張覺，索之不與，遂啟兵端，為金所敗。明萬曆帝無端干預邊外異國之事，欲害我國，天遂譴之，以萬曆帝河東之地畀我。❾

天命七年四月，為了派兵駐守各地，努爾哈齊又作書告誡遼東漢人，文中涉及到中國史事的有：

---

❽ 同上書，頁二五四～二五七。

❾ 同上書，頁二七八。

昔夏桀帝為惡無道，成湯興起於七十里之內，而得桀帝之業。商紂王荒淫無道，文王興起百里之內，而得紂王之業。秦始皇荒淫無道，漢高祖於泗上亭長獨自起兵，而得秦始皇之業。大遼天祚帝強令我金太祖帝舞，因未從而欲殺之。太祖帝憤而興兵征之，遂得大遼帝之業。趙徽宗因納金帝所征大遼叛臣張覺，索之不與，用是興師，獲趙徽宗、趙欽宗父子二帝，即發遣白山東之五國城內。蒙古成吉思汗來朝時，金末代帝視其像貌不凡而欲殺之。成吉思汗興師征討，而得金帝之業。明萬曆帝荒淫無道者，干預界外他國之事，顛倒是非，逆理妄斷，遂遭天譴。我汗公正，蒙天眷祐。其南京、北京、汴京，原非一人獨據之地，乃諸申漢人輪換居住之地也。爾遼東地方人宜回心轉意，勿存邪念，否則自取滅亡。⑩

從以上的一些文獻中，我們可以看出努爾哈齊以古論今的談話幾乎都沒有說到《三國演義》裡的主角。

第四，在努爾哈齊致明將毛文龍的信裡，也有以古喻今的，如天命十年二月初一的一封信中說：

爾既得罪於爾帝，已不能回明，而朝鮮又不容爾，我能置爾於不顧乎？爾向何處？儻若爾

⑩ 同上書，頁三七七～三七八。

因派遣奸細收納逃人而恐我責備於爾，各為其主效力，豈有復存惡念之理乎？爾若降我，豈不亦如此效力於我乎？古之韓信，棄楚霸王而歸漢；胡敬德棄劉武周而降唐，因其降而成大功，留美名於後世。有何人謂其不忠於君歸叛他主？彼等只有天災，而無人禍也。⓫

又在天命十一年二月初的函件裡寫道：

毛將軍，我曾以為爾乃明智之人，今爾不知天時，是愚昧也。……天之所滅，爾能救焉？昔周國運終，末世國亂。聖人孔、孟，欲救而不能，遂即滅之。爾豈不知？常言：良禽擇木而棲，賢人擇主而事。韓信棄霸王而歸漢高祖，劉整棄宋國而歸蒙古忽必烈汗，此皆觀天時擇主而事，且留芳名於後世。誰人曾謂彼等為惡？凡應天命而生之汗、貝勒等，皆不念讎敵，視其功德而養育之。古之桓公，養射己之管仲為社稷之臣。唐太宗養讎敵胡敬德，終得有裨益。毛將軍，無論爾如何為君效力，然爾國亡時已至，君臣昏聵，反致殃禍於爾，何益有哉。明國已亡定矣！……佟駙馬、劉副將皆隻身逃來。李駙馬及遼東、廣寧之官員，皆獲於陣前。彼等皆被擢用養育，爾不知乎？爾若誠能向我，則待爾優於彼等。⓬

⓫ 同上書，頁六二五。

⓬ 同上書，頁六九五～六九七。

雖然對毛文龍勸降的文字中用了「韓信」、「楚霸王」項羽，但仍不是《三國演義》的主要人物，如劉備、關羽、張飛、諸葛亮等等的。

第五，努爾哈齊也常以中國歷史為殷鑑，訓諭他的子侄、臣工與屬人，以下兩件值得一看：天命六年四月，金國軍官額駙揚古利想要把他兒子的骨骸歸葬到薩爾滸老家去，努爾哈齊便在十一日那天對諸貝勒發表了如下的談話：

「何必歸葬於薩爾滸？彼處之屍骨，亦將移葬於此矣！天既眷我哉，爾等諸貝勒大臣卻不欲居此遼東城，勸爾等毋存疑慮。昔吾國家奴之遁逃，皆以無鹽之故也！今且有之。自遼河至此，各路皆降，何故捨此而還耶？昔日，我處境困窘，猶如出水之魚，呼氣艱難，困於沙石之上，苟延殘喘。遂蒙天祐，授以大業。昔金國阿骨打汗興兵征宋及蒙古，未盡征服，後為其弟烏齊邁汗將其國盡征服之。蒙古成吉思汗征而未服之餘部，亦由其子鄂格德依汗悉行征服之。為父我為諸子創業而興兵，爾等諸子豈有不能之理？」乃定居遼東城。[13]

另外，在天命八年五月七日，為了懷疑投降的漢人女婿李永芳私通明朝，努爾哈齊也引用了歷史故事作比喻訓斥他說：

---

[13] 同上書，頁一九四。

然我嘗聞，爾漢人之劉邦，乃淮下督催役徒之亭長，蒙天之佑而為漢帝；趙太祖乃市上頑徒，蒙天之佑而為帝，且傳數世；朱元璋身無父母，獨行乞討，受郭元帥役使，亦蒙天佑而為帝，傳十三、四世。爾若通明，但見北京城內河流血二次，各衙門之古樹被風根拔，此皆天示之異象也，爾能勸止而成乎？可見爾將辜負於養身之父及岳父矣。然而今既養爾為婿，且蒙、漢、朝鮮皆已聞之。倘予治罪，恐為他人恥笑於我，亦恥笑於爾。故不予治罪，默然處之，然我心怨恨，乃示此由衷之言也。⓮

努爾哈齊引中國歷史對漢人、女真、蒙古、朝鮮各族群人的談話，就目前所有史料而言，只能找出以上的這幾件了。就其內容觀之，他先後提到的歷史人物計有堯、舜、桀、紂、周武王、箕子、姜太公、孔子、孟子、管仲、商鞅、秦始皇、秦二世、項羽、劉邦、韓信、唐太宗、隋煬帝、趙太祖（匡胤）、宋徽宗、宋欽宗、遼太祖、金太祖、金世宗、金章宗、成吉思汗、忽必烈汗、元順帝、郭元帥（子興）、朱元璋、萬曆帝等等，其中獨缺《三國演義》中的主要角色，如劉、關、張、諸葛、周瑜等名人，可見努爾哈齊受《三國演義》一書的影響似不甚深。相反地，遼金元的史事他則反覆引用，顯然他對祖先女真與漢人及同時代其他族群的和戰問題非常的關心。若以其子皇太極繼承後的情形來看，真是不可同日而語，因為皇太極主政時期，不論君主的諭旨，

⓮ 同上書，頁四八三～四八四。

或是大臣的奏章，處處可見《三國演義》書中的人物與史事，甚至有專人為皇太極講《三國演義》，並將《三國演義》翻譯為滿文本，還有仿效「群英會瑜智蔣幹」情節以反間計騙得明思宗殺掉袁崇煥的事。用人、理刑、軍略、治國，處處強調《三國演義》⓯。清朝「得中國之故，其最大原因，莫如得力於《三國演義》一書」，對清太宗一朝而言，應該是可以作如是觀的。至於《大清太祖高皇帝實錄》卷五記努爾哈齊於天命三年閏四月訓誡他的子侄們要注意修明制度，任勞任怨時說：

> 天欲平治天下而立之君，為君者若不修明制度，永奠邦家，豈天之立君，止為一身安富逸樂耶？君欲經理國事而任之臣，為臣者，若臨事之時，能勤敏恪慎，殫心厥職，豈君之任臣，止為一身富貴耶？觀此，則君於天錫基業，敬以承之，舉忠良，斥奸佞，日與大臣講明治道，以致皇天眷佑，人民悅服。如古所稱堯舜禹湯文武以及金世宗諸令主，休譽著當時，鴻名傳後世，孰有善於此耶？人臣身秉國鈞，因循從事，不能申明教令，誡諭群下，則無知之民，罹於法者必多，若各盡厥職，明法度以訓國人，使不罹於刑戮，則君心嘉悅，眷顧日隆，如古所稱皋陶、伊尹、周公、諸葛亮、魏徵諸臣，生膺顯爵，沒垂令聞，斯於臣職無負耳！⓰

⓯ 請參看拙著〈清初帝王與「三國演義」〉（文見《歷史月刊》一九九五年十二月號，臺北）。

這份訓諭《滿文老檔》中不見收錄，《滿洲實錄》中雖然記錄了這件事，但是諭文中沒有「諸葛亮」三個字，可見這一定是重修太祖實錄時由史官加添進去的⓱。另外《大清太祖高皇帝實錄》卷末又記有關諸葛亮的文字如下：

昔諸葛亮身佐幼主，攝行國政，有罪必誅，有功必舉，雖仇不遺，罪雖輕而不引咎者重治之，罪重而引咎者輕罰之，其公其明，載諸史冊，至今稱述焉。唐太宗時，其臣魏徵上書，勸以親賢遠姦。金大定帝，訓其太子曰：朕為汝治定大業，汝嗣為君時，必克孝克明以存心，信賞必罰以治國。由此觀之，人君能舉用忠臣，則忠臣進而姦者退矣。惑於姦人，則姦者進而忠者退矣。賞罰明則忠姦辨，賞罰不明，則忠姦不辨，國之盛衰，皆由賞罰之得失，可不慎哉！

從文義上看是努爾哈齊訓誡他的子侄、臣工們要賞罰公正、辨別忠奸的，但是這篇談話我們在《滿文老檔》與《滿洲實錄》中都遍尋不著，當然這又是後世史官所作的溢美之詞。《大清太祖高皇帝實錄》成書於康熙年間，為時較晚，而《滿文老檔》是太祖有生之年的記錄，《滿洲實

⓰ 《大清太祖高皇帝實錄》，卷五，頁二〇～二一。

⓱ 請參看《滿文老檔》上冊及《滿洲實錄》天命三年記事部分（臺北，華文書局重印本）。

錄》則是從清太宗時代所編的《大清太祖武皇帝實錄》一書照抄而成的，比較原始可信。

總之，我個人的看法，努爾哈齊愛讀《三國演義》也許是真實的事；但是他對《三國演義》的了解不一定很深刻，而運用《三國演義》一書作為開國治國的依據，則不一定正確，值得進一步商榷。

朝鮮李民寏談明清薩爾滸之役

——評介《柵中日錄》

一、小引

中國明朝末年，遼東地區女真部族林立，互爭雄長，其中有一部自號滿洲的，在首長努爾哈齊領導下，逐漸強大起來。明神宗萬曆四十四年（一六一六），在女真諸部即將被他們統一之時，努爾哈齊建元稱汗，開始反抗明朝。兩年以後，這位滿洲大汗更以「七大恨」告天，對明朝發動戰爭，撫順、清河先後失守，滿洲行軍順利，聲勢相當浩大。明朝中央政府為征勦這一「看邊小夷」，乃徵調軍隊、委任將領、增賦轉餉，並咨文屬邦朝鮮，派兵參戰，以期一舉殲滅滿洲，以安邊境。

明朝一共動員軍隊約十萬餘人，號稱四十七萬。萬曆四十七年二月間在瀋陽誓師，分四路出發，直搗滿洲老寨赫圖阿拉城。然而明軍輕敵貪功，洩漏師期，加上不諳地形，天候惡劣種種因素，勝算早已成了問題。同時四路合擊的戰略又因各軍時間配合不準而不能收效；努爾哈齊則集中兵力，各個擊破，因而從三月一日戰鬥開啟，五天之內，大敗明軍，滿洲人後來誇耀的說：「自古克敵致勝，未有若斯之神者也。」❶這場明清之間的大戰，就是歷史上著名的「薩爾滸之役」。

朝鮮人在這次戰爭中是加入東路軍參戰的，他們大約派出了一萬三千人，士氣不但不高，軍械、糧食也都有問題，而且是被明朝所「逼」來參戰的，因此除了少數人戰死之外，有五千多人在元帥等大員領導下投降了滿洲，其餘也有潰散歸國的。投降滿洲的朝鮮官員中有一位名叫李民寏的，他在滿洲老寨中居留了一年多才被釋放回國，《柵中日錄》就是他在參戰前後的親身見聞記錄，全書共一卷、三十二葉，有木刻本問世，收錄於《紫巖集》中，列卷第五，原藏韓國漢城大學奎章閣善本書庫。該書記事起自明萬曆戊午年（四十六年）滿洲進兵撫順，迄於萬曆庚申（四十七年）七月十七日李民寏一行被釋返國渡鴨綠江抵滿浦止。作者以第一人稱謂記當時見聞大事，雖曰「日錄」，但並非每日都作記載，而只在有重大事件發生時才形諸文字。本文擬就書中有關薩爾滸山戰役前後之事，作一深入鉤考，以明瞭當日真象，並說明該書的價值與缺陷。

❶《大清太祖高皇帝實錄》卷六，葉十五上（臺北華文書局重印本）。

二、朝鮮都元帥姜弘立與薩爾滸戰役

按照明朝所訂的作戰計畫，四路合擊軍中的東路軍，也就是寬奠路軍，是由名將劉綎任主帥，率領遼東寬奠本地駐軍與南京、山東、浙江等地徵調前來的軍隊約一萬多人，加上朝鮮應徵的軍士一萬三千人，合力從涼馬佃出師，進攻滿洲的興京赫圖阿拉城。朝鮮國王在接到明朝的指令後，便於萬曆四十六年七月間任命「刑曹參判姜弘立為都元帥，平安兵使金景瑞為副元帥」，領兵出征。據《柵中日錄》所記：

> 先是筠賊唆人上疏，此時人心不測，必有倒戈之變，飛語洶洶，姜再辭元帥之命，不允，催促發行。❷

可見當時朝鮮政情複雜，姜弘立從開始就無意擔任元帥之職，曾經一再請辭，結果在朝廷不允之下才勉強領兵去參戰的。

姜弘立一行在同年八月出師，九月到平壤，十月抵昌城，但他並未再進一步將軍隊進駐到指

---

❷《柵中日錄》，葉一上。

定的處所，與明朝大軍會師。李民寏說：

元帥馳進昌城，仍留住。時劉提督（按指劉綎）陣於寬奠，去昌城八十里。羽書旁午於道。❸

姜弘立遲緩行軍是不言而知的。

第二年正月，滿洲兵攻打葉赫，明朝經略楊鎬，也是薩爾滸戰役的明朝最高統帥，下令劉綎帶兵「陣於亮（涼）馬佃，以為聲援」。劉綎也急召朝鮮軍前往，姜弘立卻在初九日去了廟洞，只「令副元帥率三營將往亮馬佃」。後來由於滿洲退兵，沒有發生大戰，事後楊鎬還命劉綎送銀三千兩以犒賞朝鮮士卒，以鼓舞士氣。當劉綎與監軍喬一琦到達昌城時，姜弘立雖「設宴以待，提督以元帥不到亮馬佃為言，將來舉事，元帥不可退在云」❹。可見劉綎對姜弘立表示了相當的不滿。

姜弘立原本就無意領兵參戰，在受到劉綎警告之後，又有乞求免官之舉了，《柵中日錄》裡透露了這一事實，記載了以下的一段文字：

❸ 同上書，葉一下。

❹ 同上書，葉二上。

元帥陳啟：庸拙白面，濫膺重寄，天將勒要赴陣，恐有僨事，乞賜罷免。朝廷不許；諭以軍中進退，一從提督之令。❺

姜弘立的消極參戰態度，雖然與當時朝鮮政爭有關，但大軍糧餉不繼也是實際的嚴重問題。自朝鮮軍抵昌城後，李民寏不斷的記下有關這方面的文字，如萬曆四十七年正月初九日記：「馬無所食，糧無所繼。」二月十八日記：「分戶曹尹守謙到昌城。朴巡察燁則屢次催促（按指軍糧）而終不至。」二十六日記：「劉提督自寬奠過亮馬佃到榛子頭，三營聯陣。元帥往見，言運糧未到，欲留等待。」二十七日又記：「時三營齎糧垂盡，而運糧未到。」❻甚至李民寏本人在同年三月初一日還給主持運糧的戶部長官寫了如下的一封信：

謹承令問，慰慰可言。懸軍深入，已過三百里，而賊兵不出，恐不無誘引之慮，仰西路大軍直擣巢穴，賊皆掃兵已禦，而無暇及此東路耶！但我軍渡江之後，為天將所迫，催促前進，急於星火，而連營軍馬，至今不到，糧餉之運，纔數十石，三軍絕食，今已屢日。自

❺ 同上書，同葉，十六日條下註文。事實上國王當時曾降諭姜弘立要他「毋徒一從天將之言」，李民寏在此則謂「一從提督之令」，可見李氏不知朝廷密諭，事詳本文結語。

❻ 同上書，葉二上、二下、葉四上下等處。

古安有驅督飢卒，顛仆跋涉，深入虜地，而能善其後者乎？……三軍之事，言足寒心。白首老書生，不免為沙場之骨，命也！奈何！惟念軍事僨敗，邊虞罔極，不審令凡亦慮及此否？令軍官詳知此間形勢而去，想必陳白，望須十分催運，以濟飢卒，千萬幸甚！❼

不過，明朝方面的說法略有不同，派往朝鮮軍中當監軍的遊擊官喬一琦就認為姜弘立的部下「非無糧也」，李民寏記述了這件事：

于守備（按指明朝將官于承恩）以紅旗來到元帥前，拔所佩刀呼曰：「提督以朝鮮軍落後，將斬我。」仍出示喬遊擊票文，有曰「朝鮮軍非無糧也，逗留觀望，畏縮太甚」云。❽

同時在薩爾滸戰役西路軍已開戰的首日，即三月初一日，《柵中日錄》一書中還記載了一件值得深入研究的事：

分戶曹軍官金峻德始來，現問軍糧運到，則答稱：「不久當到。」生（按李民寏謙稱自己）

❼ 同上書，葉七上。

❽ 同上書，葉四下。

言於元帥曰：「三軍不食，今已屢日；而管糧軍官，緩緩來。現說稱當到面瞞如此，罪不可恕，請梟首示各營，以慰飢卒之心。」元帥不聽，諭以今姑饒貸，速令回去運糧而來。❾

據此可知：朝鮮軍中缺糧應係事實；但何以缺糧則是可以追究的問題。按理朝鮮政府已決定派兵參戰，不可能不備糧餉，運餉稽遲應是負責官員監督不力的結果。從上引文中金峻德的敷衍隨便態度以及姜弘立「今姑饒貸」說法，都可以證明朝鮮主事者對參戰的不熱心與不負責。尤有甚者，在大戰爆發的前一天，姜弘立竟向劉綎獻計，希望利用與朝鮮原有深厚關係但投降滿洲的「藩胡」作內應，而擊敗努爾哈齊。劉綎不察實情，信以為真，當然這一決定影響日後戰局至鉅。《柵中日錄》記：

元帥見提督密議，前頭道路夷險，虜中形勢，全不聞知，不可輕進，而六鎮藩胡，慕戀我國者，多在奴酋（按指努爾哈齊）麾下，西路大軍若入，則藩胡輩可誘以內應，提督深以為然。差票下一人，偕通事河瑞國、金彥春持諭檄，略曰：「我有七種火器，汝不可當，須速來降云。」入送虜中，使之開諭偵探。而唐差則行未十里，遇賊退走，瑞國等持檄文前往。❿

❾ 同上書，葉六下。

河瑞國是姜弘立軍中的一名通事，《李朝實錄》中說他是被姜弘立派去滿洲議和通好的（此事將在下一節中詳述），劉綎不知其中底細，被姜弘立矇騙了，因而將主動合擊戰略改為待變再出擊的方式，與早期制訂的分途夾攻計畫全然不同了，盡失戰機當然是必然的結果。

三月初四日是東路中韓聯軍在這一場戰爭中最具關鍵性的日子，當天劉綎戰死沙場，朝鮮軍也在距興京赫圖阿拉六十里的富車（一作富察）地方被滿洲軍擊敗投降，整個薩爾滸之役已近尾聲。《柵中日錄》裡有兩段記述值得一讀。其一為：

……（朝鮮）中營陣於元帥所登之阜，……可瞰陣中，元帥令別將黃德彰，領其軍及搪報一司，戹據其峰。賊兵未及峰前，德彰先自退走，來到營中，潛鼓邪說，以搖軍情。元帥怒欲施軍律而止。⓫

另一為：

……賊騎奔馳，圍迫中營者漫山蔽野，亡慮數三萬騎。生即告元帥曰：「事急矣，欲巡督

❿ 同上書，葉六上。
⓫ 同上書，葉九上。

陣上，請得一令旗。」元帥即令軍牢一人持旗遣之，仍謂生：「事已至此，勿用軍令以駭軍心。」⓬

姜弘立的避免參戰與盡量保存實力，由以上的記事也可以得到一些明證。總之，就關係明清興亡的這一重要戰役薩爾滸大戰來說，朝鮮軍，特別是姜弘立這位都元帥，不但沒有出力幫助明軍，反而貽誤了明朝的軍機，致使戰爭敗績。尤其他私通滿洲謀和，更是令人嘆惜之事。

三、朝鮮軍投降滿洲真象略考

李民寏對於朝鮮軍隊投降滿洲的情形，作了相當詳盡的描述，他說三月初四日中韓聯軍敗潰之後，滿洲大軍重重圍困，當時朝鮮士氣低落不堪，《柵中日錄》裡將談和投降的經過作了如下的記載：

……屢日饑卒，焦渴兼劇，欲走則歸路斷絕，欲戰則士心崩潰，無可奈何！兩帥與諸將只取火藥櫃置之前，欲自焚。……適有一卒，自兩營得脫來言：賊騎先到陣前，連呼通事，

⓬ 同上書，葉十上。

而營中無通事，不得答。兩帥即令通事黃連海出應，虜即報答而來問曰：「我與唐人有怨，故相戰。汝國則本無仇怨，何為來伐乎？」通事答稱：「兩國自前無怨，今此入來，迫不得已，汝國豈不知之乎？」胡將遣一藩胡來到陣前曰：「汝國之意，我國亦知之矣。」遂與往復和解之事。胡將請見將帥議事。即令軍官朴從命，稱以中軍出送議和。胡將又請見大將面議。兩帥相議，事至於此，不過一死，而萬一交解而退，則三四千軍卒之命可以生活，目前邊上衝突之虞，可以少紓矣。副元帥具甲冑佩劍率兩騎而出。……副將往去，與胡將貴盈哥（按指努爾哈齊長子代善）馬上相接曰：「我國與爾國，自前無怨，今者出兵迫不得已，若得解兵而退，則兩國無窮之利也。不成則我軍殊一死戰，而恐爾不知我國之情，故吾以單騎來見。」胡將曰：「兩國無怨，當各解兵，指天為誓。」又請見元帥，答以日暮，不得相見。時胡將要副帥同宿。此時約解之說，來報陣中，軍卒喜躍，無復部伍。……⑬

依照李民寏的說法，朝鮮的元帥姜弘立等長官原先想以火藥自焚死的，後來因為滿洲派人說明有意和解，姜弘立等則想到若與滿洲談和，不但數千士兵可以活命，而且邊界上的衝突也會由此而獲得緩和安寧，所以決定談和了。不過，滿洲人的記載卻與李民寏所述的稍有出入，《滿文老檔》

⑬ 同上書，葉十上～十一下。

中對當時的情形是這樣寫的：

……該明與朝鮮之二萬兵乃於富察迤南之曠野，槍砲層疊布列，連發槍砲而不響。一倏迫近明兵，風突轉向明兵，所發槍砲之硝煙以及兵士騰起之灰塵，反撲明兵其晦冥莫辨。我軍乘煙塵瀰漫攻入，射殺之。煙塵止，其兵已殺戮殆盡。頃刻之間，即將此二萬步兵，盡殺於此曠野。又見紅脖子高麗峰駐有一營朝鮮兵。遂復整軍往攻。朝鮮兵見其山下步兵頃時被殺殆盡，甚恐，乃議曰：「再戰何益？戰則死，降則生，可請投降。若殺降者，則無血而死。」朝鮮兵遂偃其旗纛，遣一人執旗來曰：「此次來戰，非我朝鮮所願。因昔日倭子來侵我朝鮮，土地被占，城郭被奪，當此急難，明兵助我朝鮮，故前來報答之。我朝鮮兵有在明兵營者，爾已盡殺之。我帶之一營兵，盡係朝鮮人，營中惟有明遊擊一員及其隨從之兵。倘收養我，則執明遊擊及其隨員以獻之。」大貝勒曰：「或聽其來降，或拒而殺之，想收養之名貴乎殺戮之名也！與其殺戮，不如納降撫養之。」與諸弟及大臣等商定招降後，乃對朝鮮來使曰：「爾等若降，令主將大員先來，大員不來，則我不信，必戰也！」令其回告朝鮮官員。朝鮮大都元帥曰：「我領兵今夜宿於此，若我先往，恐此處軍人肆亂逃走。副元帥今夜先往見貝勒，宿於彼處。明日我率眾兵來降。」於是朝鮮大員二人，將在營所有明兵執之。於驅之下山歸我時，明遊擊自縊身死。朝鮮副元帥來降，見大貝勒。

> 大貝勒以見面禮，具筵宴之。⑭

以上兩種記事最大的不同處是：滿洲人認為朝鮮人在看到明軍被全數殲滅後因恐懼而投降滿洲的，並非先派了人去勸朝鮮軍官談和。

究竟是朝鮮人先請降，抑或是滿洲先出面議和呢？朝鮮官書中有一段記載也許可以解釋這一問題，《光海君日記》十一年四月乙卯日（初二）條作：

> 姜弘立等書職名狀啟略云：「臣至背東關嶺，先遣胡譯河瑞國密通於虜云：雖被上國催驅至此，常在陣後，不為接戰計；頃戰敗之後，得以款好。若速成和議，則臣等可以出歸云云。先是，王密令會寧府來市商胡通報此舉，商胡未返而瑞國先入奴穴，奴酋疑而囚之，既而會寧報至，遂釋瑞國，仍使招納弘立，弘立之降，概其素定之計也。」⑮

同時在姜弘立投降滿洲後，朝鮮中央部院高官也說：「姜弘立、金景瑞等身為元帥，深入賊境，既不與唐將力戰而死，反為乞降，屈膝賊庭，人臣大義，掃地盡矣！」⑯可見當時朝鮮官方一致

---

⑭《滿文老檔》，上冊，頁八十～八十一（中華書局出版，一九九〇年，北京）。

⑮吳晗輯《朝鮮李朝實錄中的中國史料》，第八冊，頁三〇三一（中華書局出版，北京）。

確認姜弘立等早就與滿洲「密通」了，日後投降是他「素定之計」。

如果再從滿文的老舊檔案中仔細查看，我們還可以發現一些耐人尋味的記事，如姜弘立等晉謁過努爾哈齊以後，就被滿洲「五日小宴，十日大宴待之」[17]。同年五月初五日的舊檔裡又說：

> 辰時，汗登衙門就坐。衙門兩側設涼棚八處，八旗諸貝勒、大臣等分坐八處。大貝勒（按指代善）、阿敏貝勒、莽古爾泰貝勒、四貝勒（按指清太宗皇太極）及朝鮮二大員等六人，賜矮桌以坐，具盛筵宴之。[18]

李民寏也不否認兩位元帥在投降後受到滿洲的優渥待遇，如努爾哈齊接見姜弘立等時，「階東設兩交椅，加紅氈，而請坐兩帥，奴酋先飲行酌數巡而罷」[19]。三月初八日，代善見姜弘立等人也「仍設酒」。甚至還有一天送酒與「女妓」而被姜弘立所拒的事[20]。這些特殊接待降將的事

---

[16] 同上書，頁三〇三四。

[17] 《滿文老檔》，頁八十二。

[18] 同上書，頁八十八～八十九。

[19] 《柵中日錄》，葉十四上。

[20] 同上書，葉十五上。

實，實足以證明姜弘立早已通款滿洲，因而才被滿洲親貴所尊重。

四、李民寏個人的忠貞問題

在《柵中日錄》一書中，李民寏給自己描述得非常忠貞，尤其在投降滿洲的事件方面。在三月初四日朝鮮與滿洲軍接戰時，朝鮮大軍已戰敗被圍，李民寏則「與諸將巡行陣上，至於再次，激勵士卒，諭以決一死戰，可得生道之意」[21]。當他發現姜弘立等「取火藥櫃置之前，欲自焚」，他則「只欲殺賊而死，與別將申弘壽等約，共射賊立於陣東偏，蓋賊之最先衝突處也」[22]。到副元帥金景瑞赴滿洲之約議和時，李民寏記當時的情形說：

……適值副帥出去，生曰：「如此而了當大事乎?」副帥曰：「兵有奇道，從事何知乎!」生不勝憤慨。大言曰：「公其任意為之。」即欲自裁墮崖，次姪子及奴左右抱持，所佩刀劍亦被奪取，不得遽決。[23]

[21] 同上書，葉十上。
[22] 同上書，葉十下。
[23] 同上書，葉十一上。

同時在三月初五日，朝鮮大軍被滿洲「鐵旗擁迫而行」去赫圖阿拉時，李民寏又說他「於此時欲自盡，而為手下所持，不得遽決」㉔。甚至在他投降滿洲以後，他似乎仍是忠貞不貳的，他說：「生在寓舍，聞賊欲屈辱兩帥，即作書塗蠟，藏於奴子衣絮中，使之觀勢逃去，果若屈辱，則即欲自刎。」㉕

綜觀以上記錄，李民寏在此刻劇變過程中，他個人似乎意志堅決，投降滿洲是在兩位元帥的主持下，他無奈的「隱忍而行」的，他的痛苦想是無以復加的。然而《柵中日錄》一書是李氏個人私作，其中所述不無有為他一己開脫之嫌，尤其他是一位深受儒學影響的「老書生」，人臣大義，夷夏之防，必然牢記於心，苟活投降是書生不可為的事，因而他事後記述當時史實，不得不有所隱飾，有所辯解。事實上貪生是一般人的本性，聖人義士才能做到成仁取義的，而李民寏的忠貞問題在朝鮮當時官書中就記下了，並作下了不利於他的言論。《光海君日記》十一年三月內有這樣的記事：

……湖南武士白姓人言於李民寏曰：「元帥降意已定。公既參幕籌，何不即帳下責以大義，斬兩元帥，激勵三軍，一戰而死，不猶愈於屈膝奴庭，為天下萬世戮耶？」民寏不從，遂

㉔ 同上書，葉十二上。
㉕ 同上書，葉十五上。

與部下諸將李一元、安汝訥、文希聖、朴蘭英、鄭英井、金元福等各率所領兵馬，投戈釋甲，詣虜陣降。[26]

李民寏當時的自處之道是否合乎聖賢的標準，不是本文討論的主題。若就《柵中日錄》一書中他自己所記的表現來看，他顯然在字裡行間為自己掩飾了一些事，這一點應該是毋庸置疑的。

五、李民寏筆下的劉綎

如上所述，明清薩爾滸之役，楊鎬被任命為經略，劉綎是東路軍的提督總指揮官，喬一琦則是朝鮮軍中的監軍。李民寏在《柵中日錄》萬曆四十七年二月二十二日記事中寫著：

喬遊擊（按指喬一琦）來，元帥往見。喬說提督（劉綎）見忤於經略（楊鎬）之事。喬密言楊、劉素不相能，前日會議遼東，劉欲退期於四、五月。經略大怒，使親信二人張姓及于承恩持紅旗督陣。又密帖於俺，劉若逗留，則當總領東路馬軍云。[27]

---

[26] 《朝鮮李朝實錄中的中國史料》，頁三〇二六。

[27] 《柵中日錄》，葉三下。

同月二十七日條又記：

蓋提督見忤於經略，懼以失期見罪，每以我軍落後，未易進兵為言，其勢將歸罪於我軍，以為自免之地。㉘

關於劉綎與楊鎬二人不和的傳聞，除以上《柵中日錄》略有記述外，朝鮮當時的官書中也有記載。據姜弘立的報告說：

臣弘立往見都督，問各路兵數，答曰：「西南路大兵齊進，東路兵只有俺自己親丁數千人，且有各將所領，要不出滿萬耳。」臣問曰：「然則東路兵甚孤，老爺何不請兵？」答曰：「楊爺與俺目前不相好，必要致死。俺亦受國厚恩，以死相許，而二子時未食祿，故留置寬田（奠）矣。」臣問曰：「進兵何速也？」答曰：「兵家勝籌，唯在得天時，得地利，順人心而已。天氣尚寒，不可謂得天時也。道路泥濘，不可謂得地利。而俺不得主柄，奈何？」頗有不悅之色。㉙

㉘ 同上書，葉五上。

㉙ 《朝鮮李朝實錄中的中國史料》，頁三〇二一。

李民寏根據喬一琦的說法認為劉、楊之間有衝突。姜弘立則引述劉綎的談話，其中對楊鎬的抱怨不滿，可謂溢於言表。以往史學家討論薩爾滸戰役時，多以明軍敗績歸咎於楊鎬的暮氣已深、公報私仇，以及他指揮失算等等，對楊鎬的批評是很多很嚴厲的；當然大家的論斷並非無因，不過極少看到有人對劉綎作過任何攻擊，只是付於同情而已。朝鮮當時人，特別是姜弘立等人，對劉綎的觀感似乎並不太好，在萬曆四十七年二月間姜弘立率兵與劉綎會師時，他也曾向國王報告這樣的一件事：

劉都督差人留在昌城，而其中一人乃是嘉山人，唐名劉牛，自言：「甲午為都督所帶去，以內家丁長在都督眼前。上年閏四月十四日兵部文書到江西，使都督起行。都督自念年老，但今在家享富貴，不願作官。忽聞征役之報，長吁短歎。羽音催文又到，諸將咸勸速行，不得已登程。自門庭乘舡，直到通州，以此軍兵器械，皆未整頓，只待四川兵馬之到。且同在鎮下人自京城下來，極陳朝廷厚帶之意，都督感悅。」㉚

這位唐名劉牛的原是朝鮮人，他與姜弘立談話在語言上是不會有問題的，而他又是劉綎的家丁，所見所聞應該有相當可信度，因此劉綎從被朝廷任命起就是不很樂意參戰的，他不能在家「享

㉚ 同上書，頁三〇一八。

富貴」，當然便「長吁短歎」了。

另外在《柵中日錄》裡提到三月初三日劉綎與姜弘立聯軍在深河與滿洲兵小事接觸以後，敗潰了部分滿兵，劉綎沒有繼續進兵，竟「姑住一日」，主要原因是：

蓋昨日劉吉龍戰亡（按李民寏曾說：劉吉龍乃提督之最親愛者），提督極悲悼，覓屍燒葬，仍留一日。㉛

這一天的時間極為寶貴，因為代善的大軍連夜趕來了，結果使劉綎大軍陷於阿布達里岡的埋伏之中，全軍覆沒。

由於「賊兵盡向西路，而此路防守之賊，不過數千」，或是偵探所得情報都是「家哈嶺外，絕無賊誓」，劉綎在三月初三日「遙聞大砲三聲，隱隱發於東北」之後，「天將皆以為西路大兵必到百里外」㉜，乃推斷西路軍杜松大軍必已打敗努爾哈齊，進兵赫圖阿拉城邊了，劉綎為了不讓杜松獨得首功，李民寏又寫到在第二天初四日「天將疾驅先行數十里間，分掠部落，不成行伍」㉝。

㉛《柵中日錄》，葉七下。

㉜ 同上書，葉八上。

㉝ 同上書，葉九上。

結果代善的三萬大軍卻「隱伏山谷，不意突出，衝斷前後，天兵諸陣未及措手，舉皆覆沒」㉞，而前一天的三聲大砲，《柵中日錄》特加註說明：「其後見聞，則賊得唐陣大砲以相傳報，此是奴中所放，而錯認如此，可勝痛哉。」《明史紀事本末》中也說：

建州兵（按指滿洲）得杜松號矢，使諜馳紿之，令亟來合戰。綎曰：「同大帥，乃傳矢，裨我哉！」諜曰：「主帥因事急取信耳。」綎曰：「殆不約傳砲乎？」諜曰：「塞地烽堠不便，此距建州五十里，三里傳一砲，不若飛騎捷也。」綎首肯。㉟

據此可知：劉綎在此次戰役中受騙，中外史籍的記述略同，而李民寏的親身見聞，尤能作為當時實情的見證。

六、結　語

根據中國與朝鮮的官私書檔所記，明清薩爾滸戰役，從萬曆四十七年三月初一日至初五日之

㉞ 同上書，同葉註文及《滿文老檔》，頁七十八～七十九。

㉟《明史紀事本末》，第四冊，頁一四一三。

間，雙方所發生的重大軍事衝突共有三次：一是初一日的薩爾滸山戰役，一是初二日尚間崖戰役，另一是初四日的阿布達里岡戰役。薩爾滸山一戰由於杜松的貪功冒進、剛愎自用、隊伍錯亂、被誘不知、背水而戰與師老無械等「六失」而遭到慘敗[36]，主力西路軍的敗績也決定了整個戰事的失敗命運。尚間崖的明軍是由「庸懦、不堪一面之寄」的馬林統領的，當他被努爾哈齊親自率領的大軍猛攻時，他「甚恐，遂提部下兵，避其鋒以去」[37]，他策馬先奔，溜之大吉了，北路軍因之潰散。阿布達里岡的戰役就是劉綎指揮下的中韓聯軍與滿洲兵發生的戰鬥，這方面的東路軍如果能按照明朝早約定的計畫出兵，也許還能補救杜松與馬林兩軍的錯失，改變日後戰爭挫敗的命運；但是由於以下兩點不幸與錯誤，致使明朝輸掉了這場戰爭，也因而走上了覆亡之途。

第一、朝鮮軍隊雖已派出一萬多人參戰，並北上渡江與明軍會合；然而他們行軍緩慢，而軍糧又不繼，因而在路上一再的逗留遲延，不能配合上預定「分兵合攻」的日程。杜松三月初一日已抵達薩爾滸山下紮營，並親自領兵進抵吉林崖攻打滿洲的界凡城了，而劉綎等則尚在涼馬佃與朝鮮軍停停走走，向馬家口一帶進兵之中。二月二十九日劉綎又被姜弘立說服以為「藩胡輩可誘以內應」，妄想能打一次不戰而勝的仗，這一件事多少影響到明軍最初主動出擊的計畫與決心。三月初三日，杜松與馬林的兩路大軍都已經被擊敗了，劉綎又為劉吉龍「覓屍燒葬」而停留不前，

[36]《明神宗實錄》（內閣文庫本），萬曆四十七年三月丙戌條。

[37] 同上書，萬曆四十七年三月乙酉條。

正好給了代善回師與滿洲大軍整補設防埋伏的好機會，明軍可以說完全失去牽制滿洲大軍的先機了。設若劉綎與姜弘立的東路軍能按照日程，在二月底就進攻滿洲老寨，努爾哈齊必不能集中全力各個擊破明朝西、北、東三路大軍，薩爾滸戰役的歷史或許改寫結局，也未可知。

第二、姜弘立等人何以敢在出兵途中遲疑觀望？朝鮮運糧官們又何以敢不按期送軍糧到前線？這是李民寏在《柵中日錄》裡一再提出的問題，尤其糧餉不繼的事也曾令他惱恨不已。甚至朝鮮官書中也評論過運糧官員說：「其時，管營餉使尹守謙逍遙江上，無意督運。軍法若行，宜正乏興之律。而適全師陷役，竟無言其罪者。」㊳同時在姜弘立等投降滿洲以後，朝鮮中部分官員也向國王上奏，認為元帥們「屈膝賊庭」、「雖萬萬誅戮，豈盡塞其罪哉！請姜弘立、金景瑞家屬及鄭應井等並命拿回，明示不易之定律」。朝鮮國王對他們的建議卻回答說：「高論談鋒，無益於國事。姜弘立等論罪，豈無其時，少年浮薄之論，姑停可矣！」㊴朝鮮國王何以有如此的反應呢？乍看起來，真令人不解；然而當我們詳閱《李朝實錄》之後，答案就立即分曉了。原來早在二月初二日，朝鮮軍北上與劉綎會師時，國王就曉諭姜弘立說：

我國軍兵往見一虜而還，伊賊（按指滿洲）必知我軍已入其境，此後羈縻之路永絕，而挑

㊳《朝鮮李朝實錄中的中國史料》，頁三〇二二。

㊴同上書，頁三〇三五。

怨之禍必深矣！……一體措置，卿其各別申飭待變，致免虜騎乘虛反噬之患。[40]

這番指示正足以說明朝鮮國王恐懼滿洲，很怕派兵參戰引來無窮後患，因而要姜弘立「待變」來決定「一體措置」。

隔天以後，國王又降諭給姜弘立稱：

……毋徒一從天將之言，而唯以自立於不敗之地為務。經略所調炮手，雖不得不送，而呈文回答之際，若曰我國軍兵雖曰滿萬，成才炮手絕少，今就其中抽出四百，則東路之勢甚孤云，則經略或有不配他營，還送我國之理矣。今無一毫持難之色，而快許入送，卿之此舉，恐誤思量。[41]

這一諭令更可以看出朝鮮國王對出兵參戰的基本態度了。他要姜弘立以敷衍為務，不必全聽明朝將官的命令，而「自立於不敗之地」才更是重要的。由此可知：姜弘立與運糧官膽敢在出師途中「逗留觀望」或是「逍遙江上，無意督運」，實在都是有原因的。

---

40 同上書，頁三〇一八。

41 同上書，同頁。

此外，在薩爾滸戰役結束以後，《光海君日記》中還有一段記事，更能詮釋東路軍成敗關鍵的，那是書中引用國王的談話說：

當初軍門咨檄之來，已知有今日之禍。

接著史官們也加按語云：

初王不欲助兵天朝，陰觀成敗，故至是以為先見矣！[42]

當我們了解以上種種事實以後，東路軍的失敗也可以說是早就註定了。綜合以上所述，我們可以看出，李民寏的《柵中日錄》雖是一部記錄間有錯誤的書，也多少有著為他個人作辯護而寫作的目的；不過總的說來，這部書的史料價值仍是相當高的，中國域外漢籍的值得研究由此也可以得到證明。

[42] 同上書，頁三〇二七。

《東華備遺錄》簡介

蔣良騏的《東華錄》是有關清初的一部史書，內容多取材於清實錄，間有採摘自紅本、內閣大庫檔以及私家文集等資料的，史料價值很高，向為史家所推崇。我自己也曾寫過幾篇文章討論蔣書的內容、體例、版本、珍貴史料以及書中誤錯等問題❶，本文再就日本收藏的《東華備遺錄》一書，作一簡介，以補此前對蔣書論述的不足。

一、《東華備遺錄》的流傳日本

蔣良騏是廣西全州人，生於清康熙六十一年（一七二二年），卒於乾隆五十四年（一七八九年），曾經做過御史、奉天府丞、通政司使等官。乾隆三十年清朝重開史館的時候，他被指派參

❶ 請參看拙作，〈論蔣良騏編纂《東華錄》的動機〉，〈蔣良騏《東華錄》版本及其研究略考〉等文（《清史雜筆》第五輯，學海出版社刊行，一九八四年，臺北）。

與修纂列傳的工作。據他自已日後說：他在國史館工作時，遇到「與列傳有關合者，則以片紙錄之，以備遺忘」，結果將「朝章國典，兵禮大政」，「信筆摘鈔，逐年編載」，「竟成卷軸，得若干卷云」。又以國史館在「東華門內稍北」❷，所以他鈔得的資料遂以「東華錄」命名了。

蔣氏《東華錄》雖然鈔成於乾隆三十年代，但是該書的刻本則在清末咸同間才出版，這其中的原因不能確知，然與其內容對「皇室名譽有損」可能有關❸。蔣書遲至近一百年後刻本才問世確是一件憾事，惟其鈔本則早在嘉道間已風行書肆了，甚至還有鈔本遠渡重洋，行銷到了日本。據日本《官刻書籍解題略》上〈東華錄〉條稱：

> 此書係根據鈔本所官刻者。近日由船運來大小兩種本子，雖有互異之處，然未經後加潤色之早出本，反得其事實為多。❹

日本官刻本蔣氏《東華錄》發行的時間，據我所知有兩種不同的說法：一是文化四年（清嘉慶十二年，一八〇七年），一是清道光十二年，亦即是天保四年（一八三二年）❺。不論是天保

❷ 蔣良騏《東華錄》，卷首〈序〉（臺北中央研究院傅斯年圖書館版本）。

❸ Alexander Wylie: *Notes on Chinese Literature*, p.27, 1992, Shanghai.

❹ 轉引日本學者松浦嘉三郎，〈蔣本東華錄の異本に就いて〉（《收書月報》，第五十號，昭和十五年一月）。

四年或是文化四年，日本刻本蔣氏《東華錄》比中國為早是毋庸置疑的事實，因為清朝宗室奕賡在道光十八年時還說：「《東華錄》，嬴川蔣良騏之私錄也。……士大夫間有鈔存，俱錦函榅匵，不肯輕易示人。」❻甚至到道光二十四年，他仍寫道：「蔣良騏《東華錄》，初無鐫本，傳鈔既廣，魚魯頗多。」❼事實上中國刻本的蔣氏《東華錄》中，凡遇「寧」字都刻成「寕」，顯見是敬避清宣宗道光皇帝御名的，蔣書的刻本必不早於道光時代由此可得明證。

日本各大藏書中心目前存藏蔣良騏《東華錄》的情形，據出版的一些藏書目錄所記是這樣的：

東京大學有《東華備遺錄》一種，鈔本，十六卷。

京都大學有刻本《東華錄》一種，十六卷，為江戶官刻本。

靜嘉堂文庫藏蔣氏《東華錄》刻本與鈔本各一種，均為十六卷。

東洋文庫藏刻本蔣氏《東華錄》兩種，版式略有大小不同，但都是三十二卷本。

---

❺ 松浦嘉三郎說日本官刻本《東華錄》刊行時間是天保四年（一八三三），但據我的好友岡田英弘稱京都大學人文科學研究所漢籍分類目錄中記：江戶昌平黌《東華錄》刻本刊刻時間是文化四年（一八〇七）。

❻ 金梁，《瓜圃叢刊敘錄》〈重訂東華錄跋〉（《近代中國史料叢刊》，第二十九輯，第七種，臺北文海出版社重印本）。

❼ 《佳夢軒雜著》〈東華錄綴言〉，卷首（見臺北文海出版社重印燕京大學圖書館叢書，該社《史料叢刊》第五二一種）。

日本學者松浦嘉三郎早在一九四〇年即撰文討論該國所藏各種蔣書的問題，他認為東京大學的《東華備遺錄》應是最早傳入日本的鈔本，也是江戶昌平黌官刻本的依據版本。《東華備遺錄》是從蔣氏原稿傳鈔流入日本的，「備遺」二字後被人棄而不用，乃簡稱《東華錄》❽。

松浦嘉三郎的說法是相當可信的，因為現今世界各國所藏的刻本《東華錄》多是中國刊印的三十二卷本，版式有大小之別，是不同時間由中國山東與浙江兩地刻印的，相信東洋文庫所藏的就是這兩種版本。十六卷刻本顯然是日本的特產品，因為清末中國刻本的蔣氏《東華錄》從未有十六卷本問世的。至於東京大學珍藏的《東華備遺錄》是不是江戶官刻本的底稿本，我覺得不能遽下結論，應該再作進一步的研究才對。

二、《東華備遺錄》的內容簡介

儘管松浦嘉三郎看過三十四卷與八卷的鈔本《東華錄》（二者均藏於奉天圖書館）；但一般的蔣錄鈔本都是十六卷本，正如東京大學所藏的《東華備遺錄》一樣，而且所有十六卷的鈔本在每卷起迄的時間方面也是相同的，以《東華備遺錄》來說，各卷的記事時間如下：

卷一：自滿洲開國，祖先世系至太宗天聰三年。

---

❽ 同❹。

卷二：自太宗天聰四年至崇德六年。

卷三：自太宗崇德七年至世祖順治二年六月。

卷四：自世祖順治二年閏六月至九年十一月。

卷五：自世祖順治九年十二月至十七年底。

卷六：自世祖十八年正月至聖祖康熙十三年八月。

卷七：自康熙十三年九月至二十一年十二月。

卷八：自康熙二十二年正月至二十七年正月。

卷九：自康熙二十七年二月至三十五年十二月。

卷十：自康熙三十六年正月至四十七年十二月。

卷十一：自康熙四十八年正月至五十六年十二月。

卷十二：自康熙五十七年正月至雍正元年十二月。

卷十三：自雍正二年正月至四年五月。

卷十四：自雍正四年六月至七年三月。

卷十五：自雍正七年四月至九年十二月。

卷十六：自雍正十年正月至十三年底。

我個人看過幾種蔣氏《東華錄》的鈔本，發現它們的卷數與每卷所記史事的起迄時間雖是相同，但內容上仍有少許差異的，現在以《東華備遺錄》與諸種鈔本作一簡要說明如下：

㈠以蔣書的序言來說，《東華備遺錄》作：

乾隆三十年十月，重開國史館於東華門內稍北，騏以謭陋，濫竽纂修。館例凡私家著述，但考爵里，不采事實，惟以實錄、紅本及各種官修之書為主，顧實錄卷帙浩繁，紅本更浩如淵海，終日翻閱無暇，遇所闖分列傳事蹟及朝章國典、兵禮大政與列傳有關合者，則以片紙記之，以備遺忘，積之既久，遂成卷軸，不忍棄置，裒而存之，以□□餘支枕之助云。嬴川蔣良騏千之父識。❾

臺北中央圖書館現藏蔣氏《東華錄》鈔本兩部，各為十六卷，編號為〇一九四一及〇一九四二，其中〇一九四一號本無序文，惟卷末有跋語。〇一九四二號本則在卷首有「引」文，不作「序」❿。〇一九四一號之「跋」又與一般鈔本的「序」不盡相同，該文與《東華備遺錄》序文不同的約有

---

❾ 東京大學藏《東華備遺錄》，卷首〈序〉。

❿ 蔣氏《東華錄》鈔本現藏世界各地數量不少，除臺北中央圖書館兩種、國立臺灣師範大學圖書館一種、日本靜嘉堂與東京大學各一種外，美國哥倫比亞大學、普林斯頓大學、法國巴黎國民圖書館均有收藏。中國大陸亦有藏本。

幾處：如文中說「國史館於東華門迤北」；「闔」字誤寫成「開」字；最後以「是以錄」三字代替《東華備遺錄》中的「不忍棄置，裒而存之，以□□支枕之助云」諸字；至於序文後的署名，也寫成「湘源蔣良騏千甫」。我們姑且不談文中改寫或錯字的問題，即以署名一端而言，《東華備遺錄》的用法是正確的。「瀛川」與「湘源」都是蔣良騏家鄉的地名，「千之」是蔣氏的號，「父」、「甫」或「傅」三字相通，都是男子的美稱，古人早年著書常有加用「父」、「甫」等字的原因即在此。中央圖書館所藏〇一九四一號跋中用「湘源蔣良騏千甫」，顯然是錯誤的，至少是漏落了「之」字。

㈡中央圖書館第〇一九四一號鈔本還有鈔漏史文的缺點，若與《東華備遺錄》相較，我們立即可以辨知，例如在卷首敘述清太祖努爾哈齊兄弟名字時就略寫了「太祖母弟曰舒爾哈齊、雅爾哈齊。繼母弟曰巴雅喇。庶弟曰穆爾哈齊」等字；卷一丁亥年條下記滿洲以珍品撫順等地「與明互市」事，中央圖書館第〇一九四一號本則作「與明互」，漏「市」字。類似此等情形很多，不勝枚舉⓫。

㈢中央圖書館第〇一九四一號鈔本也可以從錯字方面證明鈔繕不精，如清太祖的先世「包朗阿」被寫成「色朗阿」；「古勒山」誤寫為「告勒山」；其城主「阿太」作「阿大」等等，《東華備遺錄》則沒有這些錯誤。

⓫ 見《東華備遺錄》，卷一，刻本蔣氏《東華錄》亦記載此太祖兄弟名；「市」字未脫寫。

㈣蔣氏《東華錄》鈔本很多，其中不少非由一人所鈔成，如臺北中央圖書館第〇一九四一號藏本及國立臺灣師範大學圖書館所藏的何紹基批點綠絲欄鈔本等，都是出自數人之手的⓬。東京大學的這部《東華備遺錄》則全書字跡一樣，顯然從頭到尾都是由一人鈔寫的，比較難得。

三、《東華備遺錄》的優劣點

我們了解東京大學珍藏的《東華備遺錄》的內容大概之後，現在再以我個人的觀點來探究一下該書的優點與缺點，以為本文的結語。

第一，雖然《東華備遺錄》係一人所鈔，錯誤也比其他鈔本為少。不過正如所有的蔣氏《東華錄》一樣，字裏行間到處可以找到問題，東京大學所藏的這部珍本也不例外。例如第一卷記古勒山城戰役時，《東華備遺錄》記其中一段史事為：

……降成梁誘城中人出，屠之，並害二祖。太祖聞之，大痛。詰明邊吏，明歸我二祖喪。

⓬臺灣師範大學圖書館所藏蔣氏《東華錄》鈔本一部，屬該館史部善本書，編號為B-〇五〇、七二八、一一二號，是綠絲欄本，分裝二冊，封面題「何蝯叟批點蔣氏東華錄，甲戌九月下澣得於廠肆邃雅齋，北溟題記」等字樣，惟書中何紹基批點未完，且批點文字僅是提要，無研究價值。

上引文中「降」字為「李」字之誤；「誥」字應作「詰」；「租」字當係「祖」字誤寫。

又如康熙二十六年七月條，《東華備遺錄》記：

> 十一謝爾汗奉奏鄂羅期遣使請和，已抵臣境。

這一段記事應該是：「土謝圖汗奏鄂羅斯遣使請和，已抵臣境。」其中「土」字、「圖」字、「奉」字、「斯」字都是問題所在。

他如順治十四年十月條作：

> 同考官李振鄴、張我檏、齊人田耜、鄔作霖、科臣陸貽吉等俱立斬，家產藉沒，父母兄弟妻子流從尚陽堡，給事中任克薄劾其賄買中式訊賓也。⑬

這段史事是記述清初順治丁酉科場案審結情形的，受罰與告訐人中「張我檏」應作「張我樸」，「任克薄」是「任克溥」之誤。另「舉人」、「流徙」、「訊實」諸詞，《東華備遺錄》也都鈔寫錯誤，應予改正。

---

⑬《東華備遺錄》係鈔本，僅註冊數，未寫明頁碼，故本處無法詳註。

第二，如前所述，蔣良騏《東華錄》的鈔本早就流行於書肆，而刻本到清末咸同間才刊行。鈔本多為十六卷，刻本在中國則是三十二卷。刻本卷數既多而成書時間又較晚，刻本中的資料比鈔本中多應是想像得到的事。如南明桂王殉國前致吳三桂的一封文情並茂的長信，就是刻本載有而鈔本闕如的一件重要文件，當然有人懷疑類似的文字可能是後人加進去的，不一定是蔣良騏當年親自手錄的，這一問題確是值得進一步研究。現在我只摘出康熙二十六年四月至七月間的刻本與鈔本中一些記事，作一比較，相信讀者會清楚了解兩種版本在收集資料方面的情形。

刻本中記：

四月，授田雯江蘇巡撫，陛辭，上諭之曰：向聞江蘇富饒，朕親歷其地，見百姓頗多貧困，爾當以愛養民生為務，地方豪強為害于民者，不可不懲。然政貴寬平，不必一一搜訪滋事。至文武本屬一體，文武輯睦，則兵民自安矣。

五月，不雨，詔臣工直言得失。靈臺郎董漢臣以諭教元良，慎簡宰執奏。御史陶式玉劾漢臣，摭拾浮泛之事，誇大其詞，請逮繫嚴鞫。下九卿議，有欲重罪漢臣者。尋奉特旨免議。大學士余國柱以湯斌當九卿會議時有懟對董漢臣之語，傳旨詰問。斌奏董漢臣以諭教為言，而臣忝為長官僚，動違典禮，負疚實多。上以詞多含糊，令再四奏。斌言：臣資性愚昧，前奉綸音，一時惶怖，罔知所措，年來衰病侵尋，愆過叢集，動違典禮，循省自懟，乞賜嚴加處分，以警溺職。上因其遮飾，仍不明晰，嚴飭之。

部議廣西撫王起元言新陞學道陸祚蕃由原任登萊赴粵路遠，即改歲作科，亦難遍及，請展鄉試期於十月舉行，從之。

七月，土謝圖汗奏鄂羅斯使請和，已抵臣境。

上命薩布素統兵還黑龍江墨爾根。⑭

鈔本如《東華備遺錄》中所記有關這幾個月間事與刻本頗有不同，不但四月授田雯為江蘇巡撫事以及五月靈臺郎董漢臣引起湯斌被劾事件不記，同時在七月條下，除記述土謝圖汗奏蒙古來使與薩布素統兵還黑龍江二事外，又增加了刻本不載的史事，這段史事是：

戶部請裁公費。上曰：目下國計充裕，所爭不在於此；況貧官需此以資生者甚多，豈可盡裁，著仍照現行例行。

據以上比較可見，刻本記事較多，這也是它有三十二卷篇幅的主要原因。不過鈔本也有其值得注意之處，內容雖然簡略，卻有如戶部請裁官員公費而康熙皇帝不同意的珍貴文獻。所以蔣氏

---

⑭ 刻本蔣氏《東華錄》，卷十四，葉二下～三下。

《東華錄》的刻本與鈔本各有其優劣之點。

第三，蔣氏《東華錄》多年來被細心的學者認為是編者有著消極的反清心理，他把不少珍貴反清復明史料，收集並保存了下來，供給後人參閱，以實現他的經世思想。如果這一假設能成立的話，則清末刻本的編者就更具有此一用心了。桂王最後致吳三桂的信是鈔本不見的資料，文中雖對吳三桂曉以大義，但淒涼的南明命運從而會引起讀者的同情，頗能激發有民族意識的人的反清情緒。上引康熙二十六年記事中，田雯的陛見訓諭中反映出當時江蘇人民的貧苦與豪強的害民，湯斌的受罰是朝廷黨爭的結果，而康熙皇帝對皇太子老師的不敬也躍然紙上。至於戶部請裁公費一節被刪除不載，無異是抹去康熙皇帝寬厚美德的紀錄。凡此種種都可以說明《東華備遺錄》與其他的鈔本蔣氏《東華錄》不因內容簡略而不如刻本，特別在學術研究的用途上，它們的參考價值仍是很高的。

第四，東京大學《東華備遺錄》應該被視為諸種蔣書鈔本中的精品，雖然錯字仍多，但已算是難得的了。松浦嘉三郎認為此書為蔣良騏原稿的直接轉鈔本，這一說法我個人以為是有商榷餘地的，因為書中所有的「寧」字都寫成「寍」字，如：

崇德七年二月，阿濟格遣兵略寍遠。

（崇德七年）三月初四日，遣人講和，迄今未至寍遠。

（順治元年）四月壬午，師次撫寧。

（康熙六十一年）十月，江西撫斐綷度奏擒獲寧州銅鼓奸細。

雍正二年正月，年羹堯奏侍郎常壽棄西寧。

據此可知，《東華備遺錄》的鈔寫時間應該是在道光以後，否則「寧」字不必避諱而改寫，這是很明顯的事。

總之，蔣良騏的《東華錄》是一部收集很多清初珍貴史料的專書，也是值得深入研究的一部專書。不過無論刻本或是鈔本，書中的錯字極多，史事也有錯誤的，真是「魚魯豕亥，不堪寓目」⓯；因此，我們利用這部書時，應當特別小心，以免致誤。

⓯ 同❻。

從清初中央建置看滿洲漢化

在中國歷史上，入主中原的「異族」，以滿洲人的漢化為最顯著，也較為徹底；尤其在中央政府制度的仿行方面。因此，前輩學者有謂：清人入關之初，「一切官職，悉仿明制，其間略有損益，蓋以滿漢二族不同之故，遂稍稍有所變通，俾便於統治耳。」❶這種說法，基本上是能成立的；不過清初的中央衙門設置，似乎並不如表面上那樣的「悉仿明制」，他們不但有所變革，而且也有他們漢化的標準與目的，不全然是盲目接受漢人傳統體制的。我們可以從以下的一些實例當中，看出當時的情形以及滿洲人在這方面漢化的態度：

第一、就六部的設置來說：努爾哈齊建立後金汗國以後，除以八旗總管大臣等統領軍旅外，特設五大臣及扎爾固齊（按滿語Jargüci意為理事官，此語借自蒙古）十人佐理國事。按當時情形「凡有聽斷，先經扎爾固齊十人審問，然後言於五臣，五臣審問，言於眾貝勒，議定奏明。」❷

❶ 蕭一山，《清代通史》（臺灣，商務印書館出版），卷上，頁五〇。

❷ 蔣良騏，《東華錄》（大陸，中華書局校點版），卷一，乙卯年條，頁六。《大清歷朝實錄・太祖高皇帝實

可見政事的最後裁決，除大汗努爾哈齊外，即為諸貝勒（按滿語Beile原意部族首領，宋金之際有漢譯為「孛吉烈」的，清太宗以後，貝勒實際上是「王」了）。天命七年（一六二二），努爾哈齊指命皇子八人為和碩貝勒（按滿語Hošo作「一部」、「角落」等解，和碩貝勒意為一部首領），共議國家大政❸。第二年又設八大臣為副，用以觀察八和碩貝勒是否公正，並令其籌劃國事成敗，審議軍事得失❹。天命十一年八月，努爾哈齊病逝，其子皇太極繼承，是為太宗，年號天聰。皇

錄》，卷四，頁二一上記：「凡有聽斷之事，先經扎爾固齊十人審問，然後言於五臣，五臣再加審問，然後言於諸貝勒。眾議既定，奏明三覆審之事，猶恐尚有冤抑，令訟者跪上前，更詳問之，明核是非，故臣下不敢欺隱，民情皆得上聞。」可見兩文意義相似，而文字則《清實錄》略加潤色。

❸《大清歷朝實錄．太祖高皇帝實錄》，卷八，頁一六上記：「（天命七年）三月，己亥，眾貝勒問上曰：「基業天所予也，何以寧輯？休命，天所錫也，何以凝承？」上曰：『繼朕而嗣大位者，毋令強梁有力者為也。以若人為君，懼其尚力自恣，獲罪於天也，且一人縱有知識，終不及眾人之議，今命爾八子，為八和碩貝勒同心為國，庶幾無失，爾八和碩貝勒內，擇其能受諫而有德者，嗣朕登大位，若不能受諫，所行非善，更擇善者立焉。……若八和碩貝勒中或以事他出，告於眾，勿私往，若入而見君，勿一二人見，其眾人畢集，同謀議以治國政，務期斥姦佞，舉忠直，可也。』」所謂八家分治，實由此可知當時實狀。

❹《大清歷朝實錄．太祖高皇帝實錄》，卷八，頁一八上清太祖諭諸臣曰：「朕於八和碩貝勒，設大臣八

太極登極後一月，又命令總管旗務的八大臣參預議政，這是削弱貝勒大權的第一步❺。天聰五年（一六三一），他又下令沿襲明朝制度，設立六部，每一部仍以貝勒一人總理部務，以下各設承政與參政若干人佐理。各部的參政大致都是八人，承政就或多或少了，而且滿洲、蒙古與漢人的籍貫比例也不盡相同。例如吏部初設時，總管部務貝勒下設滿、蒙、漢承政三人；刑部則設滿、漢承政各二人，蒙古承政一人；工部的情形又不一樣，滿洲承政設了二人，蒙古與漢人則各一位。這大概依當時事務繁簡需要而定的❻。至於貝勒仍總理部務，則有「八家分治」的遺意，也就是

人副之者，欲察其心也。誰則以己之事、人之事視為一體，而公以持論。誰則於己之事非是，不自引咎，而變色拒諫，爾八大臣公察之，知其非，即直言責之，不受，以聞，朕設爾等之意，此其一。至於國事之何以成，何以敗，當深為經畫有輔弼帝業者，則舉其堪任而舉之。有才不勝任者，則指其無能而劾之，此其二。總兵以下諸武臣，凡行軍之事，以謀其何以得，何以失。……能將兵者，則稱其能；不能將兵者，則指其不能，以聞於朕，此其三。……爾等果能經理國事，各得其宜，則朕所生子孫之多，所設臣僚之眾，皆有益於國，朕之心自泰然而愉快矣！」

❺ 蔣良騏，《東華錄》，卷一，天命十一年九月條記：「設八大臣，……總理一切事務，與諸貝勒偕坐共議，出獵行師，議定啟奏，各領本旗兵行，凡國中大小事皆聽稽察。」《大清太宗文皇帝實錄》亦謂：「上以經理國務，與諸貝勒定議，設八大臣……總理一切事務，凡議政處，與諸貝勒偕坐，共議之，出獵行師，各領本旗兵行，凡事皆聽稽察。」

說清太宗在近一步中央集權時，仍不能不按實際情勢，保有八旗貝勒的特權。順治元年（一六四四），清人入關，定鼎北京，中央政府官職，大加改訂。六部中停貝勒總理部務，改承政為尚書，參政為侍郎。尚書滿漢兼設，都無定員；侍郎多設滿漢各一人❼。

從以上六部設置的簡史中，我們可以看出：清初確是仿行漢制，設立吏、戶、禮、兵、刑、工六部衙門；不過自天聰五年初設開始就沒有「悉行明制」，因為上有貝勒一人總管部務，而尚書、侍郎的職稱也沒有沿用，同時主管官員又是滿蒙漢並設，互相牽制職權是必然的。即使到順治元年入關以後，停廢了貝勒管部務，又改稱承政與參政為尚書與侍郎，表面上看是完全仿照明制了，然而滿漢官員並設，根本就不是漢化。而順治八年一度又以親王貝勒兼理部務，九年再停❽。雍正元年（一七二三）又以親王、郡王或大學士兼理部務，都由皇帝特簡，這又與明代六

---

❻ 天聰五年七月，清太宗集諸貝勒大臣議國政，爰定官制，設立六部，以貝勒多爾袞管吏部事，貝勒德格類管戶部事，貝勒薩哈廉管禮部事，貝勒岳託管兵部事，貝勒濟爾哈朗管刑部事，貝勒阿巴泰管工部事。至於各部的承政、參政、啟心郎等官，當時任命的人數不同，惟姓名都有記載，請參看《大清太宗文皇帝實錄》，卷九，頁一一～一二。又《光緒會典事例》及《歷代職官表》等書亦可參考。

❼ 見《欽定大清會典事例》，卷一九，頁一一下、一五下、一八下、二二下及卷二〇，頁三上、六下等處。

❽ 《欽定大清會典事例》，卷一九及二〇等處都記述：「順治八年，以諸王貝勒兼理部務。九年，停諸王

部官制不盡相同了❾。總之，就滿洲人漢化的態度而言，漢制他們不一定全盤接受的，六部就是一個例子。

第二、就內閣與翰林院的設置來說：清太宗天聰三年（一六二九）四月，皇太極命令儒臣分為兩班，分別從事漢字書籍的翻譯與記注本朝政事的工作。這些儒臣服務的機關，當時稱為「文館」❿。七年以後，皇太極因為得到了蒙古成吉思汗裔孫的傳國玉璽，便改後金國為大清國，年號也由天聰改為崇德。為了配合大清國的規模，文館也因而擴大組織，並更名為內三院，即內國史院、內祕書院、內弘文院⓫。這次改組不但增大了這個機關職掌的範圍，同時更具備明朝內閣

貝勒兼理部務。」

❾ 同上書，卷一九，頁一三上吏部條：「雍正元年，以大學士兼理部務。」同卷，頁一七上戶部條：「雍正元年，以親王大學士兼理部務。」同卷，頁二〇上禮部條則記：「雍正元年，以親王、郡王、大學士兼理部務。」其他兵、刑、工三部事則見該書同卷，頁二三上以及卷二〇，頁八～九等處。

❿ 同上書，卷一一，頁一上記：「天聰三年，設文館於盛京。」《太宗文皇帝實錄》，卷五，頁一一下記設文館事，並於頁一二上謂：「初太祖製國書，因心肇造，備列軌範。上躬秉聖明之姿，復樂觀古來典籍，故分命滿漢儒臣，繙譯記注，欲以歷代帝王得失為鑑，併以記己躬之得失焉。」

⓫ 《欽定大清會典事例》，卷一一，頁一上：（天聰）「十年，改文館為內三院。曰內國史院，掌記注詔令，編纂史書，及撰擬諸表章之屬。曰內祕書院，掌撰外國往來書狀，及敕諭祭文之屬。曰宏（按敬避清高

與翰林院的實質了。因為內國史院掌記皇帝起居、詔令、收藏御製文字，凡用兵行政六部所辦事宜、外國來書，俱編為史冊，並纂修各朝實錄及撰擬祝文、誥命、冊文等事。內祕書院，掌撰擬與外國書及敕諭、祭文等，並錄各衙門奏疏及詞狀。內弘文院則掌注釋古今政事得失，為皇帝進講，為皇子侍講，並教諸親王與頒行制度等。順治元年入關以後，由於清廷有「官仍其職」的號召，明朝的閣老與詞臣降清的頗不乏人，而關外的大學士與學士們也隨著清世祖來到了北京，所以在這一年中清制的內三院與明制的內閣、翰林院並存了一段時間。第二年政府下令合併這些機關，但仍以內三院為主，只在機關的名稱上加「翰林」二字，變成內翰林國史院、內翰林祕書院、內翰林弘文院了⓬。同年三月，皇帝又降諭京中與外省各衙門，「其有與各部無涉或條陳政事、或外國機密、或奇特謀略，此等本章，俱赴內院轉奏。」⓭這又給內三院加重了責任，而且內三院因此被明定為二品衙門，與六部同級（在盛京時，六部為一品，內三院為二品，順治二年六部改為二品）⓮。順治八年（一六五一），清廷又明令大學士品級與各部尚書同，學士品級與侍郎

宗御名改用的）文院，掌註釋歷代行事善惡勸講御前，侍講皇子，並教諸親王，及德行制度之屬。各設大學士。」

⓬ 同上書，同卷，頁一一下。

⓭ 《大清世祖章皇帝實錄》，卷一五，頁七下。

⓮ 同上書，同卷，頁一一上記：「大學士剛林等奏言：盛京原定六部為一品，內三院為二品。今六部係二

同，更增加了內三院的地位⓯。不過到順治十五年，清世祖又依仿明朝官制，改內三院為內閣，大學士加上了殿、閣銜，明顯的這是進一步採行漢化；然而深恐明朝閣權過重的弊端重現，乃降低了大學士的品級為正五品⓰。原先歸附內三院的翰林院官員，重新分出，別設翰林院。就制度上看，似乎是改清制為明制，只是大學士的權位變輕了，內閣裡辦事官員變少了。

順治十八年世祖死後，滿洲的保守派又取得了政權，以「內三院衙門，自太宗皇帝時設立」為由，又停罷了內閣與翰林院，復設內三院⓱。這是滿洲人漢化的反動，也代表了清朝「祖制」的復興。不過，到康熙九年（一六七〇），當清聖祖打倒了滿洲守舊勢力之後，他又下令將內三

品，銀印。通政使司、詹事府係三品，翰林院係五品，俱銅印；奏請酌定。得旨：內三院照盛京為二品衙門。」

⓯ 同上書，卷五六，頁一七下。

⓰ 同上書，卷一一九，頁六下~七上記：「……本朝設內三院，有滿漢大學士，侍讀學士等官，今斟酌往例，除去內三院祕書、弘文、國史名色，大學士改加殿閣大學士，仍為正五品，照舊例兼銜。……內三院舊印，俱銷毀。」

⓱ 當時守舊大臣以世祖遺詔為由謂：「一切政務，思欲率循祖制，咸復舊章，以副先帝遺命。內三院衙門，自太宗皇帝時設立，今應仍復舊制，設內祕書院、內國史院、內弘文院，其內閣、翰林院名色俱停罷。」（見《大清聖祖仁皇帝實錄》，卷三，頁九上、下）

院改為內閣，照順治十五年舊例，大學士分兼殿閣銜，並兼尚書，學士兼侍郎，從此，內閣的基礎才正式奠立，並逐漸發展開來⓲。只是雍正年間又設立了軍機處，把內閣的實權吸收去了，內閣又成了有名無實的權力機關。

從以上清初內閣與翰林院的立而廢，廢而再立的這一段史實，充分可以表現出滿漢兩種文化在當時的消長競爭情形，同時也說明了清代帝王的漢化態度是理性的，是有限度的。

第三、就起居注衙門的設置來說：起居注是記述皇帝言行的一種專檔，由皇帝的近侍臣工擔任寫記的。這種專檔的記載歷史極為悠久，有人說周代的左史、右史就是起居注官的前身，不過東漢確有宮中記起居的事實了。唐宋更建立了制度，連遼金元各朝都記帝王的起居。明朝起居注官從事記寫的事很早，據說在洪武建元前四年就開始了⓳。清朝設起居注館當然是漢化的結果，然而以下的幾件事是值得我們深入探討的：

㈠清代起居注館設置的很晚，是在康熙十年（一六七一）左右才在太和門西廊正式辦公，開始記注帝王的起居⓴。據目前的了解，唐宋以下皇帝的實錄都是依據起居注等資料編纂成書的，

⓲ 同上書，卷三三，頁二七上。

⓳ 請參看朱希祖，〈漢唐宋起居注考〉（文見《北京大學國學季刊》，二卷四期）。明太祖記起居事早於洪武建元，事見《明史》（鼎文書局重印本），卷七三，頁一七七，翰林院條下：「吳元年，始置翰林院」。

⓴《欽定大清會典事例》，卷一〇五五，頁一下記：「（康熙）九年，始置起居注館於太和門西廊，滿漢記

也就是說一位帝王的起居注是比他的實錄修成的早。清朝太祖的實錄初修於太宗時期，當時清人尚在關外，而太祖一朝根本沒有起居注衙門與屬官。太宗、世祖兩朝也是一樣，可見清代帝王實錄是按漢制在帝王死後纂修的，但起居注都未見記注。根據以上所述，可知清代起居注館是為仿行漢制而設立的，只是設立的時間很晚，而且是經過廷臣多次呈請才設立的㉑。

(二)一般說來，起居注官是每天把皇帝的詔諭，一言一動以及大臣們的奏啟等事，直書史冊，「以為萬世法則」，「垂之永久」的，因此皇帝非常重視這項記錄，記注官也每天隨著皇帝在京內

注官侍直。」不過《大清實錄》中則說：康熙十年八月甲午（十六日），「設立起居注，命日講官充攝。」（見《聖祖仁皇帝實錄》，卷三六，頁一五下）。由於會典是據實錄修成，而目前現存滿漢文本康熙朝起居注冊，都是從康熙十年才寫記，未見有九年任何月份的記錄，所以先從實錄的說法，會典的記述也有不能完全不信的，請參看拙作〈清代起居注館建置略考〉，收在《清史雜筆》（臺北，學海出版社印），輯一，頁八一～九四。

㉑ 順治年間，工科給事中劉顯績曾上書「奏請設立記注官，凡皇上詔諭，一言一動及諸臣奏啟，俱事直書，以為萬世法則。」（見《世祖章皇帝實錄》，卷七一，頁一五下）康熙七年九月，侍讀學士熊賜履又上疏說：「請遴選儒臣，簪筆左右，一言一動，書之簡冊，以垂永久。」（見《聖祖仁皇帝實錄》，卷二七，頁四上）第二年魏象樞再奏請「擇滿漢詞臣雅重者數人，備顧問，記起居。」（《欽定大清會典事例》，卷一〇五五，頁一上）經過這些漢人大臣的一再奏請，滿洲帝王才同意設起居注官記錄皇帝一言一動。

京外，記寫皇帝重要的一切起居。然而，清聖祖在康熙十年左右設立這個中央衙門以後，並沒有始終如一的敬重這個單位及其官員。例如康熙十四年，他以向祖母與尊長請安是子孫的「恆禮」，記注官不必隨行㉒。康熙十八年，他又認為「會議機密事情，及召諸臣近前口諭」是「國家切要政務」，所關得失重大，「記注官不必侍班」㉓。康熙二十一年，他不但已逐步限制了記注官的行動與權限，更進一步的懷疑到記注官的品德與忠誠了，說他們可能不按事實記事，常有私自緣飾增刪等情㉔。由此可見：清聖祖雖依漢人古制設立了起居注館；但他並沒有如漢人帝王那樣的尊重起居注官員的職權，而且他不在乎起居資料能使他成為「聖人」，以致於他的言動記錄可為「萬世法則」的這些理想原則。

㈢康熙初期設立了起居注館，康熙五十七年他又下令裁省掉了這個中央的機構，因為這個機構中的官員有「爭競是非」，洩漏諭旨機密，而記事又有「遺漏舛訛」之處的。同在一人，前後對起居注館有著不同的看法，因而決定了這個機關的存廢命運㉕。起居注衙門在前代歷史上雖然

㉒《大清聖祖仁皇帝實錄》，卷五四，頁一三下。

㉓《大清聖祖仁皇帝實錄》，卷八四，頁一五上、下。

㉔《欽定大清會典事例》，卷一〇五五，頁一四～一五。

㉕康熙五十六年三月，清聖祖藉記注官陳璋等人鈔檔事件，嚴重的考慮到起居注衙門的裁撤問題，所幸九卿官員們集會後只建議處分陳璋，沒有對起居注館的存廢表示意見。可是第二年聖祖仍然舊事重提，並

是有旋立旋止的；但是清聖祖一向以道學家自居，以仁厚寬大的典型儒家君主聞名的，他竟不斷的縮小起居注官的行動範圍，最後甚至停止了起居注館的工作，這是非常耐人尋味的事。這個機關到雍正元年才又復設，其間關閉了四個多年頭㉖。

總之，清初起居注館的設立，表示了滿洲漢化是「擇其善者而從之，其不善者而改之」的態

㉖ 說「歷觀從來帝王設立起居注，多有更張，亦間有裁革者。」他命令大學士和九卿們會同議奏。當然大學士等了解聖祖心意，都一致認為起居注衙門應予裁革（事見《大清聖祖仁皇帝實錄》，卷二七一，頁二三；卷二七二，頁二；卷二七八，頁九、一四、一五等處）。

雍正元年，清世宗為再設立起居注館，曾降諭旨說：「自古帝王臨朝施政，左史記言，右史記動，蓋欲使一舉動、一出言之微，無不可著為法則，垂範百世也。皇考聖祖仁皇帝英年踐祚，即設日講起居注官，於詞臣中擇其才品優良者，以原官充補，鉅典茂昭，度越前代，誠為聖帝哲王之盛事。……聖祖仁皇帝謙德彌光，聖不自聖，惟恐史官或多溢美之辭，故康熙五十六年裁省記注。……茲朕纘大統，夙夜兢業，日昃不遑，思所以上繼皇考功德之隆，下致四海宴安之治。顧惟涼德，甚懼負荷之難，今衙門聽政之初，益當寅畏小心，綜理庶事，咸期舉措允宜，簪筆侍臣，何可闕歟？當酌復舊章，於朕視朝臨御，郊祀壇廟之時，令滿漢講官各二人侍班，不獨記載諭旨政務，或朕有一言之過，一事之失，皆必據實出諸簡冊，朕用以自儆，冀寡尤悔，庶幾懍冰淵之懷，以致久安，慎樞幾之動而圖長治。其仍復日講起居注官，如康熙五十六年以前故事。」（見《大清會典事例》，卷一〇五五，頁四～五）

度，也可以說他們當時是以實際利害關係為權衡標準的。

第四、就內務府衙門的設立來說：內務府是清代掌管皇家事務的機關，舉凡皇家的衣、食、住、行、婚喪喜慶、祭典等等事務，都由內務府承辦。這些事在明朝是由太監掌理的十三衙門辦理的，清朝則與明朝大不相同，可以說他們在這方面根本沒有仿行漢制。

滿洲人在未入關之前，在戰爭中所獲的俘虜，都編為「包衣」。「包衣」滿語作booi，「包」是「家」的意思，「衣」是虛字「的」，合起來有「家丁」、「家僕」的意味，實際上就是奴隸。清太祖與清太宗時代，大汗領兩黃旗，多爾袞後來領正白旗，所以鑲黃、正黃、正白三旗，因為領主政治地位特殊，便成為上三旗了，到順治元年清朝入關時，新設內務府，因而上三旗包衣隸內務府，「奉天子之家事」，作「內廷差事」，其餘下五旗的包衣則各隸王府，為親王等貴族們服務。

除了上述的滿洲傳統背景以外，清人入關時了解明朝太監為禍至烈，為了不蹈前明的覆轍，他們在這方面完全不仿漢制，因而特設內務府衙門。不過到了順治十年（一六五三），清世祖親政後兩年多，他特以內務府事務繁多為由，降旨恢復明朝的舊制，設立太監的十三衙門。表面上看他是「悉仿明制」了，實際上他是有條件的設立明朝太監掌理的機關的，因為他也同時下令太監官階不得超過四品，太監不許交結外官，太監不得購置田產等等，總之太監的官階與行動等項都受到法定的限制了㉗。同時世祖又說：「衙門雖設，悉屬滿洲近臣掌管，事權不在寺人……與

㉗ 順治十年六月癸亥（二十九日），清世祖對廷臣降諭說：「朕稽考官制，唐虞夏商，未用寺人；自周以

歷代迴不相同。」㉘可見當時的情形並非「悉仿明制」。順治十八年，世祖逝世之後，滿洲守舊的元老重臣輔政，他們認為太祖與太宗兩朝都未設宦官，而明代亡國實因委用宦寺，因此以年幼皇帝的名義，下令將「十三衙門，盡行革去。」又「以三旗包衣仍立內務府……收閹官之權，歸之旗下。」㉙這可以說是滿洲文化的一次勝利。

來，始具其職，所司者不過閽闥灑掃使令之役，未嘗干預外事。秦漢以後，諸君不能防患，乃委以事權，加之爵祿，典兵干政，流禍無窮。……但宮禁役使，此輩勢難盡革。朕酌古因時，量為設置。首為乾清宮執事官，次為司禮監、御用監、內官監、司設監、尚膳監、尚衣監、尚寶監、御馬監、惜薪司、鐘鼓司、直殿局、兵仗局，滿洲近臣與寺人兼用。各衙門官品，雖有高下，寺人不過四品，凡係內員，非奉差遣，不許擅出皇城。職司之外，不許干涉一事。不許招引外人。不許交結外官。不許使弟侄親戚，暗相交結。不許假弟侄等人名色，置買田屋。……防禁既嚴，庶革前弊，仍明諭中外，以見朕酌用寺人之意。……」（見《大清世祖章皇帝實錄》，卷七六，頁一六～一七）。

㉘ 清世祖降旨仿明制設立十三衙門後不久，滿洲左都御史屠賴等上奏諫阻，認為「不必專立衙門名色」。世祖則說：「因分設衙門，使各司其事，庶無專擅欺矇之患。」「著仍遵前旨行。」（見《世祖章皇帝實錄》，卷七七，頁三～四）

㉙ 見王慶雲，《熙朝紀政》，卷三。又《聖祖實錄》，卷一，頁二一～二二記述此事很詳細，當時所頒諭旨說：「朕惟歷代理亂不同，皆係用人之得失，大抵委任宦寺，未有不召亂者。……我太祖、太宗，痛鑒

清聖祖親政以後，在康熙八、九年間，確是依照漢制或多或少的採行了明代的舊制；不過，對於太監的衙門，他並沒有像內閣、翰林院一樣，再恢復當年的十三衙門，而繼續使內務府存在，為皇家服務。後來並另設敬事房，專門管理太監，使太監真正成為「以供使令」的下人㉚。後世清代君主都能遵行祖制，因而清代絕無明代太監專權危害國政的事。據此可知：清初中央政府的機關也有完全不仿明制的事實。

此外，清初中央還有一些衙門的設置也是值得一談的，如都察院與理藩院等等。都察院是清人在關外建立大清、改元崇德後不久始設的㉛，清太宗曾為此降諭說：「凡有政事背謬及貝勒大臣有驕肆侵上，貪酷不法、無禮妄行者，許都察院直言無隱。」㉜都察院成立之初設承政一人，

往轍，不設宦官。先帝以宮闈使令之役，偶用斯輩，繼而深悉其姦，是以遺詔有云：祖宗創業，未嘗任用中官，且明朝亡國，亦因委用宦寺。朕凜承先志，釐剔弊端，因而詳加體察，乃知滿洲佟義，內官吳良輔，……熒惑欺蒙，變易祖宗舊制，倡立十三衙門名色，廣招黨類，恣意妄行。……權勢震於中外，以竊威福。……內外各衙門事務，任意把持。……其情罪重大，稔惡已極，通國莫不知之，雖置於法，未足蔽辜。……十三衙門盡行革去。凡事皆遵太祖太宗時定制行，內官俱永不用。」

㉚《宮中則例》，卷四，記：康熙十六年五月，更設立敬事房專管內監事務，凡宦官的任免遷調，都由內務府移咨吏部及敬事房辦理，並明定屬內務府管轄。敬事房又名宮殿監辦事處，設總管、副總管等職。

㉛《欽定大清會典事例》，卷二〇，頁一四上。

左右參政二人。順治元年，改承政為左都御史、參政為左副都御史。兩年以後，定左副都御史滿漢各二人。順治五年又定左都御史滿漢各一人。至於右都御史向例為總督兼銜，右副都御史為巡撫、河道總督等兼銜，都察院不設專員㉝。從清人入關前後都察院的職官與職掌來看，除了官員滿漢並設，六科十五道的情形不盡同於明朝制度以外，都察院這個機關具有御史臺的性質是無疑的。至於理藩院的設置則與都察院大有不同了。這個最初專管蒙古事務（後來兼管蒙回藏事務）的機關，是滿洲新創的。原來在清太祖努爾哈齊時代，蒙古人被俘或投降於滿洲的已經日漸增多了，起先把這些蒙古人收編到滿洲八旗之下，到天命六年（一六二一），因為喀爾喀蒙古大批降眾到來，於是有了「蒙古牛彔」名稱的出現㉞。天聰九年（一六三五），清太宗將滿洲八旗中的蒙古眾多壯丁挑出，另外成立了八旗蒙古。第二年，大清帝國建立，又過了三年，在崇德三年六月間，清太宗因蒙古人眾，事務日繁，便下令將原有的蒙古衙門改為理藩院了。當時職官有承政

㉜ 同上書，卷九九八，頁一上。

㉝ 同上書，卷二〇，頁一四下。

㉞ 《滿洲實錄》（臺灣，華文書局影印本），頁三三四，天命六年十一月記：「蒙古喀爾喀部內古爾布什臺吉、莽果爾臺吉，率民六百四十五戶並牲畜來歸。帝陞殿，二臺吉拜見畢，設大宴，各賜貂裘……奴僕、牛馬、房田，凡應用之物皆備。以聰古圖公主妻古爾布什，賜名青卓禮克圖，給滿洲一牛彔三百人，並蒙古一牛彔，共二牛彔，授為總兵。……」，「蒙古牛彔」之名，於此始見。

一人，左右參政各一人。順治元年，改承政為尚書，參政為侍郎，改制的情形與六部等機關是相同的[35]。由於理藩院專管「外藩」事務，負責的官員以滿蒙人為主，所以在清初設置的中央衙門當中，理藩院幾乎是與明制無關的。

綜合以上所述，我們可以了解：清初中央衙門的設置，並不如一般人所想像的：滿洲人全部仿行了明朝的制度。從六部、內閣，或是起居注館、內務府等衙門的設置情形來看，在在都說明了滿洲人，在借取明朝典章制度的時候，他們常常是有條件的、有限度的、不一定是全盤接受的。他們常是經過理性的思考，不是一味盲目的模仿，而且是擇善而從，首重本身利益的。這種漢化的態度，實際上在早期就表露出來了。如天聰朝設立六部後不久，建議清太宗變通《明會典》設六部通事的寧完我就上奏說過：「我國六部之名，原是照蠻子家（按指明朝）立的。其部中當舉事宜，金官原來不知，漢官承政當看《會典》上事體，某一宗我國行得，某一宗我國且行不得。某一宗可增，某一宗可減。參漢酌金，用心籌思，就今日規模立個金典出來。……然《大明會典》雖是好書，我國今日全照他行不得。他家天下二三百年，他家疆域橫亙萬里，他家財賦不可計數。況《會典》一書，自洪武到今，不知增減改易了幾番，何我今日不敢把《會典》打動他一字?!……此大不通變之言，獨不思有一代君臣，必有一代制作!……」[36]可見六部也好，《大明會典》也

---

[35] 《欽定大清會典事例》，卷二〇，頁一〇；《太宗文皇帝實錄》，卷四二，頁二上。

[36] 〈天聰朝臣工奏議〉，羅振玉輯，《史料叢刊初編》，卷中，頁三五，天聰七年八月九日寧完我奏。

好，在當時都是被認為「全照他行不得」的，因為一代應有一代的制作，必有變通不可。這是清初採行漢制的基本態度，也是滿洲人成功統治中國的重要原因之一。

尤有進者，滿洲人在了解漢化不能避免時，在接受明朝典章制度的精神實質時，他們仍注意保持住自己的民族文化。清太宗在天聰八年（一六三四）下令把以前部族中的漢文官名與城名全部易以滿語時，他說：「朕聞國家承天創業，各有制度，不相沿襲，未有棄其國語，反習他國之語者。事不忘初，是以能垂之久遠，永世弗替也。蒙古諸貝子自棄蒙古之語，名號俱學喇嘛，率致國運衰微。今我國官名，俱因漢文，從其舊號。夫知其善而不能從，與知其非而不能省，俱未為得也。朕纘承基業，豈可改我國之制而聽從他國？嗣後我國官名及城邑名，俱當易以滿語。……」㊲這段談話很清楚的說明了滿洲人是有維護傳統文化的決心的。同時他又以蒙古人信喇嘛教而使其國運衰微為例，認為「知其非而不能省」是不對的。事實上，清人在入關前後對喇嘛教信奉也是頗具政治意味的，他們信教而不佞佛，「禮敬喇嘛而不入喇嘛之教」，他們「興黃教，即所以曳蒙古」的，因此滿洲人利用西藏的喇嘛教控制了蒙藏地區的黃教世界，不像蒙古人信喇嘛教而導致國勢日衰的後果。總而言之，清朝成立之初，滿洲人是講求變通的，不全照明朝制度行的，漢化只是為達到統治中國的一種手段，正如興黃教以曳蒙古，信喇嘛而不佞佛一樣，滿洲人的漢化並不願被漢人完全同化。

㊲《太宗文皇帝實錄》，卷一八，頁一二～一四。

清聖祖廢儲考原

一、引言

清聖祖從即皇帝位到崩逝，前後歷時將近六十二年（西元一六六一～一七二二年），是我國秦漢以來享國最久的帝王。他的后妃貴人有姓氏可考的計三十二人，共生子三十五人。康熙末年，他的子孫曾孫同時及見的約一百五十多個，實在是歷代帝王家室中少見的。不過，在他晚年，不但沒有享受到含飴弄孫的天倫樂趣，相反地，他卻為皇位繼承的問題，痛苦萬分，而且造成日後宗室骨肉相殘的慘劇，實在是一大憾事。

在清聖祖所生的眾多兒子當中，以惠妃納喇氏所生的胤禔為最年長；但不是嫡出。嫡而居長的是誠孝仁皇后赫舍里所出的胤礽[1]。胤礽生於康熙十三年（西元一六七四年）五月初三日，仁

[1] 滿洲入關以後，漸染漢俗，皇室子孫人名，在康熙年間也採行了漢制。如聖祖諸子中著名的有胤禔、胤

皇后因難產於同日崩於坤寧宮，聖祖極為悲傷，曾「輟朝五日」❷。第二年十二月十三日，聖祖以太皇太后命，冊立胤礽為皇太子，典禮相當隆重，並遣官祭天地、太廟、社稷❸。聖祖此次立嫡立長，舉行祭告儀注，可以說都是依循漢人古禮行事的。

聖祖為了著意培植胤礽成為一代令主，對胤礽的生活與教育都曾特別注意。據說這位皇太子

礽、胤祉、胤禛、胤祺、胤祥、胤禩……等等，他們的名上一字「胤」表示輩份，名下一字也以「示」字偏旁來說明他們的關係是皇室近支。據目前了解：聖祖長子原名「保清」，後改名「胤禔」，在康熙二十七年的漢文玉牒上仍印記著「保清」二字，可見當時尚未採用「胤」字輩用字，也沒有講求表示關係親疏的「示」字偏旁。又在康熙三十六年皇太子胤礽親筆書寫的滿文奏摺上，他署名為In Ceng，不像漢字「胤礽」的音譯，而第二字實係「成」字的對音，納蘭成德改名納蘭性德是為避皇太子名諱，由此可知：清室人名的用字漢化似在康熙中期以後。清世宗即位以後，宗人府以親王阿哥等名字上一字，與皇帝御名相同，奏請更定。世宗先還說：「名諱由聖祖欽定，不忍更改」，後來又假借皇太后名義，准予改「胤」字為允字，以強化其地位高貴，世宗兄弟也因此更名為允禔、允礽、允祉、允祥……等等了，清代後世官書上改記「允」字，原因即在此。本文因論述康熙朝事，故仍用原名，即仍用「胤」字，特此附註。

❷《大清聖祖仁皇帝實錄》，卷四七，頁一八上（華文影本）。

❸同上書，卷五八，頁一九下。

髫齡即誦書，而聖祖「在宮中親為東宮講授四書、五經。每日御門之前，必令將前一日所授書背誦覆講一過，務精熟貫通乃已。」❹此外聖祖每有南北巡狩，多令隨行，以增廣他的見聞。胤礽的老師都是一時之選，如張英、熊賜履、湯斌、耿介、李光地等等，確是當時有名的學者，由此可看出聖祖在擇良師方面的關心❺。康熙三十五年，聖祖親征厄魯特蒙古，命胤礽居守京師，處理政務。第二年兵臨寧夏，也讓胤礽留京理政❻。信任之專，不言可知。

然而到康熙四十七年九月，禍出宮闈，聖祖突然以胤礽「不法祖志，不遵朕諭」，「肆惡虐眾，暴戾淫亂」等等的原因，垂淚廢儲❼。第二年三月，聖祖又認為胤礽以前的「語言顛倒、竟類狂易之疾」，「已漸痊可」，因而又復立他為皇太子❽。胤礽恢復皇太子身分後不到四年，聖祖又在康熙五十一年十月，確認他「乖戾如故，卒無悔意」，而且「狂疾益增，暴戾僭越，迷惑轉甚」，於是再行廢黜禁錮❾。這種對儲君立而廢、廢而復立，復立而再廢的事，在中國歷史上還是少見

❹ 見王士禛《居易錄》（原刊本），卷三，頁八下。

❺ 《大清聖祖仁皇帝實錄》，卷二三四，頁一一上。又《清史稿》（香港聯合書店本），頁一〇〇二等處。

❻ 同上書，卷一七一，頁二〇上；卷二三五，頁二三上；卷一八〇，頁七上等處。

❼ 同上書，卷二三四，頁二下。

❽ 同上書，卷二三七，頁三～四。

❾ 同上書，卷二五一，頁八下；卷二五二，頁五下；卷二五三，頁九下。

的。儘管清聖祖在再廢胤礽時說：「前次廢置，情實憤懣；此次毫不介意，談笑處之而已。」但是就此後史實看來，聖祖為此事極度煩惱而且傷心。我們知道：自康熙五十一年再度廢儲到康熙六十一年聖祖崩殂的十年之間，儲位一直虛懸，聖祖絕口不談建儲事，雖然有王掞、朱天保等十多位大臣交章請建儲君，以固邦本，聖祖則回答「皇太子事未可輕定」，甚至還有大臣被罰充軍與處斬的⑩，可見繼統之事是康熙末年的大事件，也是大問題，值得我們研究探討。

聖祖廢儲的原因，前賢雖然做過了一些研究，有專文略作鉤考了；然而多以政爭一端來作解釋的依據，而且所徵引資料又不多，以致結論都不盡理想。本文擬利用新出的滿漢文書檔以及若干外國記事，探賾索隱，考舊啟新，將康熙朝胤礽的廢黜根由，作一番新的分析，以就教於方家君子。

二、廢儲原因蠡測

⑩ 康熙五十二年二月，先有趙申喬請冊立皇太子，聖祖發還了他的奏摺。康熙五十六年十一月，大學士王掞與御史陳嘉猶等八人密疏奏請建儲，聖祖不許。五十七年正月，翰林院檢討朱天保請再立胤礽，聖祖震怒，斬朱天保。六十年二月，王掞、陶彝等又疏請立儲君，聖祖降旨發諸臣往西陲效力。王掞因年邁，由其子王奕清代往。以上諸事，足證康熙末年清廷君臣為儲位虛懸之事，紛擾不堪。

清康熙朝的廢儲，從表面上看確是當時政治鬥爭的一項不幸結果；但是，我們若從多種角度來看這一問題，例如滿洲人傳統的繼嗣制度、胤礽本人的個性與行事、盛清帝王對漢化的反動等等，相信我們會得到更多更清楚的答案的。現在我就把我的淺見寫在下面：

㈠滿洲繼嗣舊俗與廢儲

君位繼承的方法，在中國歷史上，除古代有禪讓的傳說外，「家天下」以後大別有世襲與世選兩種制度。世襲是由子孫依照嫡長的次序，按輩繼嗣（叔侄或兄弟相承的例外不多），這種方法是農耕民族的傳統，因為約定俗成，算是相當的和平安定。世選則是不以嫡長為限，只是量才授與，既可兄終弟及，也能叔侄相承，沒有一定標準，以致常常見利而趨，惟力是視，因而繼承之間時有紛亂情事，這是遊牧民族多採用的傳統方法。

清人是女真一部，明末之時他們雖以農耕為生，然而草原文化的舊俗仍有保持的。即以繼承制度來看，財產的繼承有分家子與未分家子的不同，未分家子多指家長年老時愛妾所生的幼子，家長一旦過世，財物由幼子所有或均分，這就是遊牧民族間常見的「幼子繼承」習俗⓫。至於政治地位的繼承則頗有不同，如蒙古有「庫里爾臺」（宗親大會）之制，也就是以世選之法選定繼承人。清初情形雖然因資料缺乏，了解無多；不過從清太祖的祖父覺昌安因「素多才智」而居祖

⓫ 請參看房兆楹〈清初滿洲家庭裡的分家子與未分家子〉（《國立北京大學五十週年紀念論文集》，文學院第三種，民國三十七年十二月）。

先故里赫圖阿喇。清太祖本人雖係嫡出居長，卻在十九歲時「薄予產業」，「使之分居」等等事實來說，顯然當時部族之中，仍行遊牧舊制，並不以嫡長為先⑫。清太祖努爾哈齊建元稱帝以後，清官書中說：「太祖初未嘗有必成帝業之心，亦未嘗定建儲繼立之議」⑬，然而在關外寫記的滿文舊檔中，卻留下了一段在萬曆四十一年（西元一六一三年）太祖任命嫡長子褚英執掌全國政務的事，後來因為褚英心胸褊狹，引起五大臣與幼弟們的不滿，終於導致朝鮮人所謂的「奴酋殺長子」的悲劇。太祖在責備褚英的時候，曾經說過：「我以長子執政，就唯恐國人會發怨言」的話，可見當時他們部族之中並不行世襲繼承之制⑭。褚英死後，太祖又有意將大貝勒代善立為繼承人，代善後來卻因與太祖繼妃富察氏之間有曖昧的關係，使太祖大怒，不但休了繼妃，同時也改變了預立代善的初衷⑮。代善也是元妃佟甲氏所生，與褚英是同父同母兄弟，褚英死後，他在太祖諸子當中，算是嫡而居長的了。褚英與代善的繼承事，也許可以說明清太祖時代似乎已漸染漢俗，有立嫡立長的心意了。

太祖死後，皇太極以「奪立」繼統，是為太宗。太宗之所以得立，實得力於代善等人的支持⑯。

---

⑫《大清太祖高皇帝實錄》，卷一，頁四下及八下。
⑬《大清太宗文皇帝實錄》，卷一，頁六上。
⑭《舊滿洲檔》，第一冊，頁五八～六八（臺北國立故宮博物院景印本）。
⑮同上書，頁五一八～五二〇。

這種「推讓」的繼嗣，實可以視為世選的另一種形式。清太宗於入關前崩逝（西元一六四三年），皇位繼承又成了問題，其間雖有代善及若干太宗部將主張立太宗嫡長子豪格為君，但是當時多爾袞擁有重兵，又與濟爾哈朗聯合，所以實力遠超諸王之上，逼得豪格以「福小德薄」為詞，不敢繼統。多爾袞乃擁立年僅六歲的福臨為君，是為世祖，年號順治。多爾袞與濟爾哈朗則擔任左右攝政，操縱實權⑰。這又是一次漢俗世襲制與草原文化世選制之爭，同樣的滿洲傳統戰勝了漢人習俗。

清世祖是滿清入關後的第一位君主，順治十八年去世。據說他原先是想讓他的一位從兄弟入繼大統的，後來因為皇太后與元老重臣的決議，乃改由七足歲但出過天花的玄燁為嗣君，他就是

---

⑯ 據朝鮮《燃藜室記述》，卷二七〈日月錄〉云：「……奴兒哈赤（按即清太祖）臨死，謂貴永介（按即代善）曰：『九王（按即多爾袞）當立而年幼，汝可攝位。』後傳於九王，貴永介以為嫌逼，遂立洪太氏（按即皇太極）。多爾袞生前也說過「太宗文皇帝之位，原係奪立」的話（語見〈多爾袞母子並妻罷追封撤廟享詔書〉）。又代善後人昭槤在嘉慶年間著書時，也提到他的先人禮親王代善「讓國」的事（見《嘯亭續錄》），可見明清以來傳聞的太宗繼承是以力取勝的說法，並非空穴來風。

⑰ 清太宗死後所發生的繼承紛爭，清代官書中語焉不詳。由於當時朝鮮李朝仁祖的世子與二皇子都在瀋陽為人質，他們對當時的實情頗多見聞，後來在《瀋陽日記》一書中，詳記了「諸王會於大衙門」所發生爭繼的事。請參考。

後來中外聞名的康熙大帝⑱。清聖祖的繼承顯然也是滿洲舊俗的再一次實踐。

據上可知：滿洲自興起建國以後，皇位繼承問題一直發生紛爭。清太祖雖想仿效中原皇室家法，以嫡長子為嗣君；但是部族中反對勢力很大，加以褚英、代善等人的自身缺陷，終於由實力強大的皇太極「奪立」了。太宗時代曾於崇德二年（西元一六三七年）有意立繼承人，可能是寵妃關雎宮宸妃所生的皇子，而這位「世子」不幸早夭了⑲。太宗死後，代善等人想立嫡而居長的豪格為君，卻被實力派的多爾袞擊敗，漢俗世襲制也未能建立。清世祖寵幸董鄂妃，於順治十四年生崇親王，並許立為太子，可惜崇親王不久就死去了，這是漢俗預立儲君事在當時的僅見事實。福臨死後，君位繼承係由宗親重臣會議決定，仍是滿洲舊俗的勝利。總而言之，滿洲部族的繼統問題，在入關前後，雖有漢俗的影響介入；但始終不能取代他們傳統的舊制，也就是說世選的方式仍是當時族內公認的、合理的、合法的制度。甚至到雍正繼立以後，他在創立儲位密建法的時候，他也只依漢人習俗先預立儲君；但仍以滿洲祖制選定合適人選，絕不以嫡長為限，因此我個人以為：儲位密建法是農耕文化與遊牧文化融和後的產物，也是解決自清初以來繼統紛爭的好方

---

⑱ 見魏特(Alfons Üath S. J.)原著、楊丙辰譯《湯若望傳》第二冊，頁三二六（臺北商務印書館版）。

⑲ 朝鮮使臣崔鳴吉於崇德三年（西元一六三八年）自瀋陽返國，向李朝仁祖報告說：「聞長子不肖，故以上年生子有立嗣之意云。」（《李朝仁祖十六年實錄》「二月」條）如果崔鳴吉的報告屬實，則太宗之先想立長子，而後預立崇德二年生子，都是世襲制的作法。

法。康熙朝以純漢人古禮方式來建立儲君，在當時必然不能為族中所有人所能接受，反對完全採行漢制的必有人在。甚至到康熙四十七年聖祖廢儲，親撰告天祭文時，聖祖也說：「臣雖有眾子，遠不及臣」，顯見他也有不以嫡長為限的口氣了。滿洲傳統繼統習俗對胤礽的廢黜，應該是多少有些影響的。

(二)胤礽自身的缺陷與廢儲

胤礽原是聖祖的愛子，據清代官書中說：胤礽年幼之時，聖祖「親教以讀書，繼令大學士張英教之，又令熊賜履教以性理諸書，又令老成翰林官隨從，朝夕納誨。且其騎射言詞文學，無不及人之處。」[20]這些敘述，似乎並非誇張讚美之詞，我們從另外的一些官私書檔中，也同樣的能證實胤礽早年是個文武全才的好學青年。例如王世禛就說過前後擔任皇太子講官的有張英、尹泰、艾肅、李鎧、魏希徵、許汝霖、顧八代、努赫、耿介、湯斌、常在、特默德、汪灝、巢可託、胡興輿、來道、常壽等人，並特別提到熊賜履為東宮「進講性理」，張英日講《周易》等事[21]。胤礽的漢文修養顯然不差，他幾次隨聖祖出巡時都有作詩作對聯的記錄，如他曾賜山陰耆民王錫元的對聯，也曾為山廟、黃河、五台山、盛京宮殿作過詩文，觀其文字，也還相當工整[22]。新刊行

[20] 《大清聖祖仁皇帝實錄》，卷二三四，頁一一上。

[21] 請參看王世禛《居易錄》，卷三，頁一二上～一三上；卷一九、二〇、二九、三四諸卷也有記述。〈張英與熊賜履講性理書與周易事則〉見卷三一，頁七與一〇。

的康熙朝《起居注冊》中也有胤礽幼年讀書習藝的事，現在先選錄數則如下，以為說明：

「（康熙二十六年正月）二十三日壬寅」條：「是日，皇太子講官尹泰、湯斌、徐潮進講皇太子宮。皇太子講：唯女子與小人為難養也一節畢，諭曰：予常侍左右，聞皇父教誨云：最難處者小人，最難防者亦小人，但少有不當，即為所欺。覽前代小人誤國，皆因為上者信用之故，當念茲在茲。」㉓

「（康熙二十六年四月）初十日丁巳」條：「是日，皇太子講官尹泰、湯斌、徐潮進講皇太子宮。皇太子講博學之三節畢，諭曰：皇父嘗言此節乃盡人合天之道，下學上達之功。又每讀至人一能之己百之，人十能之己千之之句，必再三嘆息，以為學者不可不用力。」㉔

「（康熙二十六年六月）十一日丁巳」條：「……皇太子寫楷書千字文一紙，令湯斌觀之。……皇太子復寫清書一紙，付伊圖等視之。……皇太子讀《禮記》八遍即背，凡背三次。雖至熟，必以一百二十遍為度。經義亦如之。讀畢，皇太子射箭，矢十發，凡八中的。……

㉒《振綺堂叢書》中有《聖祖五幸江南全錄》，頁二二又三三等處載其對聯。又《晚晴簃詩匯》（得耕堂本），卷五，頁二～三也錄有胤礽詩五首。

㉓《康熙起居注》，第二冊，頁一五八六（大陸中華書局）。

㉔同上書，頁一六一六。

皇太子復坐無逸齋，授湯斌《四書》一部，曰：『汝撿出難字，予為講解。』湯斌遂撿出〈樊遲問知〉一章、〈康誥曰克明德〉一章、〈仲尼祖述堯舜〉一章，「惟天下至聖」一節、「其為氣也」二節。皇太子講解，聲韻頓挫鏗鏘，詞不繁而精義奧旨，無不畢露。皇太子問曰：『古井田之制八家為井，人各百畝。若不及百畝，七十畝，八十畝，或偏隅之地，作何均分？予未了徹，爾試講之。』斌不能講。」㉕

康熙二十七年，胤礽才十四歲，讀書竟如此之勤，學業竟如此的精進，難怪清聖祖對起居注官說：「爾等皆竊學問之名，若令爾等子弟及部院衙門官員子弟與朕子相較，其學業可知。」又說：「朕宮中從無不讀書之子。……朕非好名之主，故向來太子及諸皇子讀書之處，未嘗有意使人知之，所以外廷容有未曉然者。」㉖總之，清聖祖對皇子，特別是皇太子的教育是極端講求關心的。

尹泰、湯斌都直言無隱的向聖祖說過「皇上諭教皇太子過嚴」㉗。然而聖祖的嚴於教子似乎只是著重在讀滿漢文書、習字以及騎射等方面，皇太子及其他皇子們的品德言行則注意的不是太

㉕ 同上書，頁一六四六。
㉖ 同上書，頁一六四〇、一六四四。
㉗ 同上書，頁一六四三、一六四四等處。

多。他曾經令諸皇子在大臣面前分別誦讀經書數篇，即席寫字並表演射箭，使群臣稱讚他們有天縱之資，書法有度以及射道精妙等等，以博取他教子嚴格的虛名。實際上一位理想的儒家君主，應該是一位精勤博雅的學人，同時還要有溫良恭謙的品格才是。聖祖忽略了後者，以致皇子們日後的表現都令他失望不滿。以胤礽而言，在盛暑的六月，他自朝至暮的勤讀練字，「毫無惰容」，可是他卻沒有流露出人與人間真實而合禮的同情心，即儒家最重視的「仁」心，以致讓「老病可憐」的耿介、湯斌這些老師們經常在侍讀時「不能支持，斜立昏盹」，甚至「顛仆倒地」❷❽，可謂殘忍之極，遑論尊師重道呢！尤其是他強令湯斌以硃筆圈點改乂他寫仿的字，更是不當；因為湯斌就因此而犯了「擅執硃筆」之罪，後來經過黨爭的渲染，終使湯斌「降五級留任」❷❾，不久銜恨病逝了。

胤礽的驕縱任性可能是他個性與行為上的最大缺陷。清聖祖在康熙四十七年初廢胤礽時曾指出他諸多缺失，如不法祖德、不遵訓諭、捶撻臣工、暴戾淫亂、攘截貢馬、賦性奢侈等等❸⓿。然而胤礽之越軌行為何止如此，現在且略引一些一般人不易知悉的史實，作進一步的說明。

清聖祖在廢黜胤礽以後，上諭廷臣說：「昔允礽為太子時，索額圖懷私倡議，凡服御諸物俱

---

❷❽ 同上書，頁一六四四、一六四八、一六四九等處。

❷❾ 同上書，頁一六五三、一六六一。

❸⓿ 《大清聖祖仁皇帝實錄》，卷二三四，頁二～四。

用黃色，所定一切儀制，幾與朕相似。驕縱之漸，實由於此。」言下索額圖是養成皇太子驕縱習性的大罪人。其實胤礽在初立不久就已經不同於其他的諸王貝勒與皇子了。王世禛曾有如下的記述：

> 禮部會同內閣、內務府議得：凡遇元旦、冬至、萬壽慶賀令節，皇太子隨皇上於皇太后宮行禮，皇太子率眾皇子詣乾清宮皇上前行禮。又臣等伏睹睿齡滋茂，敬德日新。凡屬臣僚，宜行朝賀之禮。嗣後元旦、冬至、千秋節，設皇太子儀仗於文華門外，皇太子於主敬殿陞座作樂。王以下，入八分公以上，排班於主敬殿階下；文武各官，排班於文華門外；進箋，行二跪六叩頭禮。其謝恩諸王各官於皇上前行禮畢，俟駕還宮後，詣昭德門前，於皇太子前行二跪六叩頭禮。每月六次常朝官員，免詣皇太子前行禮可也。其行禮儀注，屆期具題；樂章，翰林院撰擬；陳設儀仗，交與鑾儀衛。奉旨：謝恩官員啟皇太子前行禮著停止，餘依議。㉛

據此可知：皇太子地位特隆，儀仗幾與皇帝相同之事，並非索額圖一人所倡議，至少是經過聖祖批了「依議」後才成事實的。

㉛ 王世禛《居易錄》，卷一七，頁一八上、下。又同書，卷二二，頁一八；卷二三，頁二等處亦可參考。

又如《清史稿・理密親王傳》中有：

（康熙）三十三年，禮部奏祭奉先殿儀注，太子拜褥置檻內，上諭尚書沙穆哈移設檻外，沙穆哈請旨記檔上命奪沙穆哈官。㉜

這件事的真象，《清實錄》記述的比較詳盡。「三月丁未（初九）」條：

禮部奏祭奉先殿儀注，將皇太子拜褥，設置檻內。朕諭尚書沙穆哈曰：皇太子拜褥應設檻外。沙穆哈即奏請朕旨記於檔案，是何意見？著交該部嚴加議處。尋議：尚書沙穆哈應革職，交刑部。……得旨：沙穆哈著革職，免交刑部。㉝

祭奉先殿的儀注應有一定的規定，顯然是禮部堂官過份尊重皇太子了，要把拜褥放在檻內，以致引起聖祖的不滿，命令改置檻外；但是沙穆哈則怕日後遭禍，先請旨記檔，以預留地步。皇太子的權勢，在當時已很可觀，由此可得證明。然而聖祖並不因此設法開導胤礽的專橫錯誤，變化他

㉜《清史稿》。
㉝《大清聖祖仁皇帝實錄》，卷一六二，頁一九下。

的囂張氣質，卻罷革了禮臣的職務。這件事的處理和七年前處分湯斌等人的情形一樣，對皇太子縱之太過，對臣工師保們無禮敬可言㉞。

胤礽雖飽讀詩書，但對修身齊家、友愛孝順等儒家倫理，絕少實踐。如康熙二十九年七月，聖祖親征厄魯特蒙古時中途染疾，召皇太子及皇三子胤祉等人到行營來。胤礽侍疾時無憂色，聖祖一怒之下，令他先還京師，並批評他「絕無忠愛君父之念」㉟。

在初廢胤礽的時候，聖祖也說：「皇十八子抱病，諸臣以朕年高，無不為允衸憂。允礽乃親兄，絕無友愛之意。」㊱可見胤礽對家人的親情是淡薄的。

此外，在一些新近發現的滿文資料中，也可以觀察到胤礽個性與行事上的若干問題。康熙三十五年，聖祖遠征噶爾丹時，令皇太子留守京師理政，當時他們父子之間的感情顯然還好，聖祖對胤礽的寵信未衰，父子間往返的通信不少，至少在故宮博物院仍存有近百件的皇太子滿文奏摺與聖祖的上諭或硃批。從這些文件之中，我們可以看到一些前所未見的史事，也是值得我們注意的史事。例如：康熙三十五年十一月初一日皇太子〈奏請聖安並稟報宮中諸事〉的一件奏摺中，聖祖曾批寫了帶有警告的話說：他的御批是隨手在關外寫的，零星片段，他命皇太子繕寫清楚整

㉞　孟森《清代史》，頁一七五～一七九也論述此事，請參閱（臺北正中書局版）。
㉟　《大清聖祖仁皇帝實錄》，卷一四七，頁二四上。
㊱　《清史稿・理密親王傳》（列傳七），頁三下。

齊，然後再敬呈皇太后。這一硃批不但說明了聖祖的注重細節與尊敬長上，同時也道出了皇太子處理事務的粗心及對親長的不敬[37]。

又如康熙三十五年十一月十四日的一件聖祖滿文上諭，其中談到了在塞外打獵獲得很多野兔子的事。皇太子看了便欣羨萬分，隨即就想離京到塞外去一起參加獵兔，並說京中無重大之事，可以遠遊。聖祖當然沒有准許，但也未予嚴責他應以國事為重，只說等到噶爾丹亂平之後，何處不能遊獵？並寫了「何必著急」四個漢字，令其稍安勿躁。胤礽的兒戲個性由此表露無遺，而聖祖對皇太子的寬縱容忍，也畢宣紙上了[38]。

他如康熙三十五年十一月二十一日皇太子也有奏報一通，恭請聖祖萬安並報告宮中事務的。聖祖在這件奏摺的字裡行間批寫了不少對胤礽的牢騷與不滿的話。如抱怨他回信太少，甚至寫出「以後不再寫信」的字樣。同時聖祖也提到胤礽寄去的鹿尾等物，包裝不好，以致在途中即已散開，所以他警告胤礽以後要恭敬的包好再呈送。這也足以說明皇太子辦事的不認真與不負責[39]。

此外自從湯斌、耿介等人因被劾降級或休致以後，再沒有聽到有賢良大臣或大儒為皇太子師的，因而胤礽日近小人，行為生活也更荒誕。康熙三十六年九月，聖祖由塞北歸來時，命內務府

---

[37]《宮中檔康熙朝奏摺》，第八冊，頁三六四～三六九（臺北故宮博物院景印本）。

[38] 同上書，頁四二九～四三三。

[39] 同上書，頁四四九～四五三。

總管海喇孫等，將膳房人花喇、茶房人雅頭以及皇太子親隨徵柱等人處死，因為他們「私在皇太子處行走，甚屬悖亂」[40]。膳房茶房這些小人物本來是可以在皇太子處行走的，這是因為發生重大的「悖亂」事實才引起聖祖殺機，聖祖向以寬仁著稱，可見皇太子在他出塞之時，必在宮中做了可怕的、不可寬宥的壞事。

據上可知：胤礽本身的缺點似乎不少，例如他驕縱無度，侈奢暴戾，不忠不孝，少友愛情，無同情心，欠責任感，辦事常粗心，言行不謹慎等等。誠如清聖祖所說：「若以此不孝不仁之人為君，其如祖業何？」康熙朝皇儲的廢黜，胤礽自身的問題，應該被視為一個重要的原因才對。

㈢清聖祖漢化的態度與廢儲

一般說來，康熙一朝是清代漢化的極重要時期，儲君的建立全仿漢人古制就是一個明證。然而清聖祖對於接受漢人文化也不是盲目的或完全無條件的，他有他的標準與目的。因此他的漢化態度是值得作一番觀察的，而且廢儲一事似乎也與此有關。現在僅就一些衙門的設置來作一說明：

清朝入關之時，一切典章制度，多沿襲明朝舊規；不過其間也有因滿漢文化背景不同或適應時代環境，而稍作變通，甚至創新設立的。以管理宮庭事務的機關來說，明朝由太監掌理的十三衙門辦理，清代則將皇帝家的衣、食、住、行各種事務，都交由內務府承辦。順治元年，清朝政府即在北京設立了內務府，管理宮禁事務，凡有關宮庭的財物收支、各項典禮、修造工程、稽察

[40]《大清聖祖仁皇帝實錄》，卷一八五，頁九上下。

保衛、刑罰、太監、宮女以及其他服務宮庭的人事事務，全由內務府負責。順治十年（西元一六五三年）六月癸亥（二十九日），世祖卻以內務府事務繁多，特降諭旨說：

朕稽考官制，唐虞夏商，未用寺人；自周以來，始具其職，所司者不過閽闥灑掃使令之役，未嘗干預外事。秦漢以後，諸君不能防患，乃委以事權，加之爵祿，典兵干政，流禍無窮。……但宮禁役使，此輩勢難盡革。朕酌古因時，量為設置。首為乾清宮執事官，次為司禮監、御用監、內官監、司設監、尚膳監、尚衣監、尚寶監、御馬監、惜薪司、鐘鼓司、直殿局、兵仗局，滿洲近臣與寺人兼用。各衙門官品，雖有高下，寺人不過四品，凡係內員，非奉差遣，不許擅出皇城。職司之外，不許干涉一事。不許招引外人。不許交結外官。不許使弟侄親戚，暗相交結。不許假弟侄等人名色，置買田屋。……防禁既嚴，庶革前弊，仍明諭中外，以見朕酌用寺人之意。……[41]

清人入關之初設立內務府，一則是因為在關外有「包衣」的舊制，再則也是為了明朝太監為禍至烈，多爾袞在滿漢大臣的倡議下才裁革明朝的太監機關的。世祖親政以後，竟在順治十年幾乎恢復了明朝的舊制，復設十三衙門，而在第二年更進一步的裁撤了內務府，可謂相當的漢化了。不

[41] 《大清世祖章皇帝實錄》，卷七六，頁一六下～一七下。

過世祖還特別兼用滿洲近臣與寺人，以防太監獨專擅權，同時又限制太監的官品與若干行動，使其不足為患。這種有條件的漢化也仍不能被當時的滿洲重臣所接受，一個多月以後，左都御史屠賴等人便上奏諫阻了，奏章中說：

……夫宮禁使令，固不可無寺人；但不必專立衙門名色，祇宜酌量與近臣兼用，以供使令可也。❹❷

世祖則說「因分設衙門，使各司其事，庶無專擅欺矇之患。衙門雖設，悉屬滿洲近臣掌管，事權不在寺人，且所定職掌，一切政事，毫無干預，與歷代迴不相同，著仍遵前旨行。」❹❸事實上，到世祖晚年，宦官已有弄權的現象了，所以在世祖死後不久，局面又為之一變。

清聖祖繼統之初，由索尼等四大臣輔政，是滿洲舊勢力再抬頭的時期，在順治十八年二月乙未（十五日），他們以皇帝名義諭令吏部、刑部等大小衙門說：

朕惟歷代理亂不同，皆係用人之得失，大抵委任宦寺，未有不召亂者。……我太祖、太宗，

---

❹❷ 同上書，卷七七，頁三上下。

❹❸ 同上書，卷七七，頁四上。

痛鑒往轍，不設宦官。先帝以宮闈使令之役，偶用斯輩，繼而深悉其姦，是以遺詔有云：祖宗創業，未嘗任用中官，且明朝亡國，亦因委用宦寺。朕凜承先志，釐剔弊端，因而詳加體察，乃知滿洲佟義，內官吳良輔，……熒惑欺蒙，變易祖宗舊制，倡立十三衙門名色，廣招黨類，恣意妄行。……權勢震於中外，以竊威福。……內外各衙門事務，任意把持。……其情罪重大，稔惡已極，通國莫不知之，雖置於法，未足蔽辜。……十三衙門，盡行革去。凡事皆遵太祖太宗時定制行，內官俱永不用。㊹

王慶雲說：「十三衙門盡革，以三旗包衣仍立內務府……收閹宦之權，歸之旗下。」㊺康熙年間，又另設敬事房，管理太監，並明定屬內務府管轄㊻。以加強對太監的控制。

清聖祖親政以後，特別在康熙八、九兩年之間，依照漢制恢復或採用了不少明朝的制度；不過，對於太監的衙門，他並沒有再立十三衙門，而繼續使內務府存在，為皇家服務。這件事很值得注意，也足以說明聖祖的漢化態度不是全盤接受的。

㊹《大清聖祖仁皇帝實錄》，卷一，頁二一～二二。

㊺王慶雲《熙朝紀政》，卷三。又《大清會典事例》，卷一一七〇，頁一上：「（順治）十八年，裁十三衙門，仍設內務府。」

㊻見《清史稿・職官志五》，「宦官」條。

又如內閣與翰林院等機關，在清初的建立也是耐人尋味的。早在清太宗天聰三年（西元一六二九年），滿洲人建立的後金汗國裡便有著文館這個機關的存在了，館臣們掌記注本朝政事，並翻譯官私書檔，這個單位可以說是清朝最早的「內閣」組織。天聰十年三月，在建立大清帝國的前夕，文館改稱內三院，亦即內國史院、內弘文院、內祕書院，這次改組不但擴大了這個機關職掌的範圍，同時也實質上具有了明朝內閣與翰林院的規模。順治元年入關以後，由於明朝閣老與詞臣降清的大有其人，而內三院的大學士與學士們也隨軍入京，所以清內三院與明內閣並存了一段時期。第二年裁削了明制的翰林院，將之歸附於內三院，而在三院名稱之上加翰林二字，即改為內翰林國史院、內翰林弘文院、內翰林祕書院[47]。同年三月，諭內外大小衙門，改定陳奏本章之例時，清官書中特別提到：「其有與各部無涉或條陳政事、或外國機密、或奇特謀略，此等本章，俱赴內院轉奏。」[48]顯然內三院的責權加重了，因此內三院衙門也升為新制的二品衙門，與六部同級。比起在關外六部為一品，內院為二品的時代大有不同[49]。不過到順治十五年七月，世祖又參照明朝制度，改內三院為內閣，大學士改加殿、閣銜，大學士的品級則也依明制改為正五品，是怕閣權過重，而特別降低大學士品級，用以抑制的。原來歸附於內三院的翰林官員，又把

---

[47] 《大清會典事例》，卷一〇四四，頁一。

[48] 《大清世祖章皇帝實錄》，卷一五，頁七下。

[49] 同上書，同卷，頁一一上。

他們分出，別設翰林院㊿。從表面上看，這次清朝改內院為內閣是進一步漢化的表現；但實質上此時內閣的權任反比順治初年為輕了，因為大學士的品秩降低了，內閣的辦事人員也減少了，可見他們不是盲目的漢化與一味的模仿。

世祖死後，得勢的守舊派滿洲重臣們，又以大行皇帝的遺詔為理由，下令說：「一切政務，思欲率循祖制，咸復舊章，以副先帝遺命。內三院衙門，自太宗皇帝時設立，今應仍復舊制，設內祕書院、內國史院、內弘文院。其內閣、翰林院名色俱停罷。」㉛這一改變也說明了滿洲文化勢力的再復興。不過到康熙九年八月，在聖祖消除了守舊勢力以後，他又下令將內三院改為內閣，照順治十五年之例，大學士分兼殿、閣銜，自是內閣的基礎才算奠定㉜。明制內閣的名稱雖然直到清末仍然存在；但是自軍機處成立之後，清代內閣的實權都被吸收去了。儘管大學士的地位極高，實際上是有名無實的。

內閣這個衙門在清初立而廢、廢而再立的史實，表現了清初帝王在滿漢文化的衝突中，他們的抉擇是相當理性的。

還有聖祖一朝設立起居注館的事也值得一談，因為這也可以使我們了解清代君主對採用漢人

㊿ 同上書，卷一一九，頁六下～一〇上。

㉛《大清聖祖仁皇帝實錄》，卷三，頁九上下。

㉜ 同上書，卷三三，頁二七上。

制度的另一種態度。

起居注館是專記皇帝言行與國家大事的機構，在我國漢唐時代甚至更早就有了[53]。不過清代建置這個機關的時間則較晚，而且有兩種不同的說法：

據《大清會典事例》中說：

> （康熙）九年，始置起居注館於太和門西廊，滿漢記注官侍直。[54]

康熙九年八月正是聖祖採行漢制，恢復內閣與翰林院等機關的時候，此時始置起居注館，似乎也頗合情理；而且又有不少滿漢官員，在他們的傳記裡，都記康熙九年「改三院為內閣，會復設起居注日講官」的事，如哲庫納、熊賜履等人的傳記中都是如此記述的[55]。因此康熙九年設起居注館有可信性。不過《大清實錄》中則有如下不同的說法：

---

[53] 請參看朱希祖〈漢唐宋起居注考〉（《北平大學國學季刊》，卷二，四期）及拙著〈清代起居注館建置略考〉（《清史雜筆》第一輯，臺北學海書店版）。

[54] 《大清會典事例》，卷一〇五五，頁一下。

[55] 《滿名臣傳》，卷一八，頁三〇～三一；《漢名臣傳》，卷三，頁六〇上。

（康熙十年八月）甲午（十六日），設立起居注，命日講官充攝。❺❻

一般說來，《實錄》應該比《會典》更具權威性，而且通常《會典》是依《實錄》的資料編纂成的，因此《實錄》對《會典》言，是原始的史料，我們不能低估其價值。同時，在現存的滿漢文《起居注冊》資料中，最早的始於康熙十年九月，沒有康熙九年的記事檔冊，這也是有利於《實錄》的證據❺❼。所以起居注館的設置確實時間，似乎一時還不能定論，有待進一步的考證。

不論清代起居注館成立的時間如何，清聖祖在初設這個機關時確是非常重視它的。記注官是要把皇帝的詔諭，一言一動以及大臣們的奏啟等事，直書於冊，「以為萬世法則」的，聖祖一向以朱夫子的信徒標榜，當然對於這份「垂之永久」的簡冊特別關心了，這可能也是他特准設置起居注館的主要原因。不過到康熙十四年，他的態度顯然有些改變了，他甚至感到記注官的終日隨行有些不便，他在四月辛亥（二十三日）對記注官傳達禮等說：

朕向詣兩宮問安，爾等起居注官，常隨行記注。朕思昏定晨省，問安視膳，趨侍庭闈，以

❺❻《大清聖祖仁皇帝實錄》，卷三六，頁一五下。

❺❼臺北故宮博物院現藏滿文《起居注冊》始於康熙十年九月初一日。大陸收藏的漢文《起居注冊》也是始記於康熙十年九月朔（初一）日（中華書局版）。

盡孝道，為子孫者之恆禮，嗣後朕詣兩宮問安時，侍值官不必隨行。[58]

康熙十八年，聖祖更進一步的限制了記注官的行動，他在這年九月二十二日對大學士們的一道諭旨中說：

> 朕每日聽政，一切折出票籤，應商酌者，皆國家切要政務，得失所繫。今後起居注官，除照常記注外，遇有折本奏啟，俱令侍班記注。惟會議機密事情，及召諸臣近前口諭，記注官不必侍班。[59]

尤有進者，聖祖到康熙二十一年時，竟對記注官的品德與忠誠懷疑了。他說：「記注起居事蹟，將以垂之史冊，所關甚要，或在朕前原未陳奏，乃在外妄稱如何入奏，如何奉旨，私自緣飾，開送起居注館，且每日止該直官二員記注，或因與己相善，特善其辭；與己不相善，故抑其辭，皆未可知。」他命令大學士傳諭九卿詹事科道等官會議，「如以所無之事，誣飾記注者，將嚴懲焉。」[60]經過大學士九卿等人集會調查之後，認為記注官所記之事，「俱係會同校閱，凡九卿官

---

[58] 《大清聖祖仁皇帝實錄》，卷五四，頁一三下。

[59] 同上書，卷八四，頁一五上下。

員所奏之事，從無私自繕寫送進史館記注之例。」因此起居注官才得「仍照舊例」在衙門裡辦公記注61。

康熙五十六年三月，聖祖因為記注官陳璋把皇帝的諭旨鈔給外省官員，實屬不當。而且記注官的記錄又有「爭競是非」，很多「遺漏舛訛」之處。自古以來，起居注衙門常有旋立旋止的，所以他要大學士九卿們慎重的考慮陳璋等人的違法問題與起居注館的存廢命運62。大學士九卿等感到事態嚴重，對起居注衙門的事未置可否，但一致認為陳璋等人應交刑部嚴加治罪。清聖祖一向是有寬厚長者形象的，他對大家的決議只同意革陳璋的職，但仍在原衙門上行走，更沒有交刑部治罪63。

然而，到第二年三月，聖祖又舊事重提，再一次的要大學士等研究起居注館的應否裁撤問題。大臣們知道皇帝的心意，也就在集會以後認為記注官員中有些不稱職的少年微員，所記事項又有舛錯遺漏，尤其把宮中檔案「妄行抄寫於人」一事，更屬失當，因而起居注館應予裁革64。清聖

60 《大清會典事例》，卷一〇五五，頁一四下～一五上。
61 同上書，同卷，頁一五上下。
62 《大清聖祖仁皇帝實錄》，卷二七一，頁二三上。
63 同上書，卷二七二，頁二上下。
64 同上書，卷二七七，頁二上下及頁一四～一五。

祖同意他們看法，於是這個在康熙初年成立的機構，便在康熙五十七年裁省掉了，直到雍正元年才又復設[65]。

從以上起居注館在康熙一朝立廢的史實當中，我們很清楚的可以看出：清聖祖對於漢人制度的仿行，確是視其有無實質功用而定的。當他發現記注官隨行有所不便，同時他們又可能洩漏國家機密時，他就決定裁革這個機關了。他並不因樹立「萬世法則」的虛榮，而不實際的樣樣都漢化。

由上述清初內務府、內閣與起居注館這些中央機關的設置情形，我們不難了解：清人入關後的漢化是理性的，不是虛榮盲從的。如明朝的太監因專橫誤國，清廷便從根本上不仿行明朝在這方面的制度，而另立內務府，承辦皇家各種事務。雖然順治之世有一度短暫的試行了幾年；但也附加了很多的條件，以抑制太監的弄權為害。又如內閣設立，康熙九年雖仿行了漢制，卻是經過若干波折而後才實現的，而且清代閣權不重，又有滿漢並設的互相牽制，若與明代內閣宰輔的情形比，真是不可同日而語。至於起居注館的立廢，則更能說明清聖祖是個有主見的人，他講求實際，一切以實用為主，有用的好的才假借或模仿，無用的不好的則捨棄。建儲一事，原本不是滿洲的舊俗，而仿效以後的結果又不佳，當然是可以作修正而改變制度的。廢儲若從這個角度看，實在也是無可厚非的事。康熙五十二年，當胤礽再廢之後，趙申喬曾上疏請立太子，聖祖回答他

---

[65]《大清會典事例》，卷一〇五五，頁四上～五下。

的一段話，很值得一讀：

……我太祖太宗亦未預立皇太子。漢唐以來，太子幼沖，尚保無事。若太子年長，其左右群小，結黨營私，鮮有能無事者。……太子之為國本，朕豈不知？立非其人，關係匪輕。……允礽……之儀表及學問才技，俱有可觀，今一至於此，非瘋狂而何？……凡人幼時猶可教訓，及其長成，一誘於黨類，使各有所為，不復能拘制矣。立皇太子事，未可輕定。……[66]

可見清聖祖根本就沒有把預立儲君認為是必行的事。胤礽又有狂疾，不仁不孝，當然不合適作為繼承人選，而其他的「眾皇子，學問見識，不後於人；但年俱長成，已經分封，其所屬人員，未有不各庇護其主者，即使立之，能保將來無事乎？」聖祖的廢儲而不再立儲，這些話都可視為很好的註腳。

(四)康熙朝黨爭與廢儲

政治鬥爭是康熙朝廢儲的一項主因，這是學界公認的事。清聖祖在康熙四十七年第一次廢胤礽時就說得很清楚。他說：「從前索額圖助伊（按指胤礽）潛謀大事，朕悉知其情，將索額圖處

[66] 《大清聖祖仁皇帝實錄》，卷二五三，頁八～一〇。

死。今允礽欲為索額圖復仇，結成黨羽，令朕未卜今日被鴆，明日遇害，晝夜戒慎不寧。……」[67]另據索額圖的傳記所述：索額圖是在康熙四十年以老乞休的，真正的原因可能是他的家人向皇帝告發了他的罪款多條。聖祖留中未宣，直到四十二年才傳諭對他說：「爾家人告爾之事，留內三年，朕有寬爾之意，爾無愧悔之心，背後仍怨尤議論國事，結黨妄行，舉國俱係受朕深恩之人，若受恩者半，半即俱從爾矣！」[68]根據聖祖所說舉國「半即俱從爾矣」，可見索額圖已在為皇太子與聖祖爭天下了。索額圖是椒房之親，是皇太子生母孝仁皇太后的兄長，聖祖對他的有「寬爾之意」，可能就因為如此。然而索額圖是康熙朝的大強人，早年便與大學士明珠各立門戶，互相傾軋，形成兩大黨派。索額圖派下多滿人，他因為是皇室至親，「生而貴，性倨肆」，有不附己的，強行斥去，極為專橫。明珠一黨則結合漢人大臣中有學無行之士，如徐乾學、李光地、高士奇、余國柱等人，以陰險手段，陷害異己。兩派相鬥，無有已時。

由於皇太子胤礽是未來的國君，聖祖又著意培植他成為一代令主，參與黨爭的人當然都想爭取到胤礽。然而索額圖是胤礽的舅父，親情所繫，關係自然不同。明珠一派的人，為了日後的打算，在無法交結胤礽的情況下，便只有設法打倒胤礽一途了。從此黨爭變得複雜起來，皇太子也被捲入政治是非之中了。

---

[67] 同上書，卷二三四，頁三下～四上。

[68] 《滿名臣傳》，卷一九，頁五一上下。

清聖祖是一位雄鬻君主，對朝臣分派鬥爭的事，他看得很清楚，反利用他們的互鬥來控制他們。他對於漢人之間的互控互爭，更是持以冷眼旁觀的態度，甚至說出：「蠻子那有一個好人」，「你們相傾相害，滿洲誰害汝！」的話，因此康熙時期不但滿人分別立黨，滿人與漢人也相爭，而且更有漢人與漢人相傾軋的事，真是混亂不堪。

索額圖雖是皇親，但他在康熙一朝的政爭之中，似乎並不能佔盡上風，相反的，他的挫敗之事是時有所聞的。如三藩之變時，聖祖並不聽從他的話而殺掉首議撤藩的明珠黨人米思翰；康熙十八年京師地震，左都御史魏象樞在皇帝面前奏請重譴索額圖；康熙二十九年底又因出征噶爾丹不追剿的事被降四級留任；康熙四十年家人訐告其罪狀以致乞休；甚至到他死後，在康熙四十七年初廢皇太子時，他的兩個兒子格爾芬與阿爾吉善，也因與胤礽案有關而被聖祖處死了[69]。他的一生官運不算亨通，事業也不算順利，與聖祖的關係也日漸疏遠不融洽了，康熙四十年間他「助太子謀逆」的事是有可能的。

胤礽的結黨謀逆，連韓國人都聽聞到了。朝鮮冬至使趙泰采在李朝肅宗三十八年（清康熙五十一年，西元一七一二年）回國向國王報告說：「太子不良，……斷無改過之望，締結不逞之徒，專事牟利，財產可埒一國。」[70]他又說：「太子蝦多，智善，結黨羽。」[71]（按「蝦」滿語的音

---

[69] 請參看《清史稿》，列傳〈理密親王胤礽傳〉及〈索額圖傳〉。

[70] 《朝鮮肅宗大王實錄》，卷五二，頁四二，「肅宗三十八年十二月癸酉」條。

譯，意為「侍衛」）另外，朝鮮提調李頤命也說：「聞太子性甚悖戾，每言古今天下，豈有四十年太子乎？其性行可知。」❼❷可見胤礽廣結黨羽而且不安於位，對聖祖的統治過久表示了不滿，聖祖所謂的「晝夜戒慎不寧」，相信是當時的實情。

胤礽初廢以後，諸皇子覬覦儲位的大有人在，其中以皇八子胤禩最為顯著。支持他的人皇子中有胤禔、胤禟、胤䄉等等，滿漢大臣中則有佟國維、馬齊、阿靈阿、鄂倫岱、揆敘、王鴻緒等人。揆敘是明珠的兒子，王鴻緒是明珠派下的大將，所以明珠一黨的人是希望胤禩能成為皇儲繼大統的。胤禩有辦事之才，一度也可能被聖祖意屬為繼承人的，只是他活動的過急，先由胤禔推薦，後由滿漢大臣多人保舉，有人稱他為「奇人」❼❸，甚至還找出一個相面人張明德說他本命尊貴，似乎可當天子，這些都觸怒了聖祖，也使胤禩繼統希望終成泡影。儘管佟國維後來仍為胤禩請命，萬望聖祖「將原定立意，熟慮施行為善」。聖祖只答以「爾係解任之人，此事與爾無涉」❼❹，自此不再以胤禩為考慮的對象了。

---

❼❶ 同上書，卷五五，頁四，「肅宗四十年三月辛亥」條。

❼❷ 同上書，卷五四，頁三六，「肅宗三十九年十一月丙寅」條。

❼❸ 《大清聖祖仁皇帝實錄》，卷二三四，頁二三～二四上；卷二三五，頁一九～二〇；卷二三六，頁一二等處。又《雍正上諭內閣》，二年八月二十二」條，有「奇人」之說。

❼❹ 同上書，卷二三六，頁四～一一。

胤禩失敗以後，聖祖乃再立胤礽，希望能阻止諸皇子爭繼的紛爭，結果胤礽「卒無悔意」，而且還想為索額圖復仇，因而又遭到復廢的命運。胤禩等人見儲位虛懸，當然就又「結成朋黨，竭力鑽營；……巧行賄賂，收服人心……專欲待間乘時，成伊大志。」[75]所以後來聖祖說：「允禩因未得立皇太子，恨朕切骨，伊之黨羽，亦皆如此。二阿哥（按指胤礽）悖逆屢失人心，允禩則屢結人心，此人之險，實百倍於二阿哥也。」[76]

由此可知：索額圖與明珠的兩大黨派之爭，後來演變成皇太子胤礽與皇八子胤禩繼統之爭，事態愈形重大。康熙四十八年王鴻緒等奏請改立皇太子（當然改立胤禩），聖祖降諭切責，並令以原品休致[77]。五十二年趙申喬疏請立太子，未指明何人，聖祖只是發還了他的奏章，未予處分[78]。五十六年王掞、陳嘉猷等又密書奏請建儲，但未薦舉人選，聖祖只諭掞等勿為名起見，予以駁斥[79]。五十七年正月，翰林院檢討朱天保，疏請復立胤礽，說他「聖而益聖、賢而益賢」，聖

---

[75] 《雍正上諭內閣》，「二年八月二十二日」；「三年二月二十九日」、「七月二十九日」；「四年正月初四日」諸條。又《聖祖實錄》，卷二六一，頁九上亦稱：「允禩仍望遂其初念，與亂臣賊子等，結成黨羽，密行險奸。」等語。

[76] 《大清聖祖仁皇帝實錄》，卷二六一，頁九下。

[77] 《清史列傳》，卷一〇，頁九下。

[78] 《清史稿．列傳七》，頁三下。

祖震怒，斬朱天保。六十年二月，王掞等上疏，再請建儲，並且說「宜放出二阿哥」，聖祖認為他們藉此邀榮，群臣承旨議王掞等罪，結果奉旨發往西陲效力。王掞因年老體衰，由其子奕清代往[80]。以上史實，足以說明聖祖對固邦本等理論而請立儲的都不予處罰，並諭知其儲位不可輕定的道理；但是遇有疏請立儲而推舉胤礽或胤禩的，必予重責，輕則丟官，重則充軍，甚至處斬。這是聖祖深知索額圖與明珠兩派勢力極大，黨羽眾多，任何一派如願，終必引起仇殺，導致大亂。

康熙朝黨爭的影響既是如此之深，胤礽儲君地位的確保當然是不可能的了。

三、結語

滿洲人是女真民族的餘裔，雖然他們多年來已漸染漢俗；但是遊牧民族的若干舊習仍然有保存著的。如部族首長政治地位的繼承方法，就是其中之一。在明末清初之時，他們尚以世選之法推舉部族首長，不以嫡長為限，與漢人農耕社會世襲的制度不同。譬如清太宗的奪立、多爾袞的攝政、玄燁的繼統為君，都是以力得之，或是經由宗親會議的決定。聖祖對皇家繼嗣之法，首先仿行漢人古制，於康熙十四年預立胤礽為儲君，純以漢人古禮行之，立嫡立長，此舉顯然與滿洲

[79] 《文獻叢編．康熙建儲案》，頁一～七（臺北國風出版社重印本，頁一〇六～一〇九）。

[80] 《大清聖祖仁皇帝實錄》，卷二九一，頁二五、二八及三〇等處。

傳統舊規不合，族人暗中有反對者，自是正常之事。而皇太子胤礽雖經聖祖朝夕教誨，「仁以育之，義以訓之」，其學問與騎射技術，都很有可觀；但是這位儲君的本性放蕩不羈，驕縱無度，不忠不孝，侈奢暴戾，他本身缺陷之多，真是不勝枚舉。這當然與聖祖的教之不嚴，縱之太過有關。加上康熙一朝黨爭劇烈，朝臣各立門戶，互相傾軋，大家以皇儲為爭取對象，終使黨爭與繼統之爭合流，情勢變得益發混亂與嚴重。加上胤礽又「不法祖德、不遵誨諭」，並且「卒無悔意」，對於一位精明幹練而又以道學家自居的清聖祖而言，如此不理想的繼承人是不能忍受的，胤礽的被廢當然是意料中事了。此外，聖祖仿行漢制，但並不必必行漢制，就像清初對付蒙古人的政策一樣，信喇嘛教，但不必一定入教，不迷信的聯絡黃教是便於控制蒙古的。清人仿效漢制，也是「以漢治漢」的另一種方式，但發現制度有問題時，當然可以改變，建儲而後廢儲，對滿洲而言，也是「擇其善者而從之，其不善者而改之」，原是無可厚非的事，我們不應以傳統漢人的標準來衡量這件事才是。

總之，清聖祖的立儲、廢儲，以及後來的再立、再廢，實在是清初歷史上的大事件，也是中國歷史上的罕見事件。我們若從滿洲繼嗣的傳統背景、胤礽的性格、聖祖的漢化態度以及康熙朝黨爭等等方面來研究這一事件，相信會對聖祖的廢黜儲君的真象，了解得更多更清楚的。

清世宗儲位密建法略論

滿洲人是阿爾泰語系南支的一族，雖然多年來受了漢人文化的影響；但是直到明代末期，若干草原民族舊規仍有保留的，部長繼承制度就是其中的一端。

草原民族多以世選方式決定其部族領袖，即在部族首領死後召開會議以決定未來領導人選。蒙古人的「庫里爾臺」（宗親大會）便是顯例，可見與漢人的預立嫡長儲君頗有不同。

滿洲興起之初似乎不行嫡長繼承的世襲制度，努爾哈齊曾被薄予家產後分居❶，其祖父覺昌安「住於祖居赫圖阿拉」，卻排行第四，而非嫡而居長❷。萬曆十一年（一五八一年）古勒之戰以後，景、顯二祖死於兵火，明廷給努爾哈齊「都督敕書」是因為努爾哈齊是顯祖塔克世的嫡長子，按照漢人的觀念，理當「授其嗣人」❸，這與當時滿洲風俗無關。努爾哈齊在建立龍興大業

❶《大清太祖高皇帝實錄》，卷一，頁八下記：「上（按指太祖努爾哈齊）十歲時，宣皇后崩，繼妃納喇氏，撫育寡恩，年十九，俾分居，予產獨薄。」（臺北華文書局重印本）

❷同上書，頁四下。

以後，雖曾讓他的長子褚英短暫的代理政務❹；但不為部族元老重臣及其他兄弟所接受，致使努爾哈齊改變初衷，仍行世選舊制。他在天命七年（一六二二年）三月對他的子侄們說：

……爾八和碩貝勒內，擇其能受諫而有德者，嗣朕登大位。若不能受諫，所行非善，更擇善者立焉。……❺

可見他的繼承人選不以嫡長為限，而是在他死後由大家公推了。不過草原民族的世選制常是唯力是從的，不像嫡長繼承制實行起來和平安定。因此努爾哈齊以後，先有清太宗皇太極的「奪立」❻，

---

❸《明實錄》萬曆十七年九月辛亥條，張國彥等議「建夷授官」之語中有「授其嗣人……誠不為過。」

❹《滿文老檔》（上冊），頁一九，癸丑年（明萬曆四十一年，一六一三年）三月至六月記事中有：「聰睿恭敬汗荷蒙天恩，集成大業，執金國之政。聰睿恭敬汗思慮之：『我若無子，夫復何言！今我欲令諸子掌政。若令長子當政，而長子自幼心胸狹窄，並無治國寬大之心懷。倘令其弟當政，但焉能棄其兄而令其弟執政？為父若薦用長子，使之專主大國，執掌大政，或可棄其偏心而存公誠之心耳。』遂令長子阿爾哈圖土門執政。……」由此可知：努爾哈齊在生前確曾以嫡長子褚英執政，這與傳統世選草原舊俗不同（中華書局版，一九九〇年，北京）。

❺《大清太祖高皇帝實錄》，卷八，頁一五下～一六上。

後有多爾衮的「謀篡」❼，造成宮廷政爭與八旗首領彼此傾軋。順治皇帝臨終前，據說原想讓他的從兄弟繼承的，「但是皇太后和親王們底見解，都是願意皇帝由皇子中選擇一位繼承者。……這樣皇帝最後……封出一位庶出的，還不到七歲的皇子為帝位之繼承者。……」❽這位新君就是大清朝，也是中國歷史上著名的康熙皇帝，他的登基更足以說明滿洲人在入關以後仍然是以世選制來決定領導人的。

康熙皇帝對中華文化相當仰慕，對漢人的典章制度也熱心仿行，這些事一方面是因為他個人的愛好，但主要的還是為更能有效統治漢人而漢化的。在他親政之後，內閣、翰林院等衙門確立了，起居注館新設了，帝王實錄全依漢人體式重新改訂，儒家學術思想也被提倡發揚，農耕民族的嫡長繼承制度也因而一度代替傳統滿洲的世選方式，成為預立儲君的準則了。康熙十四年（一六七五年）十二月十二日，「以冊立皇太子，遣官告祭天地、太廟、社稷」❾，第二天，皇帝在

❻ 清太宗皇太極的繼承汗位，朝鮮人早就有他以武力取得的說法了。多爾衮死後，順治八年春天鬥爭多爾衮時，在一份撤其廟享的詔書中，就提到：「(多爾衮)以為太宗文皇帝之位，原係奪立，以挾制皇上（按指順治皇帝）侍臣。」（原詔現藏臺北故宮博物院）又禮親王代善子孫在乾嘉時代也說到他們祖先「讓國」的事，讚美代善「舉止與聖賢何異?」（見昭槤著《嘯亭續錄》，卷二「明人論先烈王」條）

❼ 同上撤享詔中，順治皇帝一再說多爾衮生前「顯有篡位之心」，「謀篡之事果真」等語。

❽ 楊丙辰譯《湯若望傳》（Alfons Väth S. J.原著），第二冊，頁三二六（商務印書館印行，一九四九）。

太和殿行冊立禮，立胤礽為皇太子，並且在後一日頒詔天下，詔文說：

自古帝王繼天立極，撫御寰區，必建立元儲，懋隆國本，以綿宗社無疆之休。朕纘膺鴻緒，夙夜兢兢，仰惟祖宗謨烈昭垂，付託至重，承祧衍慶，端在元良，嫡子胤礽，日表英奇，天資粹美，茲恪遵太皇太后、皇太后慈命，載稽典禮，俯順輿情，謹告天地、宗廟、社稷，於康熙十四年十二月十三日，授胤礽以冊寶，立為皇太子，正位東宮，以垂萬年之統，以繫四海之心。……⑩

康熙皇帝的后妃貴人很多，有姓氏可考的計三十二人，這些后妃貴人一共為他生了三十五個見諸史冊的兒子。到康熙末年，他的子孫、曾孫同時及見的約有一百五十多人，實在是一個多子多孫的家庭。胤礽是誠孝仁皇后赫舍里氏所生，是位標準的嫡而居長的皇子。在胤礽出生之前，惠妃納喇氏就已經為康熙皇帝生下一個兒子了，後來名叫胤禔（原名保清）⑪，他雖年長於胤礽，

⑨《大清聖祖仁皇帝實錄》，卷五八，頁一九。

⑩ 同上書，頁二〇～二一。

⑪ 清朝皇室子孫人名，早年都是就滿洲原名音譯的，如皇太極、多爾袞等等。康熙以後漸漸仿效漢人命名方式，講求排行輩份用字了，所以康熙皇帝的兒子們叫胤禔、胤礽、胤祉、胤禛……等等的了。雍正帝

但是庶出，所以沒有被立為儲君，這也是日後的爭端源頭之一。康熙皇帝不但立嫡立長是符合漢人世襲繼承制度的，他在冊立皇太子的典禮儀注等方面，也是按漢人古禮進行的，如遣官告天地、太廟、社稷等等，無不隆重而遵禮行事，所以胤礽的被立為儲君，完全不是滿洲傳統的舊習，而是徹底的漢化。這是清朝歷史上第一次模仿漢人制度立嫡立長為儲君，也是惟一的一次；但是這方面的漢化遇到了阻力，到康熙四十七年，皇太子胤礽被廢黜了⓬。第二年儘管胤礽又恢復了皇儲的身份，為時不久，到康熙五十一年（一七一二年）終因「狂疾益增，暴戾僭越」以及「乖戾如故，卒無悔意」種種原因又被第二次廢黜⓭。胤礽的立而廢，廢而復立以及復立而再廢的事在中國歷史上是不多見的，這雖然是與當時的黨爭有關；但是主要的原因可能還是滿族之中原無預立繼承人的傳統，康熙皇帝的改革不為守舊人士接受有關；胤礽的被廢似乎也可以被視為是皇權與旗權；或者說是漢滿文化抗爭衝突下的犧牲品。康熙朝的最後十年，皇帝為繼承人選的問題，若惱萬分，諸皇子之間也為爭奪儲位的事彼此立黨鬥爭，甚至擴大成為日後兄弟們骨肉相殘的殘

登基以後，為抬高他個人貴重地位，讓他兄弟們的排行用字由「胤」改為「允」，他自己仍用「胤」字。不過康熙早年為諸子命名時，顯然還沒有依漢俗，所以在康熙二十七年的漢文玉牒上皇長子仍記為「保清」二字，不作「胤禔」。

⓬《大清聖祖仁皇帝實錄》，卷二三四，頁二下。

⓭同上書，卷二三七，頁三及卷二五一，頁八；卷二五二，頁五下；卷二五三，頁九下等處。

劇。雍正皇帝雖然後來繼承了大位；但他的嗣統為君是否合法，或是以武力取得，至今仍是史家爭論的焦點。雍正皇帝登極後不到一年，他為了解決自清初以來百餘年間的這一大統歸屬的重要問題，便在雍正元年（一七二三年）八月甲子（十七日）發表了一次重要的談話，也為清朝皇位繼承一事創制了一種新方法。清朝官方記當天的事實如下：

是日，巳刻，上御乾清宮西煖閣，召總理事務王大臣、滿漢文武大臣、九卿入，面諭曰：「我聖祖仁皇帝為宗社民生計，慎選於諸子之中，命朕纘承統緒，於去年十一月十三日，倉猝之間，一言而定大計，薄海內外，莫不傾心悅服，共享安全之福。聖祖之精神力量，默運於事先，貫注於事後。神聖睿哲，高出乎千古帝王之上，自能主持，若朕則豈能及此也。皇考當日亦曾降旨於爾等諸臣曰：朕萬年後，必擇一堅固可託之人，與爾等作主，必令爾等傾心悅服，斷不致貽累於爾諸臣也。朕自即位以來，念聖祖付託之重，太祖、太宗、世祖創垂大業，在於朕躬，夙夜兢兢，惟恐未克負荷。向日朕在藩邸時，坦懷接物，無猜無疑，飲食起居，不加防範，此身利害，聽之於命，蓋未任天下之重也。今躬膺聖祖付託神器之重，安可怠忽，不為長久之慮乎？當日聖祖因二阿哥之事，身心憂悴，不可殫述。今朕諸子尚幼，建儲一事，必須詳慎，此時安可舉行？然聖祖既將大事付託於朕，朕身為宗社之主，不得不預為之計。今朕特將此事，親寫密封，藏於匣內，置之乾清宮正中，世祖章皇帝御書正大光明匾額之後，乃宮中最高之處，以備不虞，諸王大臣咸宜知之，或收藏數十年，亦未可定。諸王大臣等當各竭忠悃輔弼朕躬，俾朕成一代之令主，朕於爾等亦必保全成就，篤厚恩誼，豈非家國天下之大慶乎？朕意若此，諸王大臣其共議之。」諸王大臣奏曰：「皇上聖慮周詳，臣下豈有異議，惟當謹遵聖旨。」上曰：「爾諸臣既同心遵奉諭旨，朕心深為慰悅。」乃命諸臣退，仍留總理事務王大臣，將密封錦匣，收藏於乾清宮正大光明匾額後，乃出。⑭

從上引的上諭與記事文中，我們可以看出清世宗雍正皇帝在即位後不久便新創了一套皇位繼承方法了。他當時就將未來繼承人的名字寫下密封在一個錦匣之中，放在乾清宮正中「正大光明」匾額之後，等到他去世時，再把這錦盒取下打開，大家便可以發現大位誰屬了，這就是清史上著名的所謂「儲位密建法」。雍正皇帝是參與康熙末年爭繼鬥爭的諸皇子之一，他當然是最了解繼承紛爭的癥結所在的人，因此他的這項發明不但很能奏效，而且深具意義，我個人認為至少以下數事值得吾人注意：

第一，這種「儲位密建法」既非世襲制，也非世選制，因為儲君不以嫡長為限，任何一個皇子都有可能被選上，而被書寫名字放在錦匣中的，所以這不是嫡長為當然繼承人的世襲方式。但

⑭《大清世宗憲皇帝實錄》，卷一〇，頁一五下～一七下。

是儲位是預先建立的，不是等到皇帝死後再由宗親重臣開會決定，因而與傳統的世選制也不一樣。這種密建法雖說非世襲亦非世選；但它兼採世襲與世選之長，亦即融合了滿漢文化後的一種產物，確實很適合當時的環境，解決當時清宮中的嚴重問題⑮。

第二，由於八旗制度是清朝的國體，全國盡隸於八旗，尤其在早年，旗權相當高漲，努爾哈齊也是主張八家共治的，皇太極的即位是經過代善、阿敏與莽古爾泰等人的支持而自立為汗的。清太宗死後，多爾袞則與濟爾哈朗聯合與兩黃旗攤牌，終於取得了攝政大權。康熙皇帝雖然在祖母與元老重臣支持下繼承大統，但即位之初受制於輔政的權臣，根本是個有名無實的君主。康熙皇帝採漢人制度，立嫡立長，希望解決清代皇室繼嗣問題，但同時又依照八旗舊制不斷的大封諸皇子為王公、貝勒，並使他們參與朝政，管理旗務，結果諸皇子各樹黨派，分別擴充一己的勢力，終於發動了爭奪皇位繼承權的鬥爭，這種旗權與皇權的明爭暗鬥，到康熙末年到達了白熱化的最高點。雍正皇帝即位後，發明了儲位密建法，表面上是解決了皇位繼承的問題，實際上是在提高皇權，使建立儲君的事完全由皇帝一人自主，從此不受八旗諸王的威脅，也不致由權臣操縱，如此一來旗權顯然就不及皇權高大了，中央集權也就更進一步的完成了，這對清初以來八旗制度的權力結構無異的又作了一次的調整，就清世宗本人而言，他對削弱當時滿洲諸王旗主的實力又得到了一次勝利。

---

⑮ 請參看拙作〈清初繼嗣探微〉（《滿洲叢考》，頁七九～九三，臺灣大學文史叢刊本，一九六三年，臺北）。

第三，雍正皇帝在宣佈儲位密建法的諭旨中，特別強調「當日聖祖因二阿哥（按指皇太子胤礽）之事，身心憂悴，不可殫述。」這多少反映了他以為嫡長為限的繼承制不盡理想，所以他親寫密封的繼承人可以是嫡長子，也可以是其他皇子。正如在其他政治事務的主張上一樣，雍正帝是一位講求實際的君主，一切有利於國家與他個人的都是好的，都可以採用實行，無益有害的則必須革除，而且除惡務盡，因此他對漢化的態度也是不必全盤仿效，只採用有益有利的就好了。

雍正帝為了不提倡立嫡立長的漢人世襲制度，他對當時屬邦朝鮮王室的國王繼承問題也採取了同一態度，認為儲位不必以嫡長子為限，按實際情形可以有所變更。清官書裡記載了這樣的一件事：

> 禮部議覆：朝鮮國王李昑疏奏，宗祀之重，未有所托，請將副室所生子李緯封為世子。查該王甫過三十，遽請封副室所生之子，與例不符，應無庸議。
>
> 得旨：朝鮮請封世子，事關伊國建立儲位，該王必因萬不得已，再三斟酌，始懇切具奏，著照所請行。其請封所進禮物，不必收受。⑯

這是雍正三年（一七二五年）七月二十六日的記事，朝鮮國王請封副室所生子當在此時之前，

---

⑯《大清世宗憲皇帝實錄》，卷三四，頁二〇。

離儲位密建法的創建宣佈日不遠，可見雍正皇帝為實行滿漢文化混合後的皇位繼承制，連禮部的規章則例也不管了，再一次的顯示了他有無上的權威，准許了朝鮮國王的請求。

不少人都以為雍正皇帝創立儲位密建法以後，這種繼嗣制度就成為清代中期以後的「家法」了，從表面上看的確是如此，但實際上在實行的時候仍然遇到阻力，遇到變更，乾隆朝就存在了明顯的實例。

乾隆皇帝生皇子十七人，年紀最長的是哲憫皇貴妃所生的永璜，皇后富察氏則為乾隆帝生了永璉、永琮二皇子，他們兩位都是所謂嫡出的皇子，比庶出的永璜年輕⑰。乾隆元年（一七三六年）七月初二日，皇帝在乾清宮西煖閣，召見王大臣九卿等高官，宣佈依照雍正創設的密立儲君的方法，他也親書密旨，指定了繼承人，並且說這與「國本攸繫，自以豫定為宜」⑱。當時密定人選就是他的嫡長子永璉，這件事到乾隆三年十月永璉病逝後，皇帝才公開出來，他十分悲傷的對親王與軍機大臣們降諭說：

二阿哥永璉乃皇后所生，朕之嫡子，為人聰明貴重，氣宇不凡。當日蒙我皇考命為永璉，

---

⑰《清史稿》，列傳一，頁一二～一三「孝賢純皇后」及「哲憫皇貴妃」等條下（臺北博愛出版社重印本，頁二二六八～二二六九）。

⑱《大清高宗純皇帝實錄》，卷二一，頁二～三。

> 隱然示以承宗器之意。朕御極以後，不即顯行冊立皇太子之禮者，蓋恐年幼志氣未定，恃貴驕矜，或左右諂媚逢迎，至於失德，甚至有窺伺動搖之者，是以於乾隆元年七月初二日，遵照皇考成式，親書密旨，召諸大臣面諭，收藏於乾清宮正大光明匾之後。是永璉雖未行冊立之禮，朕已命為皇太子矣。今於本月十二日，偶染寒疾，遂致不起，朕心深為悲悼。朕為天下主，豈肯因幼殤而傷懷抱；但永璉係朕嫡子，已定建儲之計，與眾子不同，一切典禮，著照皇太子儀注行。元年密藏匾內之諭旨，著取出，將此曉諭天下臣民知之。……⑲

永璉病死時剛九歲，乾隆元年他被皇帝密書為未來儲君時才只是七歲，一個七歲大的幼童如何就可以看出他將來能作為一個好皇帝，實在很有問題，而且雍正皇帝在他出生後，為他命名「永璉」，有「隱然示以承宗器之意」，更有以嫡長為貴的心態。況且乾隆皇帝在上錄的諭旨中，一再的說永璉「朕之嫡子」，可見儲位密建的真精神並沒有發揮出來，「立嫡立長不以賢」的舊規又被重視了。永璉的被立為儲君可以說是對雍正新創皇位繼承方法的一次反動表現。

永璉死後，約有十年的時間，乾隆皇帝沒有再密書繼承人，皇長子永璜儘管也是他的愛子之一，甚至在乾隆十五年三月永璜去世時，皇帝還破例的即刻追封為親王，並以其子綿德承襲，而不是降襲。對於這樣的一位愛子，乾隆皇帝並沒有在他生前密旨指定為儲君⑳，可見這位盛清的

⑲ 同上書，卷七八，頁三一～三二。

著名君主對繼承人的預定是有一定主張的。

乾隆皇帝在永璉死後究竟想以何人為儲君的呢?這個答案實際上在乾隆十二年歲末永琮以痘殤時就已經出現了。皇帝曾對王大臣們說過:

皇七子永琮,毓粹中宮,性成夙慧,甫及兩周,岐嶷表異,聖母皇太后因其出自正嫡,聰穎異常,鍾愛最篤,朕亦深養成立,可屬承祧,今不意以出痘薨逝,深為軫悼。建儲之意,雖朕衷默定,而未似端慧皇太子之書旨封貯,又尚在襁褓,非其兄可比,且中宮所出,於古亦無遣殤追贈概稱儲貳之禮。但念皇后名門淑質,在皇考時,雖未得久承孝養,而十餘年來,侍奉皇太后,承歡致孝,備極恭順,作配朕躬,恭儉寬仁,可稱賢后,乃誕育佳兒,再遭夭折,殊難為懷。皇七子喪儀,應視皇子從優,著該衙門遵旨辦理,送入朱華山園寢。[21]

[20] 乾隆皇帝的眾多兒子中,有五位皇子早死未被封爵,永璉因密建為儲君,故死後立即封為太子。永琮雖為皇帝意屬之人,但未經書旨封貯,所以到乾隆五十二年後才追封親王,永璜則於乾隆十五年死後立刻追封,可見父皇對他有一份特別的愛意。同時他的兒子綿德也襲封親王,更是殊恩曠典,因為按照清代制度,除開國軍功諸王與皇帝特許少許親王以外,一般襲爵都是按等降襲的,如原為親王的,其子降襲郡王,原為郡王的則降襲貝勒等等。綿德年幼而不降襲即封為親王,乾隆皇帝對其父永璜的恩愛由此可知一斑了。

諭旨裡既說：「聖母皇太后因其出自正嫡，……朕亦深養成立，可屬承祧」，可見乾隆皇帝心目中的儲君是意屬於嫡長子的，只是事與願違，他兩次雖想以嫡長子為儲君；但這兩皇子永璉、永琮卻因病先後辭世了，使得乾隆皇帝的願望落空，漢人嫡長世襲制也因而不能在清宮中實行了。乾隆皇帝在兩次遭傷子之痛，兩度立嫡立長不成功以後，他想到可能是祖宗在冥冥中譴責他了，他曾說：

復念朕即位以來，敬天勤民，心殷繼述，未敢稍有得罪天地祖宗，而嫡嗣再殤，推求其故，得非本朝自世祖章皇帝以至朕躬，皆未有以元后正嫡紹承大統者，豈心有所不願，亦遭遇使然耳，似此乃成家法，乃朕立意私慶，必欲以嫡子承統，行先人所未曾行之事，邀先人所不獲之福，此乃朕過耶！此朕悼念之餘，尋思所及，一並諭王大臣等知之。㉒

據此可知：乾隆皇帝確曾「必欲以嫡子承統」的，只是永璉、永琮兄弟，福份淺薄，天不假年，分別以稚齡病死了，乾隆皇帝遂以為得罪祖宗，終而不再行立嫡立長之事了。同時孝賢皇后（永璉等生母）也在永琮死後一年去世，其後繼立的皇后那拉氏又不為皇帝所愛，尤其在乾隆三

㉑《大清高宗純皇帝實錄》，卷三〇五，頁三三。

㉒ 同上書，同卷，頁三三～三四。

十年，「從上南巡至杭州，忤上旨，后剪髮，上益不懌」，結果這位皇后在第二年便死去了。皇帝竟然「命喪儀皇貴妃」辦理，而且從此不再立皇后㉓，她的兩個兒子永琪、永璟當然也就無緣成為儲君了。乾隆皇帝後來選立魏佳氏所生子為繼承人㉔，遵照雍正所定建儲法辦理的，「儲位密建法」至此才成為清代皇位繼承的「家法」。

綜上可知：滿洲興起之初，一則由於草原民族舊俗仍有存留的原因，一則當時部族中有八旗制度，故諸王貝勒權力很高，政事各旗共治共管，部族首領也由大家推舉。後來雖因漸染漢俗，立嫡立長的繼承制曾數度嘗試推行，但終未成功。康熙朝更全盤仿照漢人古禮，立嫡長子為儲君，畢竟旗權高漲，世襲制也只能曇花一現，不能成為事實。雍正皇帝繼統以後，從清初以來的繼統問題與紛爭之中，吸取教訓，因而兼取滿漢之長，發明了「儲位密建法」，一時解決繼統之爭，

㉓《清史稿》，列傳一，頁一三「皇后烏喇那拉氏」條。

㉔《清史稿．后妃傳》對嘉慶皇帝生母的記載有：「后家魏氏，本漢軍，抬入滿洲旗，改魏佳氏。」但是若干更可信的清代史料則說嘉慶生母原係滿洲旗分人。如《欽定八旗通志》卷五〈旗分志五〉「正黃旗包衣第一參領第三管領」條記：「包衣大武士宜管理。武士宜陞任內務府總管，以包衣大清泰管理。」清泰為五十一（按即武士宜）之子，孝儀后之父（孝儀后即嘉慶生母）。又《清列朝后妃傳稿》中也說：嘉慶帝生母孝儀純皇后魏佳氏，乃祖五十一，曾任內務府總管，崇文門監督。旗籍應為內府三旗。據此可知：《清史稿》中有關說法值得商榷。

也藉以提高了皇權。滿洲人的漢化並非是全盤的、無選擇的，由此也可以得到證實。然而歷史上的任何改革運動，都會因既得利益或傳統包袱而遇到阻力，碰上反動抵制的，這是正常的現象；加上漢人文化博大精深，具優越性，尤其世襲制度能和平安定的轉移政權，所以乾隆初期兩度想以嫡長子為儲君，一次以清世宗名義，一次以皇太后心意，來掩飾皇帝不「敬天法祖」的行為，但終因兩位皇子的早夭，而使「儲位密建法」才能變成清代日後皇位傳承的「家法」。

乾隆肅貪研究

貪污在中國古代官場就像似一種無法治癒的頑痼，每個朝代儘管都有皇帝與大臣為這種頑痼開新處方，想根治病症，為澄清吏治做些工作；但是貪污事實依然存在。清朝的情形也不例外，現在就所謂「盛世」的乾隆朝貪案與肅貪史事，擇其大者，作一說明。

乾隆時代是繼雍正時代而出現歷史舞臺的。眾所週知雍正皇帝是位嚴厲而嗜殺的君主，在他統治期間，官場可謂一片風澄；但是人亡政息，在乾隆皇帝繼承以後，情形就改觀了，官員貪贓枉法的事即不斷地發生，僅以乾隆六年（一七四一）一年而論，皇帝就連續懲辦了四個大貪官，而且懲處的都非常嚴。

乾隆六年的三月上旬，山西省的巡撫喀爾吉善向皇帝呈上了兩份奏報，一份舉發該省布政使薩哈諒「收兌錢糧、加平入己」以及「恣意尅扣」其他公費以飽私囊的。另一份則是參劾山西學政喀爾欽考選不公，有受賄的事，請求皇帝將這兩位貪官革職。奏章到達大內之後，皇帝立即下令喀爾吉善在山西就地將犯官的「不職各款」「嚴審具奏」，同時皇帝又派了吏部侍郎楊嗣璟為欽差急赴山西，與巡撫一同查案，「嚴審定擬具奏」❶。經過兩個月的調查訊問，案情終於大白了。學政喀爾欽確有「賄賣文武生童之事」，而布政使薩哈諒也曾加收人民錢糧，在正項田賦之外，又巧立名目的收了不少的稅金用來肥己，兩案都證據齊全，請皇帝給予適當處分❷。皇帝交命刑部等衙門議處。到五月底，刑部等衙門的判決經皇帝批准了，將喀爾欽押解到京城來立即正法，薩哈諒則處以「斬監候」秋後處決❸。乾隆皇帝又為表示肅貪的決心，下令將有關涉案的其他知州、知府等五人一併革職，並且認為前任山西巡撫石麟，「不行訪察題參」屬下的貪官，也以革職論罪，以作為各省官員的警戒❹。

同年三月，浙江方面又發生巡撫盧焯有「營私受賄」的事。這件事是由左都御史劉吳龍的風聞入奏而起的，他向皇帝報告，聽說浙江巡撫盧焯在處理嘉興府桐鄉縣內一個汪姓家族分家案時，收受了賄賂銀三萬兩，還有閻姓知縣改升運判獲利二千兩以及一些其他受賄的事，請皇帝降旨密查。皇帝立即下令要劉吳龍再行查訪，「若有實據，一面奏聞，一面具本嚴參。」❺盧焯是八旗

---

❶《大清歷朝實錄·高宗純皇帝實錄》（簡稱《純錄》），卷一三八，頁九下～一〇上（臺北華文景印本）。

❷《純錄》，卷一四三，頁五。

❸《純錄》，卷一四三，頁六。

❹《純錄》，卷一四七，頁三一下～三二上。

❺《純錄》，卷一三八，頁二三。

屬下人，隸漢軍鑲黃旗，一直官聲不錯，政績也是可觀的❻，從貲捐知縣逐步的升為巡撫，實在不是一件易事，尤其他到浙江任巡撫以後，為人民出力很多，「浙人實受其惠」，因此劉吳龍費時三個月才找到一些證據。皇帝從劉吳龍的報告中也覺得盧焯似有問題，乃命令總督德沛等人將盧案「逐一查審具奏」，案情顯係升高而且公開了❼。德沛等又經過兩個多月的審理，其時已至八月，仍無法獲得確證，只向皇帝奏報盧焯「狡飾支吾，供詞閃爍」，請求皇帝將盧焯等革職，以便刑訊❽。巡撫是二品大員，德沛儘管是總督，但也不能嚴訊現任的巡撫。乾隆同意了德沛的請求，降旨革盧焯的職務，並准用刑拷問。德沛得知盧焯革職後，便大興獄案，初審時極為嚴苛，據說盧焯與嘉興知府楊景震以及原嘉湖道呂守曾等人都受到酷刑，監斃的有之，嚴刑夾斷腿骨的有之❾，不過德沛等人還是沒有取到實供，反而引起了浙江人民的普遍反感，以致造成人民「呼㘁罷市」的事件，竟有「數萬人赴制府軍門，擊鼓保留」，為盧焯喊冤請命❿。皇帝知道了這件

❻《清史稿校註》，第十二冊，頁九四一八（臺北國史館編著）；《清代碑傳全集》，卷七一，袁枚著《原任浙江巡撫盧公神道碑》。

❼《純錄》，卷一四五，頁一。

❽《純錄》，卷一四九，頁一三。

❾《純錄》，卷一五五，頁一八～一九。

❿《純錄》，卷一五五，頁二四及❻袁枚著《神道碑》。

人民抗官的事變之後，便在同年十二月連降諭旨，一邊責備德沛辦事不妥，一邊指示「可速結盧焯之案」⓫。德沛等人於是又上報告談到嫌犯呂守曾已畏罪自殺，而盧焯等人的營私受賄是有據的，所以他請皇帝將盧焯、楊景震「擬絞監候秋後處決」。這件案子雖然地方上辦理完畢，但是中央方面一直等到第二年即乾隆七年四月底，刑部才作成決定，盧、楊均判為「擬絞監候」，呂守曾也判了絞刑，因為身故而無庸議，但他的贓款則「仍著其嫡屬勒追入官。」⓬另外，盧焯雖判了死刑，不過並沒有在同年秋天執行，更奇怪的是在乾隆八年盧焯竟以「完贓」減罪，被改判充軍到前線去。乾隆十六年召還，又出任陝西、湖北等地巡撫後才終其天年，也算是乾隆年間肅貪案中的一段佳話了⓭。

乾隆六年春末還有一件貪案也是值得一述的，那就是兵部尚書鄂善的受賄處死。鄂善原是京城的九門提督，地位既高又重要，是皇帝「倚用之大臣」，寵信之專與權位之隆是一般大臣不能比的。但是有一位御史仲永檀，他卻不怕死的上了一個奏章，劾參鄂善的貪婪，說他接受了別人的賄銀一萬兩⓮。仲永檀也為自己預留地步，奏稱這件事是風聞所得，是報給皇帝「以備訪查」。

⓫《純錄》，卷一五五，頁二五。
⓬《純錄》，卷一六五，頁二一～二三。
⓭《清史稿校註》，第十二冊，頁九四一九。
⓮《清史稿校註》，第十一冊，頁九〇三二。

由於鄂善是位極人臣的部院高官，而且是皇帝的親信，不應該作出貪贓枉法的事；但是御史的報告也不能不作處理，乾隆帝雖不滿意言官的隨便以風聞言事，最後仍是下令由怡親王弘曉、和親王弘晝、大學士鄂爾泰、張廷玉等七人小組，「秉公審查」，務使真相大白⑮。經過親王大臣們不到十天的認真審查，事出意外的發現鄂善確有受賄之事，因鄂善的家人與經手人都已認罪。皇帝為此案還特別親自參加訊問，並當面向鄂善說：「汝若實無此事則可，若有，不妨於朕前實奏，朕將諭諸大臣從輕審問，將此事歸之於家人，以全國家之體。」鄂善被皇帝之言感動了，直承「從家人手中得銀一千兩是實。」⑯鄂善以為皇帝既有從輕發落的話在先，應該判刑不會過重的，沒有想到王大臣等仍建議判鄂善死刑，皇帝又對鄂善說：「爾罪按律應絞，念爾曾為大臣，不忍明正典刑。然汝何顏復立人世乎？宜自處之。」⑰鄂善猜到皇帝要他自殺了斷，他沒有向皇帝哀求赦免，反而認為被騙，於是立刻翻供，否認受賄，這更引起皇帝的不滿了。他又被加上一條「欺罔之罪」，最後命人將鄂善帶回家中，「令其自盡」⑱，這才結束這場貪案的審理。

乾隆皇帝即位之初，為力行肅貪政策，在乾隆六年當中，一連嚴懲了貪官多人，不管中央的

---

⑮《純錄》，卷一三九，頁五～七。
⑯《純錄》，卷一三九，頁一九～二二。
⑰《純錄》，卷一四〇，頁一七～一八。
⑱《純錄》，卷一四〇，頁一九。

或地方的，不論滿官與漢官，凡貪官就辦，十足表示了他肅貪的決心，對盛世的持續應有積極的作用。不過在這些肅貪案中，也出現了一些問題與缺陷，如盧焯可以「完贓」後免死，鄂善有死不瞑目的受騙感等等，都是值得注意的事，也是肅貪不徹底的明證。肅貪既不徹底，貪風當然不能永絕。到了十多年以後，大貪案又起了，從湖南到雲貴、山東，無處不見貪官，這還只是案發後的記錄。

乾隆二十一年（一七五六）九月，湖南巡撫陳宏謀上奏彈劾該省布政使楊灝利用發買倉穀的機會，每一百兩中扣銀一兩三四錢到二兩六七錢不等，一共侵扣了白銀達三、四千兩，中飽私囊。陳宏謀請皇帝下旨革楊灝與另一庫官周照的職務，以為貪婪者戒⑲。皇帝看了奏章，非常高興，認為在當時官官相護的官場，陳宏謀竟能彈劾屬下的不法，實在難得，除了嘉勉他的盡忠職守之外，隨即下令革楊灝等人官職並著嚴審具擬處分。由於楊灝等人貪污屬實，證據齊全，陳宏謀便在不久以後再奏請皇帝將楊灝等人處以「斬監候，秋後處決」，皇帝同意陳宏謀的建議，降旨來年秋季斬殺楊灝以了結此案。

陳宏謀因為此事頗得皇帝歡心，後來升官去他省了，繼任湖南的巡撫是蔣炳⑳。到了第二年夏天過後，正是楊灝該處決前不久，蔣炳特上奏章，以楊灝已在限期內繳清贓銀，擬入緩決，請

⑲《純錄》，卷五二一，頁七～八。
⑳《純錄》，卷五二七，頁八～九。

求核准。中央的有關科道官員在處理蔣炳建議案時，也都無異議的通過，三法司的長官也同樣表示了贊同，楊灝也因此暫時保住了性命。不料皇帝看了秋審名冊之後，大為生氣，在同年的九月初九日，下令立即殺掉楊灝，以彰國憲㉑，因為乾隆帝認為貪贓官員如果在限期內能完贓就可以緩減其罪的話，則各地官員必視貪婪虧空為尋常之事，圖存僥倖心理，貪風必然猖熾，官常法紀必不能維持㉒。蔣炳如此辦事實有矇混瞻徇之嫌，甚屬錯謬。中央各有關官員對此案處理極為不當，不但不知事情輕重，同時一味恣意欺罔，有竊弄權柄之勢，甚為可惡。因而下令將蔣炳革職抄家，「交刑部從重議處」㉓。中央官員也難辭其咎，皇帝不知道他們一致贊同的用意為何，要他們分別「明白回奏」。一直到這一年的十一月初，吏部與刑部作出了結案的安排，請示皇帝作最後決定。吏部認為中央有關各官辦此案未加留意，應將包括尚書、侍郎、給事中、御史在內的八十六人分別處以革職留任、降級留、銷級、註冊等不同處分。刑部則為迎合帝意，判決蔣炳「斬監候」。皇帝同意了吏部對中央各官的處罰，對於蔣炳的部分，則認為重了一些，改為發往軍臺效力贖罪㉔，因為蔣炳只犯了營私沽譽的罪，而沒有貪污的問題。

㉑ 《純錄》，卷五四六，頁一三、二四～二五。
㉒ 《純錄》，卷五四六，頁一二。
㉓ 《純錄》，卷五四六，頁一三。
㉔ 《純錄》，卷五四八，頁一六～一七；卷五五〇，頁九。

乾隆二十二年（一七五七）三月，雲南巡撫郭一裕向皇帝報告，說雲貴總督恆文貪污，請調查處分。皇帝接到奏報後，一面於四月五日密令刑部尚書劉統勳前往雲南查察，會同貴州巡撫定長秉公處理。一面又命令軍機大臣等一體保密，以免打草驚蛇，使雲南方面有備。尤其是恆文的家人趙二涉嫌重大，不可「令其聞風遠颺」㉕。劉統勳到達雲南後，經過一個月的調查審訊，終於證實恆文不是一個清官，他曾命令「屬員買金，短發金價。巡閱營伍，沿途縱令家人收受屬員門託」等等，做了不少犯法的事。劉統勳將實情上奏後，皇帝大為惱怒，認為恆文是地方大員，竟貪婪如此，深負皇恩，因而在六月初一日降諭給相關各部官員：「著將恆文革職拿問，其有關人犯汪筠、羅以均等，著一併革職，嚴審究擬具奏。」㉖另外從劉統勳送來的恆文口供中，皇帝發現告發恆文的郭一裕卻是買金事件的始作俑者。當初郭一裕明知貢獻給皇帝的禮品用土產即可，不能用值錢的金飾進呈，郭一裕則一再慫恿恆文並以金爐式樣示恆文，才使恆文有獻金的決定。後來因為恆文在雲貴到處購金，引起全省喧傳，他恐怕日後對自己不利，於是「轉以參劾恆文，為先發計」。因此乾隆皇帝下令劉統勳，叫他「務將此中實在情節，悉心詳審，即行具奏」㉗。七月初，皇帝從雲貴來的報告中確知郭一裕是個「行險取巧」的人，當即降旨將郭一裕解任押送

㉕《純錄》，卷五三六，頁一一、二五。

㉖《純錄》，卷五四〇，頁二。

㉗《純錄》，卷五四〇，頁四～五、八～九。

來京候旨發落。不過，劉統勳則認為郭一裕雖涉及貢金一案，但並非嚴重，所以他向皇帝建議將詐偽貪鄙的郭一裕「按律擬流」。皇帝最後似乎同意了他的說法，決定將郭一裕「發往軍臺效力」，「以為大吏庸瑣者戒」，而恆文則因為不能潔身自愛，又不嚴管家丁，家貲多至數萬兩，均為貪污所得，罪情重大，「賜令自盡」㉘。至於與此一貪案有關知府佛德，知縣趙沁等五十多人，則分別受到降級等不同的處分㉙。全案至此本已告結束，但是不久又傳出有人為郭一裕叫冤，以為敢於告發別人貪污的竟得到丟官發配的下場，往後誰還敢再檢舉貪污呢？同時郭一裕是漢人，處分他顯示皇帝有偏滿輕漢的趨向。乾隆皇帝聽了這些以後，為了顧及外間輿論，終於特旨加恩，准許郭一裕「納贖」，而且後來又重用他為河南按察使㉚，以平息漢人心中的疑慮和不滿。

同在乾隆二十二年，又發生蔣洲的貪污大案，連皇帝都「為之駭然」。蔣洲當時任山東巡撫，是從二品的封疆大吏，而他的家世更是赫赫有名，雍正朝得寵的大學士蔣廷錫是他的生父，其兄蔣溥則歷任侍郎、尚書、大學士與軍機大臣等要職，一門兩相，所以蔣洲在政壇上人脈極佳，與皇帝原本也很好，他從一個部院的主事，憑藉各種關係，終於擢升為山西布政使，並於乾隆二十二年升官為山西巡撫，同年七月轉任山東巡撫，官運可謂亨通，現在有人告他貪污，難怪皇帝「為

㉘《純錄》，卷五四六，頁二二～二四。

㉙《純錄》，卷五四八，頁三三～三四。

㉚《清史稿校註》，第十二冊，頁九四三六。

之駭然」㉛。劾參蔣洲貪污的是繼任山西省巡撫的塔永寧，他向皇帝指陳蔣洲在山西布政使任內侵用公帑兩萬多兩，離任時無法歸還，乃勒派全省屬員代為彌補。蔣洲又變賣地方木植，以補虧空，犯了貪贓侵帑大罪。皇帝接到奏報後，隨即派刑部尚書劉統勳等人到山西徹查，並將蔣洲革職，帶往山西，以便審訊。由於劉統勳等人查案深入認真，結果發現山西吏治極壞，蔣洲一案涉嫌的人數眾多，上至前任巡撫，下至文官知州、知縣、武官守備等人，都有問題，甚至連首先告發蔣洲的塔永寧也感到事態嚴重了，他竟向皇帝上奏說：「若遽行盤查，恐通屬驚慌，以致貽誤地方政務」，言下請求皇帝不必擴大追究，適可而止，這種想草率結束的畏縮作法，當然是錯誤的，乾隆皇帝極為生氣，除痛斥塔永寧畏首畏尾的行徑有礙於肅官方與清帑項外，並命令劉統勳「嚴行查辦，不得稍存姑息」㉜。直到同年十一月初，此一大案才算終結，皇帝下令將蔣洲與山西冀寧道楊龍文二人，「即行正法」。太原道七賚，「絞監候」，秋後處決。其他巡撫、按察使、監司、知府、知縣多人分別治以應得之罪。蔣洲一案，乾隆皇帝最初為蔣洲的家世而「為之駭然」，最後當他知道山西貪風實情，幾乎是無官不貪時，他不禁驚駭的說出：「何以信人，何以用人」的話來，失望心情，可謂溢於言表㉝。

㉛《純錄》，卷五四八，頁一一～一二。
㉜《純錄》，卷五四九，頁一七～一八。
㉝《純錄》，卷五五〇，頁七～八。

乾隆三十年代，皇帝又懲辦了一批貪官，其中有地方小官，有封疆大吏，有中央大員，也有皇親國戚，皇帝的肅貪工作雖有決心並且是持續的；但是二十多年來的肅貪效果卻是微乎其微，大有問題的。

乾隆三十年（一七六五）十二月十九日，新任的兩江總督高晉上奏題參江蘇蘇州同知段成功縱容家人書役詐擾累民，但高晉在向皇帝的報告中又提道：段成功「因患瘧昏迷，不能檢點案牘，家人龔玉等婪贓各款，該員竟未知覺」，顯然有意為段成功開脫㉞。皇帝看了報告，便想到高晉心存姑息矇混，因為患瘧的人不可能整天或累月的昏迷，怎麼會完全不能檢點案牘呢？於是降旨申飭高晉，對他的不實心辦事與錯繆處表示了不滿。同時又下令派遣官員查辦會審，務得實情。

第二年正月十一日，江蘇巡撫明德首先上奏，他說：段成功對他的家人書役在外滋擾人民的事，「俱屬知情」，而且「尚有染指之處」，只是承審的蘇州知府孔傳珂與主稿審傳的按察使朱奎揚明知而「瞻徇未究」而已，並非如高晉奏章中所稱的「均未知覺」㉟。正是此時，首先舉發這一貪案的高晉又進呈了奏報，聲稱前任巡撫莊有恭在離任前的原參奏摺中，「即有段成功抱病被矇字樣」。如此一來，皇帝把注意力轉移到莊有恭身上了，而且非常生氣的降旨說：莊有恭在卸任時竟然用「巧於市恩之術」，為段成功案預留間隙。這樣負皇恩的大臣如何能稱作「純臣」呢㊱？

㉞《純錄》，卷七五一，頁六～七。

㉟《純錄》，卷七五二，頁一二～一三。

對莊有恭的行事表示了痛心與失望。皇帝對莊有恭確實很好，從乾隆四年莊有恭中狀元以後，十年之間即被擢用為巡撫，而又讓他在江浙一帶做了多年的疆吏。乾隆三十年特旨召他入京師[37]，實授刑部尚書兼協辦大學士，躋身於位極人臣之列，如此被寵信的大臣，竟為黨庇一個地方小官敢冒矇騙欺君之罪，實在令皇帝痛心疾首，因而革莊有恭職拿交刑部並命軍機大臣會同刑部官員議處。乾隆三十一年二月二十一日，刑部官員對莊有恭罪行作了判決的建議：認為莊有恭確有「豫為將來卸罪之地，是此案徇縱，實由莊開其端」，莊有恭應處以斬監候。其他涉案各官也分別給予處分。皇帝看了刑部奏報，權衡了輕重之後，做了最後的決定說：莊有恭身為巡撫，屬員視其趨向，自應依律問斬，著監候，秋後處決。朱奎揚、孔傳珂究係為從，著從寬免其死罪，發往軍臺效力[38]。這才算是結束了案外案的部分，至於段成功這位主犯，則在皇帝的嚴令下，遂續由地方官窮追嚴治了。

在了結莊有恭案件的同時，皇帝又發現段成功以前在山西任陽曲縣令時，也發生過虧空的貪案。因而下令要山西巡撫彰寶深入究查，結果證實段成功未赴蘇州作同知前，在陽曲知縣任上短短幾年的時間，就虧空了帑銀一萬多兩，而且「上司知情彌補，俱屬事實」。皇帝從欽差四達與

[36]《純錄》，卷七五二，頁一五～一七。
[37]《清史稿校註》，第十一冊，頁九二四三。
[38]《純錄》，卷七五五，頁一一～一三。

山西巡撫彰寶等人的奏報中又查出這位為段成功彌補虧空的「上司」是原任山西巡撫而後改任陝西巡撫的和其衷。皇帝越發生氣了，因為和其衷曾經因案被罰，皇帝還特旨加恩棄瑕錄用了他，乃至於升他為巡撫。這次竟「上下關通營私欺罔」到如此地步，真是置君恩國法於不顧，難怪皇帝說出「實出朕意料之外」，「深負朕恩」等失望的話。不久因為證據明確，和其衷等人被革職審問，皇帝連降幾道諭旨，除痛斥和其衷等「徇私庇黨、交結饋贈」外，並命令將段成功處死，和其衷「斬監候」，還有山西的另外一些涉案的大小官都受到充軍或其他處分㊴。首先告發此案的兩江總督高晉也沒有得到任何獎勵，反而因辦事錯繆被革職留任，受到不輕不重的警告。總計段成功縱令家人累民一案，前後有一位總督革職留任，兩位巡撫斬監候，兩位按察使發往軍臺效力贖罪，九十多名州縣大小官交部議處，受到不同懲戒㊵，乾隆皇帝的肅貪不能算是不嚴厲了，但是貪風依然存在。

乾隆三十三年（一七六八）六月上旬，由於新任兩淮鹽政尤拔世的一份奏報，又抖出了一件驚人的貪污大案。這個貪案不但貪官所取得的銀兩多得可觀，而且貪官的身分也高貴得特殊，主角竟是一位皇親國戚。

㊴《純錄》，卷七五四，頁二〇～二三；卷七五六，頁一三～一五；卷七五七，頁二；卷七五八，頁一～二、五～六。

㊵《純錄》，卷七五八，頁五～六。

尤拔世出任兩淮鹽政後，發現前任鹽政官員在鹽引繳貯運庫銀動用方面有問題，他便報告皇帝前任動支的情形，並稱目前尚有餘額十九萬多兩，請交內務府查收。尤拔世不敢明說前任鹽政們有貪瀆的情事，只是用這種「立此存照」的方法來保護自己。皇帝看了報告之後，覺得兩淮鹽政從沒有人向他奏明過此類存銀的數目，更沒有想到鹽政官員竟有動支這筆公帑的，尤拔世現在突然上奏，其中必有隱情，於是下令軍機大臣查閱檔冊，結果沒有發現以往鹽政有人請求支動庫銀的事。皇帝立即意識到鹽政有矇混不清、私行侵蝕的可能了。後來又據各方資料，顯示兩淮鹽政衙門此類存銀，二十多年來應積存下的數字十分可觀，絕非尤拔世所說的存餘十幾萬兩。至此皇帝才正式下令江蘇巡撫彰寶會同尤拔世，詳細清查，不得姑息㊶。

同年六月底，彰寶等人的初步調查報告到達了京城，其中透露了不少消息，重要的有：㈠歷年來從鹽引方面共得的餘利銀約在一千九十餘萬兩，不是尤拔世原先奏報的存銀只有十九萬多兩，也就是說兩淮鹽政衙門所存的餘利銀短少了一千萬兩以上了。㈡這筆相當於政府稅收三分之一的龐大積存，目前短少的原因固然是與各鹽商欠繳未能收得有關，但也有四百六十多萬兩是被鹽政們用在「歷年辦貢及預備差務」等項目上了。㈢前任鹽政普福、高恆等人與鹽商之間有「暗行饋送情弊」，而高恆收納的最多，約在幾萬兩之數㊷。

㊶《純錄》，卷八一二，頁一三～一四。

㊷《純錄》，卷八一三，頁一九～二二。

從表面上看這只是一件不法官員私用公帑並收受商人贈銀的典型貪案，但是若深入探究，則發現此案牽涉之廣，問題之多，確非一般貪案可比。因為所謂「辦貢」一詞已經說明了皇帝本人也與此案有關了。另外高恆這位鹽政是皇帝面前多年來得寵的人，過去三十年間，一直擔任稅官與鹽官，都是肥缺。他又是皇帝已故的寵妃之弟，父親高斌官至大學士、軍機大臣，家世極為顯赫，皇帝辦起此案必然相當棘手。再說如此龐大數目的存銀出了問題，又是多年沒有清理，其中涉及的大小官員以及鹽商一定很多，偵查審理的難度一定不同於一般貪案。因此皇帝在降旨辦理此案時，似乎也採取了不同的態度與手法。

首先皇帝降諭為自己辯護，說明歷次南巡都一再明令地方官員不可累民，「一切行宮道路諸費，俱係官為經理」的，沒有想到兩淮鹽商及官員們竟然動用了「交官項內」的銀兩，來招待皇帝，這些人實在應該治罪，因此將包括高恆、普福在內的官吏立即革職，也將從前賞給鹽商多人的奉宸苑卿、布政使等職銜，全都革去，並令彰寶等將有關各官商「再行逐款審擬具奏」❹❸。同時乾隆皇帝又下令斥責兩江總督等高官，說他們對如此大案，「視同局外」，不儘早據實參奏，難辭其咎，中央部院應對這些大員「嚴加議處」。

另外，皇帝又特別傳諭鹽商，強調兩淮鹽務重要，關係數省的民生至巨，各商不得因為查案而推諉觀望，以致壅滯運鹽，否則將以重罪論處❹❹。

❹❸《純錄》，卷八一三，頁二一。

乾隆皇帝的這些措施，就案發後的情勢而言，他的初步反應是相當正確的。

然而隨著案情的發展，皇帝也逐漸感到要徹底懲辦此案，雖有心也無力了，因為在人的方面，負責兩淮鹽務的大小官員為數眾多，加上與鹽政有關的中央及地方其他各官，若是一一究辦，數目之大，難以想像，處分也極為困難。而且像高恆這樣的主犯，他久任鹽政，貪污詳情根本無法查明，與他往來的人更是無由追究。高恆之前還有其他的鹽政，如果逐一調查，勢必引起官場不安。另外在錢的方面，也是難於追補的，商欠多達六、七百萬兩，若令鹽商償還，一時絕無可能，反而會導致眾多鹽商破產，進一步的影響到運鹽工作，影響到運鹽就影響到千萬人民的生活，也會影響到為數不少的國家鹽課稅收，所以此案如果徹查嚴辦，後果實在可怕，況且皇帝本人又牽涉在內，問題因而愈形複雜。

經過四個多月中央與地方各負責官員的審理，並由皇帝親自指揮，終於結束了此案。首先將此案的嚴重性予以淡化，如在贓銀方面只說高恆貪污了三萬多兩，而不是早期查得的二千多萬兩，在鹽商欠繳銀兩方面也將數字由六、七百萬兩改為三百多萬兩，顯然有大事化小的傾向。另在牽案人員方面，當然皇帝是無罪的，因為他根本不知情，而且事先也一再下令不可累民，不可動支公帑，各官違法逢迎，應當受罰。至於各貪官與重要涉案人，也僅止於重點式的處分，將高恆、普福、盧見曾、趙之璧等列為重大罪犯，或斬或絞，以張國憲，以為貪婪者戒。對於鹽商則以賠

㊹《純錄》，卷八一三，頁二八～二九。

款了事，而且分十年交與運庫㊺，如此一來，南方官場運作與社會民生都不致有過多過大的影響了。

兩淮鹽政的這次貪污大案，乾隆皇帝的懲貪實在不能算是徹底，但是他的某些肅貪決定仍是值得肯定的。例如將高恆這位皇親處以斬首示眾就是極其不易的事。如前所述，高家有其特殊地位，政壇關係極多，皇帝除了不顧親情之外，還要不近人情，才能作成如此的判決。事實上，皇帝也是遇到人情干擾的，當時有一位國之重臣也是皇后的兄弟名叫傅恆的，他曾出面為高恆說項，以八議之條，請皇帝念慧賢貴妃之舊情，姑免高恆一死。皇帝為匡正吏治政風，竟回答傅恆：「若皇后兄弟犯法，當如之何？」㊻這一巧妙回答，不但拒絕了所請，同時也給身為后兄的傅恆一個警告，實在難能可貴，皇帝若稍存偏袒親戚之心或寬縱權貴之意，便可順水推舟，保護高恆了。另外，乾隆帝對於一些在翰林院與軍機處任職的中級官員，偷偷地洩漏消息給涉嫌人犯之事，也大為不滿，在結案之時，一併給予他們處分，其中包括日後大有聲名的紀昀在內，將他革去翰林院侍讀學士之職，並發往烏魯木齊效力贖罪，作為皇帝力圖整頓吏治的一種表示㊼。

乾隆三十年代，西南邊疆又發生兩件與運鉛、運銅有關的官員貪案，主犯竟是貴州巡撫與雲

㊺《純錄》，卷八一八，頁三二～三三；卷八二一，頁二一～二二。

㊻昭槤著，《嘯亭雜錄》，卷一，《殺高恆》條（北京中華書局重印本，頁二三，一九八〇年十二月初版）。

㊼《清史稿校註》，第十一冊，頁九二一二。

南布政使，封疆大吏領導貪污，真使人聯想到野火燒不盡，春風吹又生的俗諺，貪案就是這樣的無法盡絕。

由於貴州省每次運鉛都經常發生誤期或是短缺斤兩的事，皇帝下令飭查。乾隆三十四年八月間，貴州巡撫良卿在諭令的追迫下，為了推卸責任，他先上奏彈劾威寧州知州劉標，說他犯了運鉛不足數額達一百餘兩萬斤並虧工本運價等罪。皇帝接獲奏報以後，便降旨革劉標知州職，並命良卿就地「嚴行審究，務得實情，定擬具奏」㊽。

九月底，良卿又向皇帝上奏，除了詳列劉標的短少鉛斤以及工本腳銀的數字以外，他又請求皇帝將專管鉛務的糧驛道永泰與另一位知府馬元烈革職，以便徹底偵辦。皇帝應良卿之請正在下令革永泰、馬元烈之職並派出內閣學士富察善前往查案時，永泰也有奏報進京了。他向戶部呈報劉標虧空的原因，但文中也提到巡撫良卿與按察使高積確有營私枉法之事，湊巧正在此時，遠征緬甸的將領有軍報抵京，其中竟夾有貴州善安州民控訴良卿私派累民以及侵蝕恩賞的事，從此原屬一件單純的上司彈劾屬員的案子竟變成官員互控以及人民舉發貪官的案子了。乾隆皇帝於是又派出湖廣總督吳達善與欽差錢維城入黔會審確查良卿與高積的罪狀，並且囑咐欽差們，如有必要，可將良卿、高積二人革職拘禁，以懲積弊㊾。

㊽《純錄》，卷八四二，頁一四～一五。

㊾《純錄》，卷八四四，頁四四上，四七上。

同年十月，正是案情升高之際，被劾參的劉標有一個家人來到了北京，他為主人呈報賠累以及各上司勒索的情形。除了報告良卿、高積二人涉罪之外，前任巡撫方世傑也有勒索白銀六千兩的紀錄。皇帝聞悉之後，便於十月底開始指示查案的欽差，先將證據確實的高積在蘇州與福建所有的財產嚴密查抄；良卿除家產查抄外，再行嚴審，以得實情。至於方世傑則著解任湖南巡撫，押往貴州質審，其家產也予查抄，這是審理此案的進一步行動㊿。

貴州因運鉛而起的貪案又經過幾個月的偵查審問，到第二年的春間，皇帝就欽差與刑部的建議作了最後的判決：劉標早已降旨定了死罪，良卿與高積分別以私派累民、徇縱屬員、受賄貪贓等罪名處斬，而良卿又因身為封疆大吏，竟心存消弭、公行欺罔，為使各省督撫知所炯戒，特諭將他在貴州省城內正法，並將其子富多、富永銷去旗籍，發往伊犁，賞給厄魯特蒙古人為奴，處分可謂相當重了。方世傑雖不如良卿那樣的目無法紀，但是勒索下官，受賄盈千，也是法不容赦的，「著絞監候，秋後處決」[51]。布政使張逢堯「僅以斤斤自守」，不及早並自動的參劾劉標，也犯了有虧職守的罪，著予革職，發往軍臺效力。至於各官貪得的銀兩，除張逢堯罰繳十倍也就是約兩萬兩外，其他的死刑犯與充軍的都將他們的家產全部沒收[52]。

㊿《純錄》，卷八四五，頁三四～三五；卷八四六，頁九～一一。

[51]《純錄》，卷八四九，頁二四～二六；卷八四九，頁二八～三〇；卷八五二，頁一～四。

[52]《純錄》，卷八五一，頁一二～一三；卷八四九，頁二七～二九。

雲南方面的運銅案也幾乎與貴州銅鉛案同時被皇帝注意到的，不過真正案發的時間則在乾隆三十七年（一七七二）。早在乾隆三十四年二月中，皇帝也因雲南多年來運銅到京城常常遲誤日期，甚至也有短少的現象，所以曾經降諭給雲貴總督明德，對於歷年運銅漸次短少以及何人貽誤運期等事，申飭明德何以不見奏報，因為滇省銅斤，關係京局鼓鑄，至為重要。明德接到諭旨後，為平息皇帝的疑怒，便上奏呈請讓有關人員分賠短少之數，以作懲罰。但是雲南方面提出的賠償銅價為每百斤五兩一錢，比實際價格為低，戶部認為不合理，予以駁斥，皇帝同意戶部的看法，並以為明德等高官一定「為屬員避重就輕」，才擬出此種低價，「顯有瞻顧歷任上司及袒徇同官屬員之意」，令明德「另行妥議速奏」，並奏明擬價的「究係何人」[53]？明德遵旨答稱擬價的是當時主管通省錢糧財政的布政使錢度。

錢度是正途出身的官員，乾隆元年進士，歷任吏部主事、監察御史、徽州知府、雲南布政使、廣西巡撫等官，乾隆三十三年因故又降為雲南布政使，到任一年，他又被皇帝視為焦點人物了。當皇帝了解雲南賠銅的擬價人是錢度後，乃於乾隆三十四年九月初五日降諭，對錢度大為嚴斥，認為這個「屢獲罪戾」的人，讓他再去當雲南布政使是「格外加恩」的曠典，可是他仍不改「沽名取巧之惡習」，「不可不明示懲儆」，著將錢度革去頂帶，仍留雲南布政使之任，以觀後效，「倘若不力為悛改，必將伊重治其罪」[54]。

[53]《純錄》，卷八四〇，頁一～二。

事實上，錢度降低估銅並不是為了庇護屬員的，而是有他為己的目的，這件事到乾隆三十七年終於暴露真相了。那一年春天，先有一位雲南的知縣叫朱一深的，他向戶部報告錢度命令屬下在省裡購買黃金玉器，各地喧傳。皇帝知道此事之後，覺得「殊堪駭異」，因為錢度自乾隆三十四年已革職留任，這幾年一直沒有發給他養廉銀，他一年收入無多，照說連生活辦公費都有問題，如何能大手筆的到處收購黃金玉器，總值達四、五千兩之多呢？皇帝就在三月初派刑部侍郎袁守侗前往雲南與當時的總督彰寶會同將錢度嚴行審訊，一定要得到真相，如屬有罪，必予嚴懲[55]。皇帝剛降下此諭，立即又收到江西巡撫海明的奏報，得知錢度家人王壽等八人，在江西境內邊境時被查出攜帶白銀二萬九千多兩，而且還有錢度的親筆書信，囑咐家人好好將錢存藏，內中甚至有：「或為地窖，或為夾壁，以作永久之計」。至此皇帝已確信錢度「若非貪婪多贓，安得有如許積聚？」錢度既「負恩敗檢」至此，當即下令袁守侗等「嚴訊錢度」，並說錢度罪重，萬無可貸之理，可見皇帝心中早已判了他死刑了。同時皇帝又下令兩江總督，將錢度老家常州以及寄居江寧的產業查封并錢度的家人嚴行究訊，以進一步了解他藏匿贓物的情形[56]。

由於皇帝下令加緊追查，不久之後，江西方面又傳來消息，得悉錢度兒子錢酆在年初自雲南

[54] 《純錄》，卷八四二，頁七～八。
[55] 《純錄》，卷九〇四，頁一二。
[56] 《純錄》，卷九〇五，頁一五～一八。

啟程返鄉，與錢度幕友葉士元同行，並帶有白銀兩萬多兩，現在湖南，已被監視。皇帝隨即下令，傳諭湖南巡撫梁國治，即速妥委大員，馳往常德，將錢酆鎖拿，押解到雲南去審訊。同時又諭令袁守侗等人，等到錢酆到案之後，「即行嚴加刑訊」[57]，一定要把案情弄得十分清楚，再依法究擬。

另外在江蘇方面，巡撫薩載不久也有奏報進京了，他已遵旨查出了錢度在江寧居所中埋藏的財物，計有白銀兩萬六千兩，黃金兩千兩。皇帝聞知大為震怒，於四月中降旨說：「通核金銀各項，至多八、九萬兩，錢度究係從何處得來？」要袁守侗等人「徹底根究」。錢度知道家人運送的白銀被截留後，一度誑稱剋扣銅本餘銀僅兩萬餘兩，可是到江寧家產被查抄後，他不得不俯首認罪了。原來他利用布政使的職權，在運銅時每一百兩扣平餘銀一錢七、八分不等，前後一共扣得四萬多兩，另外還有其他貪贓違法的事，他也一併承認[58]。乾隆三十七年七月底，皇帝批准了軍機大臣的奏請，將錢度斬首，其子錢酆則處以絞監候，秋後處決[59]。轟動一時的雲南貪案，至此落幕。

如前所述，乾隆皇帝為嚴懲貪官，曾經不庇親貴，將自己寵妃的兄弟高恆也同樣問斬，實在難得；然而儘管帝王有如此肅貪決心，而貪官仍舊存在，而且同在高恆一家，並且就是高恆的兒

---

57 《純錄》，卷九〇五，頁二〇～二一；卷九〇六，頁三～四。

58 《純錄》，卷九〇六，頁二七～二八。

59 《純錄》，卷九一三，頁一七；卷九一五，頁一。

子高樸，竟也不為皇帝的決心有所懼畏，不因自己的父親見殺而有所警惕，在高恆處死後十年，高樸也因更大的貪案被正法了。父子同因貪污「前仆後繼」的坐誅，在歷史上實不多見，這也充分的顯示了乾隆朝肅貪工作的成效不彰。

也許因為高樸在他父親高恆貪案中全無涉及，也許是因為皇帝對高家仍懷有舊情，乾隆皇帝沒有像處理良卿等貪案時那樣，將高樸也削籍為奴，相反的在高恆案後四年，即乾隆三十七年擢升高樸為都察院左副都御史，其後又升他為兵部侍郎，到乾隆四十年，高樸被任命為葉爾羌辦事大臣，成為皇帝的欽差要員，皇恩可謂深厚了。

高樸在出任葉爾羌辦事大臣後，三年多中，竟不斷的以「辦貢」名義，大事擾累新疆的回民，並藉機為自己謀利，終於引起當地回民的憎恨，有人冒死上奏，揭發了這件貪案。皇帝是在乾隆四十三年秋天接到烏什辦事大臣永貴的一件奏報，知道回民中有一位名叫色提巴爾第首領，控告高樸的諸多不法事件。皇帝聞悉之後，便在九月十六日降旨，命永貴對此案繼續查辦，「如果屬實，即一面具奏，一面將高樸在該處正法」[60]。十二天以後，即九月二十八日，皇帝得知該案罪證確實，便立刻下令將高樸就地處死[61]。這是乾隆朝肅貪案中處決人犯最快速的一次，很值得吾人注意。

[60]《純錄》，卷一〇六七，頁四～六。

[61]《純錄》，卷一〇六七，頁三六～三九。

根據現存乾隆皇帝的十幾道諭旨以及有關大臣辦案的幾十件奏報，我們可以看出高樸貪案的內情以及皇帝之所以速審速決的原因大約如下：

第一、乾隆皇帝一生對自己的武功似乎遠比文治成就看得還重要。他統治期間一共有十次戰爭的勝利，後來他自詡為「十全大武揚」，在這「十全武功」當中有三次是平定新疆準噶爾與回部，也因為這三次戰爭的勝利，使清朝更有效的統治了天山南北兩路。乾隆三十三年以後，清廷分別以將軍、參贊大臣、辦事大臣、隊領大臣等長官治理新疆，高樸所出任的辦事大臣，便是其中的長官之一。乾隆朝對新疆的三次戰爭，金錢人力不知花費了多少，皇帝深知戰勝得來不易，所以對於新疆的安定，至為重視。高樸竟在葉爾羌四百里外的密爾岱山中開採玉石，以「辦貢」為名，私役三千多回民，在「人跡所不至」的深山中，冒險開鑿，再將千百斤重的玉石運至葉爾羌，轉往內地，其中艱辛困難，真是不可言狀。回民為這份苦差死傷的很多，到了「回人無不抱怨」的地步，這也是激發色提巴爾第冒死出面告發的原因。乾隆皇帝惟恐當地人民，積怨日深，一二年內可能激成事變，而葉爾羌又「地大城堅」，將來必定不易收拾殘局，因而儘快處死高樸，以洩回民之恨。皇帝自己公開承認殺了高樸「於國家綏靖回疆之舉，則為大得」[62]，他甚至為此而感謝上蒼。可見皇帝對回疆的安定比對高樸的親情更為重視，況且殺一貪官總是會對全國吏治政風有所肅清作用的。

[62] 《純錄》，卷一〇六八，頁二～六。

第二、新疆一向以產玉聞名，高樸在新疆採玉石，可能是以「辦貢」為名，皇帝應該知道這件事，不過他卻以為皇帝辦事為名，而暗中謀取私利，這是皇帝後來大為震怒的事。據多種奏報可知：高樸在密爾岱山採得了大量的精品玉石，並沒有運往京城宮中，而是送到蘇州等地販賣了。至於玉器成品，色提巴爾第所列的清單上記載了高樸得玉器多件，而高樸自己也說這些玉碗「係極佳者」。大學士阿桂抄高樸京城中家產時，曾發現高家有金珠玉碗等收藏，都是由高樸家人從新疆運回的。皇帝了解真象後，忍不住的說出：高樸進獻給他的玉器不過九件，「且俱平常」，「乃以佳者留藏家內，即此一端，亦可見其天良盡喪矣！」[63]皇帝的氣憤之情，可謂溢於言表。高樸如此假「辦貢」而取私利，有損皇帝清望，他的行徑實足以引起皇帝的怒心與殺機。

第三、高樸在葉爾羌附近所採玉石，經甘肅、陝西、山西、直隸以及江南等地，分運蘇州與京師販賣，如此龐大體積的物件何以能順利通行，全國各地「處處均有關隘盤查」，竟未能發現，其中原因何在呢？原來高樸即以「辦貢」名義，向兩江總督取得「護牌」，沿途絕無盤詰，關卡不敢攔阻，因此就可以「肆行販賣」了。乾隆四十三年，高樸的家人李福與代管筆札的熊濂就是以這樣的手法去蘇州賣玉的，而且在蘇州停留了半年多，得款後，乘大船離去，「船中有箱四十六隻」，玉石數量，由此可見一斑。又另一路家人常永、張元、馬德亮等人則在陝西長武縣旅次被巡撫畢沅屬下拿獲，據說原有「大車九輛，載玉三千斤及家人玉料一千斤」。由於這些事實，

---

[63]《純錄》，卷一〇六七，頁一二～一四。

皇帝確信高樸犯了大罪，同時也了解「顯是地方官員辦事懈怠」[64]，或是有串通舞弊之處。

第四、至於高樸在私採玉石肥己的貪案中，究竟他獲利多少？據當時官員的報告，李福等在蘇州半年賣得十二萬八千餘兩。後來江蘇巡撫薩載在大船上搜得白銀四千兩以及期票六千多兩是不是其他地方賣玉所得，不得而知。而陝西一路，常永等人所運玉器，據貨單上記載，成品的玉如意一枝，需售銀四千兩，照全部貨品計算，總銀價當在一百萬兩之數[65]。以上只是案發當年的估算，前幾年有無售玉，售價若干，皇帝沒有進一步的追究。總計以上各數，高樸實在可以稱得上是乾隆朝的大貪官了。

高樸、阿步都舒庫爾和卓等人雖然在案發後不久就被處死了，但是全案還是經過七個多月的審理才完全結束，牽連的官員也很多，重要的處分如下：

前任總辦回疆事務的烏什參贊大臣綽克托，已升官為吏部尚書，因高樸案發，皇帝認為他在任時不據實參奏，「其通同徇隱，幾釀事端」，其罪不輕，遭到革職的處分[66]。

兩江總督高晉是高樸的堂叔，竟發給李福等人「護牌」，「徇私容隱」，「獲利甚大」，姑念一向辦事謹慎忠勤，且年齡又逾古稀，傳諭嚴行申飭[67]。

---

64 《純錄》，卷一〇六七，頁二七～三〇；卷一〇六八，頁一一～一六。

65 《純錄》，卷一〇六七，頁三二；卷一〇六八，頁一〇～一四；卷一〇七〇，頁一一～一二。

66 《純錄》，卷一〇六七，頁三七～三八。

江蘇巡撫楊魁與蘇州織造兼管滸墅關稅的舒文，都是近在蘇州服務的官員，竟然讓高樸的家人在蘇州肆行賣玉，而且勾留六個多月，未予奏報，徇情故縱，「實屬天良喪盡」。楊魁「自行議罪具奏」[68]，舒文最後革職，仍以「白身在蘇州織造烏林上行走贖罪」[69]。

此外，陝甘總督勒爾謹、陝西巡撫畢沅、署兩江總督薩載，都以失察遭到訓示，其他還有不少陝西、山西、直隸等地的大小官員，也分別被處以降調、註冊等處罰。

乾隆四十年代中期，權臣和珅當道，由於他喜愛錢財，善於納賄，而又被皇帝寵信，從此政界風氣愈形敗壞，以致大案屢見不鮮，現在就舉出其中較為特別的，略述如後：

乾隆四十五年正月，雲南糧儲道海寧因升官為按察使進京，他在京中「私相議論」雲貴總督李侍堯的貪贓事項，皇帝風聞以後，曾經兩次召他面訊，但他始終不敢說出真情，後來皇帝傳諭軍機大臣嚴訊海寧，這才了解李侍堯的諸端違法事件。皇帝據軍機大臣回報後，立即派出戶部侍郎和珅與刑部侍郎喀寧阿前往貴州查案，並下令湖南等地官員，嚴密盤查沿途驛站，防止消息走漏[70]。皇帝如此如臨大敵的作法，實在因為李侍堯在官場上關係既深又好，在他二十多年的服官

---

67 《純錄》，卷一〇六八，頁二一～二三。

68 《純錄》，卷一〇六八，頁一〇～一三。

69 《純錄》，卷一〇六九，頁八～九、一七～一八。

70 《純錄》，卷一〇九九，頁七～八。

生涯中，他不但官運亨通，而且一向任職地方督撫以及中央的侍郎、尚書等高官，加上祖先的餘蔭（他是清太祖時代額駙李永芳的四世孫），官場交結往來極多，乾隆惟恐不利查案，乃有如此嚴密的措施。

同年二月下旬，影響此案大發展的消息首先由湖南方面傳送到京師了。湖南巡撫李湖向皇帝報告，他的屬官在境內抓到了李侍堯的家丁張曜等人，這些家人是受主人差派送銀五千二百兩與玉器十件回京的，而李侍堯的心腹總管家人張永受也託張曜帶銀七千兩回家。他們一行於上年底起程，本年正月抵京辦完各事，現在返歸雲南的途中被捉拿的。這一消息頗令皇帝震驚，隨即下令戶部尚書英廉審訊李侍堯在京城的家人名叫八十五的，結果管家八十五坦承正月間確實收到雲貴方面送來的銀子五千兩。皇帝除對八十五短報二百兩表示有「遁飾」情事仍須嚴加審訊外，指示對另一個家丁張永受應進一步調查，因為他僅是一名家人，如何能有七千兩巨金的積餘，運回家中？乃命英廉查抄李侍堯家丁的產業[71]。不久之後，英廉查出張永受在京城有自購的房產六處，地畝一處，借出白銀四千兩。張永受的母親在河北易州另有住房三十多間，田地四五頃。皇帝久聞李侍堯的家人「多擁厚貲」的傳言，至此證實不虛[72]。

三月中，和珅與喀寧阿等欽差大員的奏報也從雲貴送到了北京，其中對李侍堯的貪污實狀描

---

[71] 《純錄》，卷一一〇一，頁一三～一五；卷一一〇二，頁二二；卷一一〇三，頁二～三。

[72] 《純錄》，卷一一〇一，頁一二～一五。

寫得非常清楚，據李侍堯自己供稱，前後收受提升迤南道莊肇奎銀二千兩、通判素爾方阿銀三千兩、按察使汪圻銀五千兩、臨安府知府德起銀二千兩、東川府知府張瓏銀四千兩。又於前年差家丁張永受進京修屋，素爾方阿送銀五千兩、德起送銀五千兩，俱在板橋驛交與張永受。另據張永受供：主子發交珠子兩顆，一顆賞給昆明縣知縣，勒要白銀三千兩；一顆賣給同知方洛，勒要銀二千兩。總共贓銀三萬一千兩[73]。

皇帝看了和珅等人的奏報之後，降諭痛斥李侍堯，說他贓私狼籍，不但令重用他的皇帝顏面無光，各省督撫也會為他的負恩婪索感到慚愧痛恨的。李侍堯與他屬下的官員汪圻、莊肇奎、張瓏、素爾方阿等人均著革職，交與和珅，嚴審定擬具奏。雲南巡撫孫士毅與李侍堯同官雲南，一定知道李侍堯的贓私枉法，而竟然隱匿不報，甚至為李侍堯「巧為諉卸」，實在不配擔任巡撫之職，應將他革職，發往伊犁贖罪[74]。

皇帝又從和珅等人處知道李侍堯曾經在審辦納樓土司命案時，起出黃金六百兩、白銀一千兩的事；但是李侍堯向皇帝報告時只稱黃金六十兩，銀數改作七千五百兩，銀數雖多報，仍不如五百多兩黃金值錢，所以皇帝又說李侍堯「顯係有心吞隱」，犯了「巧為侵蝕」的大罪[75]。因此皇

---

[73] 《純錄》，卷一一〇三，頁六～七。

[74] 《純錄》，卷一一〇三，頁七～八。

[75] 《純錄》，卷一一〇三，頁九～一〇。

帝也下令將李侍堯的種種贓款與家人張永受的房地產業查封入官，不符不實的數目，各有關官員再嚴加調查。

五月初，和珅等對李侍堯案的審理終結了，他們向皇帝建議將李侍堯處以「斬監候」。皇帝照例再讓京中的負責官員大學士九卿們作一複核，沒有想到大學士們竟認為李侍堯罪情重大，應處以「斬立決」。「斬立決」是立刻斬首，「斬監候」則是等到秋審後再斬首，除了延長死刑時間以外，常常在秋審時還有翻案的機會，實際上可以說是監而不斬的，若是遇上皇帝加恩，死刑犯又可以出獄做官。按清朝舊規，皇帝遇上大臣間在處理犯人判決有不同意見時，通常是以大學士等京官的決定為準的；但是這一次出乎意外，皇帝沒有立即依大學士等的建議，反而降諭給各省總督、巡撫，叫大家各抒己見，作為皇帝的參考[76]。各省督撫大多數贊成大學士們的主張，主要原因大概是避嫌，因為自己也身為督撫，如果說貪官如李侍堯可以監而不斬的話，是不是意味著為自己的貪婪預留地步呢？強調貪者必斬，正好也向皇帝表示自己不是貪官。不過他們實際上沒有體會出皇帝的真正心意，皇帝是有心赦免李侍堯的。幸好安徽巡撫閔鶚元獨排眾議，他上奏先說李侍堯犯了貪污罪，理應處死，不過他是一位「中外推服」、「勤幹有為」的疆吏，可否請皇帝引援「八議」條文中「議勤議能」之項，「稍寬一線，不予立決，出自聖恩」。皇帝有了閔鶚元的這一報告，乃得到了好的藉口，以李侍堯「辦理暹羅，頗合機宜，緝拿盜案等事，亦尚認真出力」，

---

76 《純錄》，卷一一〇六，頁一二～一三。

加上他的祖先李永芳在開國之初，歸誠宣力，「非他人所可援比」，因此「李侍堯著即定為斬監候，秋後處決」[77]。李侍堯在這年秋天不但沒有被斬首，同時不久之後，他竟蒙「聖恩」再擢升為總督，又當上位極人臣的疆吏了[78]。李侍堯這一次能活命，當然與和珅的全力保全有關。乾隆四十五年正是和珅在政壇上大豐收的時節，他辦完李侍堯貪案後晉升為戶部尚書兼議政大臣，又兼御前大臣、理藩院尚書、四庫全書館總裁等職，他的兒子豐紳殷德也因他的得寵而成了駙馬爺，娶了十皇女和孝公主，甚至和珅的弟弟和琳、親家蘇凌阿也都沾光升遷高位，真是滿門富貴。李侍堯也真是幸運，就在這一年得到了「貴人」幫助而逃過死劫了。然而，就乾隆朝肅貪一事來說，皇帝因和珅的關係而對李侍堯案取不同標準判決，充分說明了懲治貪污不夠徹底。

乾隆四十年代還發生了一件清朝自建立後的最大貪案，不但贓款數量空前，而受罰官員也是多得可怕，那就是甘肅的捐監案。如此大案，竟然「內外臣工並無一人言及」，顯然是官官相護而且也是有大權在握人士的曲庇，否則皇帝不可能毫無所聞的。

我國自秦漢以來，便有捐納的制度。捐納就是富有的人可以捐貲納粟而取得官職，歷代政府多因籌餉或賑災，或為興建大工程，或為貧瘠地區儲糧而實行捐納。監捐則是指有生員資歷的人可以捐貲成為國子監生，後來也有一般人民可以捐為監生的，稱為例監。

---

[77] 《純錄》，卷一一一六，頁四～五。

[78] 《清史稿校註》，第十一冊，頁九二四七。

乾隆三十九年（一七七四年）陝甘總督勒爾謹（一作錦）上奏，請求皇帝同意他在肅州、安西兩州辦理捐監，收存監糧，以備荒年急用。由於甘肅地瘠民貧，經常發生天災，而政府運糧又費時費力，所以皇帝就在同年四月十八日降旨允准辦理；但是諭旨中特別指示：「如仍有濫收折色，致缺倉儲，及濫索科派等弊，一經發覺，惟勒爾謹是問」。所謂「濫收折色」是不可隨意收取折價銀兩，一定要收糧食，如此才能達到儲糧的目的，同時也可以防止官員們從中作弊累民[79]。皇帝為了慎重行事，還特別調任浙江布政使王亶望到甘肅去負責經辦此事。

王亶望的父親是王師，是盛清時代的一位清吏，以勤政愛民聞名當時，皇帝以為王亶望必能嚴守家風，達成任務。王亶望到甘肅任職約有半年的光景，便呈上了一份令皇帝喜出望外的報告。他說經他努力推動，已有一萬九千零一十七人參加了捐監的行列，目前取得各色糧米八十二萬七千五百餘石[80]。皇帝在驚喜之餘，不禁也產生了疑心，因為甘肅人民一向貧苦，如何在半年之內會有如此多人來捐監？當地糧食根本不足使用，又如何能在短期內集得八十多萬石的餘糧呢？還有來日方長，將來監糧必然會愈積愈多，如何存儲？如何不使其發紅糟爛都將是問題。這些被皇帝提出的疑點，後來都被勒爾謹、王亶望等人的巧語掩飾過去了[81]。皇帝也不疑有他，反而對勒

[79] 《純錄》，卷九五七，頁九～一〇。
[80] 《純錄》，卷九七一，頁一三。
[81] 《純錄》，卷九七一，頁一四～一五。

爾謹等人大加獎勵，甚至後來都讓他們升官，王亶望便是在乾隆四十二年成為浙江巡撫了。

從乾隆三十九年到四十二年四月的三年當中，據王亶望的報告，甘肅省內共有十五萬商民捐監，前後共收得監糧六百多萬石；然而也就在這三年之中，甘肅各地官員連年奏報該省發生旱災，而且災情嚴重，不斷的向皇帝請求准援倉糧賑災。皇帝基本上是愛民的，地方倉儲既然是那麼豐富，當然無不准之理，因此在三年之內，甘肅省竟因賑災發放出倉糧七、八百萬石，比捐監得來的還多出很多[82]。地方官員做得天衣無縫，皇帝也陶醉在「皇恩浩蕩」中，沒有想到甘肅全省官員竟膽大包天的做了一件欺君的貪污大案。

這件大貪案的爆發是因為乾隆四十六年甘肅河州回民聚眾動亂，皇帝乃派遣了阿桂等人前往督辦。阿桂抵達甘肅境內之後，一直被大雨所困，以致延滯了行軍奏報。皇帝想起過去幾年不斷缺雨成旱，何以今年大雨不停呢？因而下令阿桂藉在甘肅之便，調查一下以往三年旱災賑濟的情形，有無捏造之事。經過阿桂實地深入探訪，發現當初甘肅各官所收監糧，並未遵照皇帝指示收取本色米糧，而是收取了折色，即折成實價的銀兩，因此，多年來各地倉庫裡連一顆糧的儲存也沒有[83]。

皇帝知道這一事實以後，大為震怒，一方面下令軍機大臣審訊繼王亶望之後而出任甘肅布政

[82]《純錄》，卷一一三八，頁一八。

[83]《純錄》，卷一一四八，頁七。

使的王廷贊，一邊降旨要閩浙總督陳輝祖查訊在家丁憂的王亶望，務必將實情查出。王廷贊向軍機大臣們編造了一些理由，說明甘肅捐監原先是遵照諭旨行事的，不得濫收折色；但是後來因為「無人報捐」，不得已才改收折色的。皇帝認為王廷贊「所供殊不足信」，而且改收折色的事甘肅沒有一個官員有「一字奏聞」過，分明是「官折於前，又復冒銷於後，兩邊俱得便宜，而百姓仍從中受累」，如此嚴重貪案，皇帝再下令要阿桂等必須「詳悉查明，據實具奏」[84]。

不久之後，浙江方面的查案情形也有了初步結果了。陳輝祖在奏摺中向皇帝報告說：王亶望自己供稱：「風聞有折色之事，當經責成道府查禁結報，且意在捐多穀多，以致一任通融」。皇帝認為王亶望存心詭辯，各官貪贓是實，隨即下令陳輝祖再行審訊，務必要王亶望將當時甘肅各道臺、知府等官的名單列出，並將「私收捏報」的情狀一一說明，儘速上奏[85]。同時皇帝又傳諭阿桂等人，在甘肅就地將各官員名單以及他們的分肥舞弊經過，「嚴切根究，據實指名參奏」[86]。顯然此時皇帝已經確認這一貪污是甘肅全省官員通同共犯的，而且有徹查貪案並除惡務盡的決心，因為皇帝在諭旨中特別強調阿桂等人不得徇私，否則將要負所有責任。

同年七月間，經阿桂等人的深入究查，案情完全明朗了。原來王亶望等人與甘肅的一些府州

[84]《純錄》，卷一一三四，頁一五～一六。
[85]《純錄》，卷一一三四，頁一九。
[86]《純錄》，卷一一三四，頁二〇。

縣官，用捐監名義，收取了很多人交納的銀兩而不是「監糧」，然後又在三年之中，每年分別以災荒賑濟的理由，將收到的折色「監糧」沖銷，不足之數還利用各地舊存倉庫中的糧米銷去。全省大小官員就以此種手法，上下其手的侵貪了為數極多的銀兩，真是「上侵國帑，下屯民膏，毫無忌憚」[87]。

事實上，在發生此一大貪案的三年當中，皇帝也曾派過欽差前往盤查「監糧」存放的情形，可是地方官在各倉庫的「裡面進深處所，下面鋪板，或攙和糠土，上面鋪蓋穀石」，欽差大臣只能「簽量廒口數尺之地」，因而以為「實貯在倉，並無短缺」[88]了。尤有甚者，地方官還以捐糧過多，須增建糧倉儲存，先後冒領建築費用十六萬多兩。後來為賑災運糧，又支出腳價銀數萬兩[89]。貪贓銀兩雖多，但是貪官們手法高明，使皇帝確信「監糧」是存在的。

甘肅官員大膽妄為，欺騙皇帝至此，難怪乾隆帝為之「寒心」。他在同年八、九月間，陸續的對各貪官作了判決，懲處之嚴，用「慘不忍睹」的描寫應是不為過的。據清代官方資料記載，因此一貪案而處死的官員除勒爾謹、王亶望、王廷贊、蔣全迪、經方等職位較高的以外，另有知縣及代理知縣六十三人，知州五人，同知三人，通判四人，縣丞三人以及其他有關人等，總計為

[87]《純錄》，卷一一三六，頁八～一一；卷一一三七，頁四五～四八。
[88]《純錄》，卷一一三七，頁二九～三〇。
[89]《純錄》，卷一一三六，頁三三～三五。

一百多人，正如皇帝所說的「全省大小官員無不染指有罪」[90]。至於各官貪得的贓款，據統計約在一千萬兩以上，是清初以來最大的貪污案。不僅如此，這樣的大案，「內外臣工，皆知而不舉」，這更令皇帝不解，也令皇帝傷心，所以他對於若干相關的官員，也給予嚴厲的處分。如陝西巡撫畢沅以「瞻徇畏避」，降三品頂帶留用，並罰銀前後五萬兩。閩浙總督陳輝祖與江蘇巡撫閔鶚元因其弟任官甘肅涉案，曲意庇護，不即據實參奏，也被降為三品頂帶留用，永遠停支養廉銀。刑部尚書袁守侗與侍郎阿揚阿，因盤查糧倉失察受騙，「著交部嚴加議處」，另外，皇帝認為甘肅的這批貪官，都犯了「非常之罪」，應以「重法治之」，因而又將勒爾謹、王亶望、王廷贊、經方、楊士璣、程棟、陸瑋、那禮善、楊德言、鄭陳善等人的兒子數十人，發往新疆伊犁，充當苦差，其中也有削去旗籍為奴的[91]。

誠如乾隆皇帝在諭旨中說的，甘肅這一件大小官員枉法營私貪案，「為從來未有之奇貪異事」！

甘肅的捐監案雖然隨著一批貪官及其家屬的處死充軍而結束了，但是這一大貪案的餘波還在清朝歷史上盪漾了一年多，影響所及，由西疆到沿海，先後又牽連出一些貪案，現在先從新疆採

---

[90]《純錄》，卷一一三九，頁九～一〇、二三～二五；卷一一四〇，頁九～一〇、二〇～二一、二四～二五、三一～三五；卷一一四一，頁八～九。

[91]《純錄》，卷一一三九，頁二九；卷一一四六，頁一九～二〇；卷一一四七，頁一二～一三。

糧舞弊案說起。

乾隆四十六年九月，阿桂等辦完甘肅捐案後，他向皇帝報告烏魯木齊、巴里坤、哈密等地也曾收糧，「亦恐有挪移虧缺之處，請飭交新任都統明亮徹底清查」[92]。明亮在接到皇帝的旨意後，當即從事調查，結果發現案情嚴重，他除奏報中央外，並「請派大員會同審理」。乾隆四十七年正月初二日，皇帝便降旨派刑部侍郎喀寧阿等前往烏魯木齊，查辦該地區捏報價值等官員不法事件[93]。為了對辦案的決心，皇帝除諭令欽差官員們徹查外，並命令吏部與戶部保舉知州、知縣，帶領引見，即行發往，似乎已準備又要將一些現任官員革職懲處了。

經過三個月的調查，喀寧阿與明亮的報告抵達京城了。說明烏魯木齊各州縣自乾隆三十九年以來，官員們在採買糧食時，報價與時價不同，「浮開價值」，「每石多報銀三四錢至五六錢」，從都統所諾木策凌到若干負責官員都有問題，或冒銷帑項，或交結上司[94]，是一件典型的貪污案。

皇帝也許因為剛辦完甘肅大案，對新疆的採糧作弊，心中早有成算，他看到喀寧阿等人奏報後，隨即於四月二十九日下令將所有涉案官員在京城，在原籍，或是在新疆的家產先予查抄。離任官員著革職拿問，交刑部審理，在新疆的仍由欽差大臣等深入根查。至於職位最高而涉案的兩

[92] 《純錄》，卷一一四〇，頁一二；卷一一四一，頁二四～二五。

[93] 《純錄》，卷一一四八，頁五。

[94] 《純錄》，卷一一五五，頁二九～三〇。

位都統，一位是索諾木策凌，現已升任盛京將軍，在五月初被革職解送熱河行宮對質。另一位都統奎林時任烏里雅蘇臺將軍也革職並奪去其公爵[95]，皇帝這一連串的命令對辦案助益很多，從而也表示了他肅貪的決心。

索諾木策凌是由皇帝特派的軍機大臣戶部侍郎福長安審訊的，由於索諾木策凌最初「藉詞支吾，匿不吐露」以及索諾木策凌的家人郭子等供詞「不實不盡」，案情很不明朗[96]。然而新疆方面，審理工作順利，不少官員都坦承當年確曾餽送銀兩給索諾木策凌，於是皇帝下令將一干人犯全部解送熱河對質嚴審[97]。

同年七月初，皇帝在大學士、九卿等會審得到實情之後降諭，講出各貪官的罪狀，並擬定了處分，將索諾木策凌處以斬監候，後來因為索諾木策凌又涉入另一賄案，令其自盡。其家人郭子等受賄並希圖為主人卸罪處以絞刑[98]。烏魯木齊等地的官員瑚圖里、德平、伍彩雯、王喆、鄔玉麟等均處死。徐維紱、張健庵二人則因守城有功與貪銀不多著加恩免死，發黑龍江充當苦差[99]。

[95] 《純錄》，卷一一五五，頁二八～二九；卷一一五六，頁五。
[96] 《純錄》，卷一一五六，頁二六。
[97] 《純錄》，卷一一五六，頁二七。
[98] 《純錄》，卷一一六〇，頁七～一〇；卷一一六三，頁一一～一二。
[99] 《純錄》，卷一一六三，頁一七～一八。

新疆採糧案至此結束。

甘肅捐監案除了扯出新疆採糧浮開冒銷案以外，在浙江又發生了負責查抄王亶望家產的官員們抽換侵吞財物的案外案。

乾隆四十七年初，皇帝看了陳輝祖等從浙江送來的查抄王亶望家產財物的清單，覺得「呈覽物件，大率不堪入目」。而王亶望所貪的贓最少也有二三百萬兩，何以竟無一件家藏珍品，甚至連金飾也為數不多，很令皇帝心生疑竇。二月間，浙江布政使國棟至京陛見時，皇帝問起此事，國棟的回答頗不令皇帝滿意，給皇帝的感覺是他沒有據實呈奏。同年夏天，原任浙江鹽法道陳淮與布政使李封等人在熱河行宮被皇帝召見，也問起王亶望被抄家之事時，皇帝愈是發現其中或有隱匿情狀，於是便在七月間降諭命新任浙江布政使盛柱暗中察訪[100]。盛柱新到浙江任官，為想得到帝寵當然全力以赴；經過他留心調查，終於發現查抄王家案件有弊，乃向皇帝呈報實情，希望派員來浙徹查。盛柱所稱的查抄案件有弊，主要的是「查出王站柱底冊不符，抽換顯然」。王站柱是當時負責查抄的官員，任職糧道，曾將王家抄家的財物造了三份底冊，盛柱現在就底冊與呈送給皇帝的清單核對，發現了抽換的真象[101]。皇帝得悉實情後，就在九月初一面降諭給閩浙總督陳輝祖要他盡心查辦，不能意存回護。另一方面派出戶部侍郎福長安與刑部侍郎喀寧阿為欽差南

---

[100] 《純錄》，卷一一六四，頁一九～二〇；卷一一六五，頁一八。

[101] 《純錄》，卷一一六四，頁二二～二三。

下查案[102]。福長安一行先到河南傳達帝意給督河的阿桂，要他將河南按察使也是浙江原任糧道的王站柱解任，讓福長安等將他押往浙江審問。後來皇帝又認為阿桂對審理貪案經驗豐富，命令先由阿桂在河南審問王站柱，然後再交給福長安帶到浙江辦理。

阿桂果然不負皇帝所託，很快的將事實真相呈報朝廷了。原來王站柱等人在前一年負責查抄王亶望家產時，查到金銀玉器多種，其中「金約有四千數百兩、銀約有二三萬兩。玉器甚多」，有玉山子、玉瓶等件。陳輝祖等後來呈送這些抄家財物時，動了手腳，變成一些「不堪入目」的東西，顯然有「抽換藏匿、公為欺罔」的行為[103]。皇帝盛怒之下，降旨將陳輝祖及原任浙江布政使現任安徽布政使的國棟二人革職拿問，並調阿桂前往浙江繼續徹查此案[104]。

正在此時，陳輝祖的奏摺也到達京城了，他向皇帝承認有以金易銀的事，並說「布政使國棟面稟商換，並言及金色低潮，恐解京轉難適用，不如另換銀兩，較為實際，遂爾允行。」陳輝祖是想把易金的責任推卸掉，自己只負同意國棟做這件事的錯誤罪，當然這比貪污罪輕多了。後來阿桂到了浙江，陳輝祖在審問時又巧妙的編出了一些理由，說他准許以金易銀也是怕海塘工程用費不足，暫留在浙省以備不時之需，而且易金的銀兩是由仁和、錢塘兩縣分做五次集成的，並將

[102] 《純錄》，卷一一六四，頁一六、二三。
[103] 《純錄》，卷一一六五，頁四～六。
[104] 《純錄》，卷一一六五，頁五、七。

這些銀兩於四十六年底交存庫內，有藩庫收條為憑。阿桂認為陳輝祖所說的不無道理，便照其解說上報皇帝了。如果皇帝也相信這番說詞，那麼陳輝祖便無罪可議了。然而皇帝不但聰明過人，而且又從兩江總督薩載等人處得國棟與王站柱以及其他相關的供詞等資料，確信陳輝祖的解釋不足信，他在同年九月二十四日的一件長諭中，駁斥了陳輝祖的謊言，認為陳輝祖既是為了「金色低潮，解京不便適用」而以金易銀，那為何又將金葉九兩三錢呈送內務府而沒有易銀？易銀是為皇帝使用方便，又何以留庫作為海塘工程費用呢？況且塘工原有存銀，而且是「有銀無絀」，根本不需這筆經費，而此等大事都未「預先奏明」，顯係有矇混肥己之嫌[105]。再說王家藏金四千多兩，銀二、三萬兩，陳輝祖最後呈上的金銀數目僅各為九兩三銀與七萬三千多兩。若以當時金價估算，四千多兩黃金應可換得九萬多兩白銀，加上王家原有二、三萬兩，應有十二萬兩之數，何以短少了四、五萬兩？又據查抄官員指控，陳輝祖確曾「有心侵用」王家五百兩黃金，而前布政使李封因嫁女換得王家黃金五十兩，可見這批查抄的黃金已被換賣，絕非全數用來以金易銀了。至於換得的銀兩存放藩庫並有收條為憑一事，皇帝以為更不值得一駁，陳輝祖根本可以使藩條倒填月日，這是官場習見的事。尤其可以確證陳輝祖抽換不法行為的是他將王家抄得的上好朝珠據為己有，而將自己家中平常朝珠挑選添入充數。又將王家「多寶櫥內玉器取出後，止總列玉器」，結果把一些精品玉山子、玉瓶侵吞了[106]。總之，陳輝祖罪證確實，阿桂也被皇帝責斥輕信犯人的

[105]《純錄》，卷一一六五，頁一三～一六。

狡供。

阿桂等人在皇帝嚴詞責難下，只好再將陳輝祖及當年經手查抄的官員們「隔別盤詰」，終於查出了實情，陳輝祖也供認換金八百兩，並抽換玉器字畫等件，易金銀兩繳庫時確實作弊倒填年月，正如皇帝所想的一樣⑩⑦。不久，河道總督何欲成又上奏，探得陳輝祖在去年曾交給他的妻舅申兆崙白銀三萬兩，「令開典鋪生息」，本年又交他雜金一千餘兩，「囑其易銀營運」，並叫他「勿向人言」⑩⑧。

乾隆四十九年十二月初二日，皇帝以全案審查終結，宣判各犯官輕重不同的懲罰。陳輝祖不思潔己率屬，而侵吞抽換玉器等物，並換金易銀，罪無可逭，處斬監候。前布政使國棟，知府王士瀚、楊仁譽亦處以斬監候。知縣楊先儀、張翥，發往新疆，充當苦差。布政使李封，按察使陳淮著革職，發往河南治河工程處效力贖罪。第二年二月，陳輝祖又因貽誤地方、武備廢弛等罪被命令提前自盡，浙江抽換財物貪案，於焉結束⑩⑨。

另一件與甘肅捐監案並無直接關聯，但多少是因捐監觸發而起的乾隆四十年代貪案，便是山

---

⑩⑥《純錄》，卷一一六六，頁九～一三。
⑩⑦《純錄》，卷一一六七，頁二五～二七。
⑩⑧《純錄》，卷一一六八，頁一一～一二。
⑩⑨《純錄》，卷一一七〇，頁二～五。

東省的虧空與巡撫國泰等官員的受賄案。

如前所述，乾隆四十六年甘肅捐監冒賑一案轟動全國，一百多個官員因案被處死，是清代空前的大貪案。在這件大貪案審理之時，有位御史名叫錢灃的，他對當時的陝西巡撫畢沅提出了彈劾，他說畢沅曾經兩度代理陝甘總督職位，對於甘肅的這些貪官，「近在同城，豈無見聞？」一定是畢沅徇私瞻顧才「不肯舉發」，「甚非大臣居心之道」，應該治罪才對。皇帝認為錢灃的彈劾不無道理，後來給畢沅降級罰款等的處分[110]，錢灃也因此以敢於直言聞名政壇。乾隆四十七年四月，正是新疆浮價採糧案隨著甘肅貪案大興時，錢灃又打鐵趁熱的掀出了與新疆類似的山東貪案，他上奏彈劾山東巡撫國泰與布政使于易簡等官員行賄虧空。

錢灃在奏章中並指出山東巡撫國泰等「貪縱營私，遇有提升調補，勒索屬員賄賂，以致歷城等州縣倉庫虧空」[111]。皇帝看了錢灃的奏報以後，雖然也像以往一樣，隨即指派和珅、劉墉、諾穆清三人為欽差大臣，去山東查案，並命御史錢灃同往。但在不久之後，皇帝又下令叫原任山東按察使新任湖南布政使的葉佩蓀將所有國泰貪跡見聞，「逐一據實迅奏」，同時又命前山東府道現任安徽按察使呂爾昌將國泰的貪贓營私以及與于易簡交結的種種情形，「逐一據實指供，毋許絲毫欺隱」。不過皇帝的肅貪決心似乎不如以前辦理貪案那樣堅強了，因為他在諭旨中提到凡官

[110]《純錄》，卷一一四六，頁一九～二〇。

[111]《純錄》，卷一一五四，頁一〇～一一。

員自首的可以從寬發落，甚至還說出：「朕實不忍似甘省之復興大獄」的話，顯然從查案開始皇帝就表示沒有徹查嚴辦的心意了[112]。

錢灃所彈劾的兩位山東大官，都是大有來頭的。國泰是曾任多年四川總督文綬的兒子，他與和珅的關係很好。于易簡則是大學士于敏中的弟弟，于敏中任尚書、大學士、軍機大臣多年，一直是皇帝的心腹臣工。這些朝廷重臣在政界的勢力極大，而皇帝這次又派了和珅為欽差，對錢灃而言，情勢十分不利，彈劾案能否公正審理，實在大有問題。

據私家筆記所述，和珅原先是想庇護國泰的，在他還沒有啟程赴山東，就先派了一名家丁飛馳山東向國泰通風報信，讓國泰有所準備。後來欽差一行到了山東，審案時國泰對錢灃甚不禮貌，據說：「方讞獄日，國泰忽起立詈御史曰：汝何物敢劾我耶？文清大怒曰：御史奉詔治汝，汝敢詈天使耶？立命隸人批其頰，國泰懼而伏，珅遂不敢曲庇。」[113]「文清」是指劉文清公劉墉，他當時任職左都御史，是錢灃的長官。劉墉在這次查案行動中確是支持錢灃的，從後來清點庫銀一事中也可以證明。和珅一行於同年四月初八日到達山東，國泰由於早有所聞，便向商人借得銀兩，存放倉庫，以便欽差盤查。歷城是錢灃在奏摺中指明有虧空的州縣之一，因而欽差便先往歷城庫

---

[112]《純錄》，卷一一五四，頁四、六～七、一二～一三。

[113] 小橫香室主人著，《清朝野史大觀．清人逸事》，上冊，卷二，頁一九三，「錢南園奏國泰之勇決」條（臺灣中華書局，一九五九年版）。

房查驗。和珅有意曲庇國泰，只以點到為止的方式，將歷城庫房「令抽現銀數十封，即起還行館」[114]，認為庫存無缺，準備輕易通過了。但是這件查點歷城庫銀的事對錢灃而言是關係重大的，因為歷城庫銀若無短少，則他就有誣告之嫌，因此他在和珅離開現場以後，可能得到劉墉的允許，仍留在銀庫裡仔細觀察，結果發現銀色不對，而且一般庫銀都應該是五十兩為一錠的，而歷城庫中存銀竟是兩數不等，多少不齊的，於是他立刻建議封存這批庫銀，以便複查。錢灃回館以後，設法向有關人士打聽，終於探知國泰等人臨時向商人借銀貯庫以應查典之事。錢灃立即派人向各商宣佈，如果借銀的商人不早出面報明請求發還的話，將來他們的借銀就會被沒入作為政府的帑項了。商人當然不願平白的損失錢財，不願也不敢借錢給官府了。第二天，欽差大臣再到銀庫察看時，發現存銀的成色與數量確有問題，而此時借銀的商人也紛紛趕到銀庫，呈報借銀之事，並將銀兩領回終使「庫空」[115]。歷城一地虧空四萬兩之說頓時得到了明證，錢灃上奏的內容也非子虛了。和珅見此情狀，知道無法再為國泰等人掩護，只好在四月中將實情上奏，說道歷城庫存「有挪移掩飾之弊」，國泰也確有「婪貪各屬員盈千累萬」的劣跡，而前任濟南知府馮埏、前任府道呂爾昌均為經手之人，于易簡則「扶同弊混」，犯罪也不輕。對於案中其他有關事項，和珅則向皇帝奏稱：「現在徹底嚴究」[116]。

---

[114] 《清史稿校註》，頁九一九九，〈和珅傳〉。

[115] 《清史稿校註》，頁九二三三二，〈錢灃傳〉；頁九四四一，〈國泰傳〉。

皇帝看到和珅等人的報告後，立即下令先將國泰、于易簡、呂爾昌、馮埏、郭德平一批貪官革職拿問，並查封他們的家產，其中國泰與于易簡二人在和珅返京時，一併押解來京，聽候皇帝親訊⑰。另外皇帝也降諭劉墉繼續盤查東平、益都、章邱三地的庫銀，是否也如錢灃所奏的一樣虧空。至於全案的發展與處理，皇帝也指示了方向：「今朕格外施恩，不欲復興大獄；然不可不徹底詳查，予以期限，令其上緊彌補。」⑱

劉墉等人後來也去了東平等三縣清查庫銀，結果確如錢灃所說的一樣，都有虧空。劉墉除了報告虧空事實之外，又提到國泰等人供稱庫銀虧空的原因是由山東王倫作亂地方平亂費錢而起。皇帝為此事特別駁斥國泰，指出地方凡有亂事，中央都會撥款或是准銷地方庫存，山東從未有人上奏申請，這是地方官的不是，況且王倫之亂所需平亂費用又「何致有兩百萬之多」⑲？顯然是國泰等人平日恣意貪婪而釀成的大虧空，編造的其他理由都是不足信的。

皇帝見案情已十分明朗，各犯也俯首供認，於是在同年六月十一日傳諭將國泰、于易簡二人以貪縱營私、目無法紀等罪處以斬監候，秋後處決。山東前任及現任若干官員均從寬發落，給予

---

⑯《純錄》，卷一一五四，頁一五～一七。

⑰《純錄》，卷一一五四，頁一八。

⑱《純錄》，卷一一五四，頁二一。

⑲《純錄》，卷一一五六，頁一八～一九；卷一一六〇，頁二〇～二一。

降級、調職等的處分。至於虧空的庫銀幾百萬兩，皇帝批准了新任山東巡撫明興的請求，由各官設法彌補，並在兩年內分別補齊[120]。

山東的這件貪案，在處罰官員的情形方面，若與甘肅案相比，顯然太寬太輕了，這也許是如皇帝所說的是因連年大案殺戮官員太多，不忍再興大案了。但是皇帝似乎也是在向現實低頭，貪案是辦不勝辦的，而此案的姑息寬容，對乾隆朝的肅貪工作來說，無異是一大敗筆。

還有兩件發生在乾隆五十年代初期貪案也是與甘肅冒賑有些關聯性的，至少是因為甘肅貪案引起的，應該在此一併敘述。現在先談竇光鼐揭發出來的浙江虧空案。

竇光鼐是乾隆時代的一位官員，他「幼負絕人之資」，又是進士出身，很為皇帝所器重。不過這位學者型的官員相當「拘鈍」，在幾十年的服官生涯中，到處和同事們發生爭執，因此居官不定，經常有降調之事。由於皇帝終究認為他「無大過」，後來便派他出任浙江學政，其時已是乾隆四十年代的末期了[121]。當時正值甘肅冒賑與陳輝祖抽換財物發生不久，浙江省可謂多事之秋。皇帝曾因王亶望與陳輝祖均任職浙江，乃在諭旨中提到浙江通省錢糧「難保無積壓虧欠」之事，命令清查。新任浙江巡撫福嵩乃遵旨在浙江各地驗倉，結果發現當年虧空確有一百三十多萬兩之數。經過四年的彌補，並在皇帝的一再催促之下，到乾隆五十一年初，浙省各府州縣才彌補了虧

---

[120] 《純錄》，卷一一五八，頁一〇～一一；卷一一六〇，頁一二～一三。

[121] 《清史稿校註》，頁九二二八，〈竇光鼐傳〉。

空總共九十六萬多兩，尚缺三十三萬多兩。皇帝想到山東虧空二百萬兩，兩年之內就由各官彌補完成，浙江是殷富之區，何以四年還不能補足一百三十萬兩，可見官員有意違抗命令，「玩視帑項，一味稽遲」，巡撫尤其應負催繳不力的責任。因此皇帝便在同年二月間派出戶部尚書曹文埴、刑部侍郎姜晟、工部侍郎伊齡阿為欽差，前往查案。後來皇帝又降旨命巡撫福崧來京候旨，革布政使盛柱的職位[122]。

曹文埴一行抵浙後曾三次奏報查案情形，所奏大體與福崧以前所報相似，即尚虧空三十多萬兩，現在加緊彌補。不過正在此時，浙江學政竇光鼐上書皇帝了，他說浙江各屬虧空不止三十多萬兩，因為「嘉興、海鹽、平陽三縣之數，皆逾十萬」，「其餘通省州縣虧缺，自不止此數」。皇帝相信了竇光鼐的話，乃於四月間降諭曹文埴等人，責斥他們「有將就了事之意」，命令這些欽差依竇光鼐的指陳各點，逐一詳查，不得瞻徇，應據實嚴加辦理[123]。五月初，皇帝又收到曹文埴與竇光鼐分別送來的報告，雙方各執一詞，曹文埴仍堅持虧空不過三十萬兩，而且「有減無增」；但是竇光鼐則說仙居、黃岩七縣虧欠之數已「多至累萬」，其他各屬加上必然更多。同時他又扯出其他官員貪污事件，如布政使盛柱去年進京，「攜貲頗豐」，「上司進京，屬員饋贐」，形成受賄。又總督富勒渾在浙江「供應浩繁，門包或至千百」等等[124]，如此一來，竇光鼐將案情變得更複雜

[122] 《純錄》，卷一二四九，頁五～七。

[123] 《純錄》，卷一二五二，頁一七～二〇。

了，也更升高了。他不但將貪官人數增多，官位增高，同時又令欽差大臣們有徇情失職之嫌了。

皇帝看了兩方的報告，覺得審案官員之間有了意見，對查案當然不利，於是他做了一些安排，下令先叫曹文埴與竇光鼐諸人「和衷詳查辦理」，希望不要發生互控情事。他又令竇光鼐不必參與工作，因為學政本身責任很多，加上當年是鄉考之年，科考事尚需待辦。至於仙居、黃岩虧空問題，曹文埴應照竇光鼐指陳的各點去查清回報，另外皇帝也派了阿桂前往浙江查辦富勒渾與盛柱二人涉案之事[125]。皇帝的這一連串佈置，可以說是面面顧到的。

阿桂原本是正直名臣，過去審辦多次貪案都令皇帝滿意，此次派他南下，主持徹查浙江貪污虧空案，按理說是合適的。但是閩浙總督富勒渾是阿桂的族孫，布政使盛柱又與未來皇位繼承人十五阿哥（即後來的嘉慶皇帝）有相當的關係，所以此番阿桂查案，在基本上就很難做到公平公正。不久之後，當阿桂上奏報告案情發展時，果然有些耐人尋味的現象出現了。第一、阿桂十分強調盛柱去年進京沒有送十五阿哥任何物件，應解的人參銀三萬九千多兩也已送交內務府了，證明地方貪案與皇太子無涉。這是最令皇帝欣慰的事，盛柱也因此澄清了貪婪，但竇光鼐則就有誣揑之嫌了。第二、阿桂又說他到浙江後查訪所得，平陽等地虧空以及高官受賄之事，都找不到實證，連竇光鼐本人也不能提出人證物證，只是風聞的消息，很難憑信[126]。阿桂審查貪案以證據為

---

[124]《純錄》，卷一二五四，頁三～六。

[125]《純錄》，卷一二五五，頁二～四。

主，非常合理，但這也顯示了竇光鼐的指控有不實之嫌。

由於皇帝相信了阿桂的說法，而自己又有從速結案的心意，所以在六月中下令說明浙省虧空銀兩不像竇光鼐所說的多，只是原任巡撫福嵩催補不力，高官並無貪污確證，著將福嵩調往山西，暫署巡撫之任[127]。

皇帝雖有心從輕發落，並把犯官人數減少；但是在浙江方面，欽差與學政間的暗中鬥爭卻愈演愈烈了。阿桂等又再次上書說竇光鼐奏章中所指平陽等地虧空「俱經嚴密訪察，亦屬非實」，至於被劾的平陽黃梅知縣「丁憂演戲」不孝一節，也是「污人名節」的荒唐無稽之言，幾乎將竇光鼐形容成是一個無事生非之人。皇帝當然也更加憎惡這位學政了，不但在諭旨中斥誡他，並且要他「明白回奏」[128]。竇光鼐知道事態嚴重，但他是個「迂拙」的人，他不懼權勢，反而在向皇帝回奏時指陳欽差大臣被地方官員矇騙，自己沒有親自前往，只派人去平陽查案，根本不能得到實情。關於知縣黃梅母喪演戲的事他是從縣裡學子處聽到的，而平陽的虧空確是黃梅「抗不彌補」所致。黃梅又有「縱令伊子借名派索濫用」的劣跡，只是欽差們「未將黃梅從重辦理」而已。奏報的最後他向皇帝稟告：為了澄清事實，他決定去平陽清查各事，不日再行上奏[129]。竇光鼐集中

---

[126]《純錄》，卷一二五五，頁六～八。

[127]《純錄》，卷一二五六，頁一四～一五。

[128]《純錄》，卷一二五八，頁三～四。

一點以平陽貪官黃梅來求證化解自己的危機，在策略上是正確的，但是皇帝已經下令要他不參與查案在先了，他卻私自逕往平陽，分明是違抗聖旨的。皇帝接到他的奏報以後，十分生氣，於閏七月初，傳旨嚴責竇光鼐，說他身為學政，「置分內之事於不辦」，而「固執辯論」，「袒護劣衿」，狂妄之極，將其交部議處[130]。

平陽縣離省城很遠，竇光鼐為爭取時效，先派了屬下星夜飛馳，到該地招集生童，呈控地方事件。等到他自己抵達之後，便在明倫堂中與縣內生監聚談，搜集知縣黃梅的各項罪狀。他又在城隍廟內，傳集平陽縣的書吏，追究黃梅貪婪款跡。當時「生監平民人等一概命坐，千百成群，紛紛嘈雜」，儼然一幅鬥爭大會的情景[131]。

在竇光鼐赴平陽之時，署理巡撫伊齡阿又上書皇帝，列數竇光鼐的不法抗旨諸事，皇帝也認為竇光鼐的舉動有類顛狂，像似「病瘋」之人，「有乖大臣之體」，乃下令「將竇光鼐拏交刑部治罪」[132]。

竇光鼐知道自己得罪了欽差，也得罪了皇帝，親赴平陽是惟一能挽救自己的辦法，因為只要

---

129 《純錄》，卷一二六〇，頁二～三。

130 《純錄》，卷一二六〇，頁三～四。

131 《純錄》，卷一二六一，頁二～五、二六～二八。

132 《純錄》，卷一二六一，頁二六～二八。

在平陽搜得實證，情勢就會轉變為對他有利的。所幸他這一次平陽之行沒有白走，確是得到不少足以保全他身家性命的證物了。他一面急返省城，一面上奏皇帝，並將搜得的兩千多件田單、印票、借票、收據等證件中的部分，以一天五百里的速度由快驛送往京師。竇光鼐回到浙江省城時，立即被逮捕下獄，成了階下之囚，聽候伊齡阿等人審問了。

乾隆五十一年閏七月二十七日，皇帝收到了竇光鼐的快報與附呈的田單證物，看出「票內一半鈐有官印及伊（按指黃梅）私有圖記，斷非揑造」，也知道了黃梅在任內以彌補虧空為名，計畝派捐，「每田一畝，捐大錢五十文」，「蒞任八年，所侵吞部定穀價與勒捐之錢，計贓不下二十餘萬」[133]。皇帝大為感動，隨即下達兩道諭旨，宣佈要重審浙江貪案，並為此前草率結案做了一些補救。當日兩道諭旨的主要內容約有：㈠皇帝相信黃梅確有勒派侵漁之事，為了服眾懲貪，命令由浙返京的阿桂及江蘇巡撫閔鶚元二人再去浙江，重審此案。另外自浙江起解北上的竇光鼐也轉回浙江對質，以求水落石出。㈡為安撫阿桂等人，皇帝認為查案的欽差們的無意失誤，被地方官矇騙是可以原諒的；惟黃梅貪案必需徹查清楚，按律懲處。㈢竇光鼐的舉止雖屬乖張，然而他執意查案的不撓精神仍是難得，如果他所奏各事經阿桂查證無誤，應予加恩。㈣皇帝開導阿桂應「秉公查訊」，對竇光鼐不應再存芥蒂，以體皇帝「辦事苦心」[134]。兩天以後，皇帝又下令要阿

---

133 《純錄》，卷一二六一，頁三六～三九。

134 《純錄》，卷一二六一，頁三九～四二。

桂見到竇光鼐時，「將伊除去刑具，免其拿問」。黃梅的家產予以查封，黃梅兒子黃嘉圖則逮捕待審[135]。

阿桂等人在皇帝顧全他們的顏面並未予處分下，當然遵照皇帝的指示努力查案。由於後來阿桂的奏報以及曹文埴北上復命時向皇帝當面的呈述，使得案情真相大白了。黃梅供認勒借部民錢文，貪婪銀兩，且不彌補虧空。其子又在外招搖婪索，貽害地方，如此貪贓枉法，「實出情理之外」，死罪是難逃的[136]。

同年九月十六日至二十日，皇帝又連降諭旨三道將此案有關的所有人員，包括欽差、巡撫、學政以及其他的貪官等，都作了批評與處分。他認為竇光鼐雖查案有功，但指黃梅母喪演戲不實以及諸端行為上的冒昧固執難辭其咎，令他來京做官，暫署光祿寺卿。前任浙江巡撫福崧不據實參奏劣員，前任浙江布政使盛柱彌補虧空不力，二人均著免職，交部嚴議。伊齡阿偏聽屬下之言，兩次誣參竇光鼐，著在任聽候部議。至於阿桂、曹文埴、姜晟等欽差大臣，則查案遺漏，「遽為了事」，亦有應得之罪，俱著交部嚴加議處。浙江的另外一些貪官范思敬、黃裕穀、程家纘、田家鍾等人，官官相護，聯為一氣，「最為可惡，不可不嚴加懲治」，著交部嚴處[137]。

[135] 《純錄》，卷一二六一，頁四八～五一。

[136] 《純錄》，卷一二六一，頁一～三、一九～二二。

[137] 《純錄》，卷一二六五，頁一～四。

在浙江的這件貪污案中，雖然出現了一位耿直不怕死的學政竇光鼐，也突顯了乾隆皇帝知錯能改的開放胸懷，這些都是古代官場中罕見的事；但是就肅貪事件本身來說，皇帝對貪官的處分畢竟是輕了一些，這樣的善後是絕對不能禁貪、止貪的。閩浙總督富勒渾「供應浩繁，門包或至千百」的事，最後只是從輕結案，尤足以說明乾隆五十年以後不少貪案辦得不夠徹底。

富勒渾從乾隆二十年代即歷官中外了，他曾經當過四川與湖南的總督，禮部與工部的尚書，乾隆五十年，皇帝因為他在總督中資歷最深，將他從閩浙總督調為兩廣總督。然而當富勒渾上任不久，浙江虧空案就爆發出來了，當時就有不少人對富勒渾的口碑不好，如原任兩廣總督舒常就在皇帝面前說他對富勒渾的操守「不敢具保」。海關監督穆騰額也向皇帝說過：「至其操守，雖無實據，亦不敢下保」[138]。這些滿洲大臣都是皇帝信任的，他們對富勒渾行為作公開批評，當然也使皇帝對他起了疑心。當即下令廣東巡撫孫士毅等人暗中查訪，隨時奏聞。正在此時，浙江學政竇光鼐在揭發該省官員的貪婪行徑奏摺中，也提到了富勒渾累民受賄，特別說明到他的家人作惡多端，「門包或至千百」。因此皇帝在乾隆五十一年（一七八六）五月初下令赴浙江查案的阿桂，對於富勒渾在浙是否「任聽家人婪索」之事，加以調查，諭旨中還特別強調：「富勒渾雖然係阿桂族孫，諒阿桂斷不至稍存回護之見」，應據實復奏[139]。

[138]《純錄》，卷一二五一，頁四～六。
[139]《純錄》，卷一二五四，頁三～六。

不久之後，江蘇織造四德返京，向皇帝面呈富勒渾家人殷士俊在常熟的家產被查封時，竟抄出白銀兩萬多兩，田地六百三十多畝，房屋三間，皇帝認為一個「微賤長隨，擁貲數萬」，必是富勒渾「知情故縱」的結果，下令將富勒渾革職，由阿桂、孫士毅分別「秉公質訊審辦」[140]。孫士毅人在廣東，接旨後隨即展開調查，不久即發現富勒渾的家人殷士俊與李世榮在廣東紛向商人索饋，又以高價強賣人參。同時，「又點派口岸，令出巡等繳銀一萬九千六百餘兩」，存貯私宅[141]。皇帝聞悉後，即令在浙江查案的曹文埴與伊齡阿也參與會審，並對富勒渾加以痛斥[142]。

皇帝雖然一再降諭查辦富勒渾的貪案，但是幾位欽差始終無法判定富勒渾的貪污罪名，因為他們查不出實據，最多只能說富勒渾有縱容家人營私之嫌。皇帝也為此大感不滿，他縱然對富勒渾辯稱勒派各口岸繳銀絕無侵吞之意時駁斥說：「關稅係監督專管，總督不過兼轄，即使稅課缺額，自有該監督回任料理」，富勒渾何必多此一舉?其侵吞入己，實屬顯然[143]。但是富勒渾在案發被調查前已經將銀子交入府庫了，他並沒有吞為己有，這畢竟與貪污不同。

富勒渾一案始終不能證實他是貪污，可能與以下數事有關：㈠富勒渾的家人殷士俊等一直力

---

140 《純錄》，卷一二五四，頁一五～一八。
141 《純錄》，卷一二五五，頁一二～一三。
142 《純錄》，卷一二五五，頁一五。
143 《純錄》，卷一二五八，頁三五～三九。

保家主，為家主擔下一切責任，所有貪贓枉法之事他們的家主全不知情，因此富勒渾的責任就不大了。㈡阿桂等人對富勒渾的貪跡未予徹查，以致無法證明他貪污。事實上在閩浙總督任上富勒渾就向鹽商索取過白銀五萬多兩，只是沒有被揭發罷了。㈢皇帝本人對肅貪似乎也有精疲力竭的感覺，他肅貪了幾十年，貪案仍是層出不窮。此時已是七十六高齡的他深知貪不易絕，所以常有「不忍」興案或是「不蔓延」等不願徹底查案的指示了。富勒渾案如果發生在乾隆中期，相信他必被處死的。

乾隆五十一年閏七月十九日，早於浙江虧空結案前約兩個月，皇帝作了懲處諸人的決定：富勒渾因縱容家人關通婪索，又希圖侵吞公帑，著斬監候，秋後處決，財產充公。閩浙總督雅德不據實奏報，反飾詞保奏富勒渾，著罰銀十三萬兩，以賠補浙江省虧空之數。殷士俊、李世榮立即處絞。阿桂等因判案「寬縱」，交部議處[144]。不久之後，富勒渾又蒙皇上加恩免死出獄，閒居在家，雅德則派往新疆任職，這一貪案就如此從輕的了結了。

乾隆皇帝即位之初，曾經焚香向上天默禱過，如果他能得到上天眷佑，讓他在位六十年，他便傳位給他的嗣子，絕不再依戀皇位。根據他自己的說法是他「不敢上同皇祖（按指康熙帝）紀元六十一載之數」。事實上，他踐位的時候已經二十五歲了，誰能預知自己一定活到八十五歲？結果他竟然做了六十年的皇帝，因此在乾隆六十年秋天，儘管他的「精神康健」，同時又有「聖

---

144 《純錄》，卷一二六一，頁一一～一三。

母諱論」，教他「不當傳位自逸」，再加上很多臣民以及外藩都「不願」他歸政；但是皇帝自己認為當初既已焚香告天，就不能「轉為不誠」，而且讓位給嗣子，並親自舉行「授受上儀」，實為曠古所未有」的事，他決定下令如期「內禪」[145]。

正在軍機處大臣與各有關衙門的官員條議禪位大典時，福建方面爆發了貪污的大案，而且主角又是一位皇家親戚。這些官員「昧良負恩」的行為不但影響皇帝的心緒，同時也確實「有玷覺羅」的尊貴家聲。

福建這一貪案的涉案官員包括總督、巡撫、布政使、按察使等大吏，贓銀的數量也相當可觀，現在就史料所記分述大要如下：

此案關係最大的高官是閩浙總督覺羅伍拉納與福建巡撫浦森。伍拉納是滿洲正紅旗人[146]，浦森則是漢人，籍貫浙江嘉善。伍拉納自乾隆五十四年（一七八九）出任閩浙總督後，即以嚴厲治事著稱。他不但捕殺天地會徒眾，又細密稽察沿海人民渡臺，引起地方不安。乾隆六十年（一七九五），臺灣陳周全舉事，皇帝令伍拉納赴臺灣平亂，伍拉納最初只在泉州一帶指揮，後來臺灣亂平，伍拉納想以鹿仔港巡檢朱繼功以喪去官而引起動亂為由，參奏繼功，並建議將朱氏奪官戍

---

[145] 《純錄》，卷一四八六，乾隆六十一年九月三日條。

[146] 《清史稿》，記伍拉納為滿洲正黃旗人，但據清國史館〈大臣傳〉稱為滿洲正紅旗人，又清史館陳曾則輯〈伍拉納傳〉亦作正紅旗，故本文以滿洲正紅屬人為稱。

新疆。皇帝對伍拉納的作法極為不滿，認為是「伍拉納畏葸遷延，乃欲以此自掩」。正在此時，福建漳、泉一帶又發生水災，人民飢貧交迫，乃有「鬨集乞賑」的事，伍拉納為隱飾災情與民間不安，未向皇帝報告。福州將軍魁倫後來乘伍拉納赴臺灣之時，上疏詳述地方實情，提到伍拉納與浦森等人「治獄多未協」，水災後人民「多入海為盜」等事。皇帝聞悉後大怒，下令將伍拉納與浦森二人免官，而以兩廣總督長麟與魁倫二人兼代督、撫。魁倫兼署巡撫後，立即向皇帝報告福建各州縣倉儲普遍虧空以及伍拉納等謊報庫存等實情。乾隆帝因而下令長麟查辦[147]。長麟也是滿洲貴族，隸正藍旗，而且是進士出身，官聲原本不壞。不過伍拉納一案他沒有盡力徹查，只以福建布政司庫周經侵占庫帑八萬多兩上報，想懲辦一個小吏來大事化小，了結此案。長麟如此「瞻徇」，可能因為伍拉納與權相和珅有姻親關係[148]。皇帝了解長麟的伎倆，隨即降諭嚴責長麟，並說：「卸罪於周經，將該犯正法滅口，而伍拉納、浦森惟自認糊塗失察，遂可了事，有是理乎?」[149]長麟接到皇帝斥責的諭旨後，不敢再包庇伍拉納等人罪狀了。他只好再上奏舉發伍拉納、浦森的貪瀆，說出「福建鹽務有湊送經費一款，自乾隆四十四年起，歷任總督，收受銀二萬兩至五萬兩不等。伍拉納任內收過銀十五萬兩。巡撫浦森於五十七年索銀二萬兩，均係按引攤派。……」

---

[147] 《清史稿校註》，第十二冊，頁九四四五。

[148] 《清史稿校註》，第十二冊，頁九四七九。

[149] 《純錄》，卷一四八六，頁三〇下。

同時伍拉納、浦森又「兩次各得受廈門同知黃奠邦銀九千二百兩」等事。皇帝了解貪案實情後，立即下令查抄兩犯家產，結果竟發現「浦森原籍貲財查出現存銀錢、及埋藏銀共二十八萬四千三百餘兩，房屋地契共值銀六萬餘兩。金七百餘兩，其餘朝珠、衣服、玉器等物，尚不在此數。而伍拉納先經查抄京中家產內如意一項，多至一百餘柄。」[150]難怪皇帝說出：「此與唐元載查籍家財胡椒至八百斛何異」的話來。伍拉納與浦森二人後經皇帝親自在朝廷中審問，他們也都「供認婪索不諱」。皇帝因此認為「伊等身為督撫，而蕩檢踰閑，婪贓藐法，至於此極，實屬昧良負恩，罪無可逭。」[151]乃下令軍機大臣會同刑部重定擬具奏。不過，乾隆帝也暗示大臣此案不必嚴辦，他曾降諭說：「查訊明確後，此案即可完結，以免牽連。朕辦理庶務，準酌情理，折衷至當，於懲創之中，仍寓矜全之意，所謂不為已甚去已甚也。」[152]因此此案最後處分的官員可謂牽連不多，只有案情重大的受到如下應有的懲處：

伍拉納與浦森在京中即行處斬，「並派倉場侍郎室宜興、刑部侍郎阿精阿監視行刑」[153]。

福建布政司伊轍布雖因病身故，「倖免刑誅」；但是皇帝仍恐怕他「別有畏罪自盡情弊，著

[150]《純錄》，卷一四八八，頁一二下。
[151]《純錄》，卷一四八九，頁一三上。
[152]《純錄》，卷一四八八，頁一七上。
[153]《乾隆朝上諭檔》，第十八冊，頁八一九（北京檔案出版社發行，一九九一年六月）。

魁倫等嚴查據實具奏」，以明真相[154]。

按察使錢受椿曾接受「朝珠呢羽繡料等物」，又得受長泰縣「顧掞金葉三十兩」，貪贓屬實，他在京中受審後又被送回福建，「夾二次，重笞四十，乃集在省諸官吏處斬」[155]。

庫吏周經犯了「侵虧帑項多至八萬餘兩，實屬目無法紀」，後來在福建正法了[156]。

長麟與魁倫二人，皇帝最初也不滿意他們，認為長麟「一味沽名取巧」，魁倫則「未諳地方事務」，曾經分別受到處分。原先是罰長麟、魁倫二人革職，並令長麟自備資斧往新疆效力贖罪的。後來皇帝開恩，給予長麟副都統銜，赴葉爾羌辦事，不久後又升官為庫爾喀拉烏蘇領隊大臣。魁倫則因此一貪案是由他發覺的，不但沒有正式革職，反而讓他兼署閩浙總督，可謂更上層樓了[157]。

此外，有關伍拉納、浦森、伊轍布、錢受椿等人子嗣，皇帝下令「如係官職生監概行斥革，俱著照王亶望之例，發往伊犁充當苦差」。這批受牽連的下一代直到嘉慶四年才幸運的因大赦而釋放回來[158]。

---

[154] 同上書，第十八冊，頁八一四。

[155] 《清史稿校註》，第十二冊，頁九四四六。

[156] 《純錄》，卷一四八九，頁一七下。

[157] 《純錄》，卷一四八八，頁一六下；卷一四八九，頁一七下；《乾隆朝上諭檔》，第十八冊，頁八一五；《清史稿校註》，第十二冊，頁九四四八。

從以上這些乾隆朝的貪瀆案件中，我們不難看出一些值得注意的事實：

㈠乾隆皇帝的肅貪工作雖然歷時數十年，處分的大小貪官無數，而且不分滿漢，不論親疏，確是難能可貴。然而辦者自辦，貪者自貪。竟有父子相繼因貪案伏誅的，也有通省大小官員共同參加貪瀆的，直到乾隆皇帝內禪的前夕，仍有福建滿漢官員合作的貪案發生，顯然這六十年間的肅貪成效不彰。

㈡乾隆年間的大小貪案中，除兵部尚書鄂善一人是中央部院大臣外（鄂善是否因受騙認罪，尚有待探討），其餘各貪官都是地方督、撫、藩、臬、學政、鹽政、辦事大臣以及一些牧民之官。他們都握有實際政治特權，利用職務上的便利而以非法手段謀取經濟利益的，可見貪案的發生必與服務環境以及財政資源等事有關。

㈢在乾隆朝眾多的貪案中，皇帝辦案的態度值得注意。他辦理盧焯案時相當重視民意；高樸案的速審速決則是多少顧慮回民的反側問題；李侍堯案他一反傳統諭令全國督撫各抒己見以作參考；竇光鼐的違旨他又表現勇於認錯的開放胸懷，在在說明了他與他父親雍正皇帝的重法情形不同。

㈣各案涉嫌官員中有滿有漢，有皇親國戚，也有中外官員，而且有些案件還是滿漢合作，或是朝中權臣暗中保護而發生的，甚至皇帝與皇子都有可能牽涉在內的，互相包庇可說是常有的事

---

⑱《乾隆朝上諭檔》，第十八冊，頁八一五；《清史稿校註》，第十二冊，頁九四四六。

實。

(五)大多數參與貪瀆的官員是正途出身的讀書人，但是這些「儒官」終於變成了「貪吏」，可見聖賢訓示未必能產生重名節的效果。

上述乾隆朝貪案中發生的這些現象，似乎也可以讓我們了解當時肅貪工作不能奏效的若干原因，例如：

第一，乾隆三十年代以前的若干貪案，都是以極嚴厲的手段處置的，不論山西布政使薩哈諒、學政喀爾欽、湖南布政使楊灝、雲貴總督恆文、山東巡撫蔣洲、鹽政高恆、貴州巡撫良卿、雲南布政使錢度，或是兵部尚書鄂善等人，個個都處以極刑，而且牽連也廣，不少屬官遭到革職的命運，甚至還有些犯人的子嗣也被充軍為奴的。這種從嚴議處的政策是為整飭官場風氣，「以為貪婪者戒」的。可是到乾隆四十年以後，皇帝辦理貪案的想法不同了，他常說些不忍興獄，不要蔓延的話，有時還要官員們從速結案，以免牽連。他以為這樣的做法是「於懲創之中，仍寓矜全之意」；但是他的寬厚仁政卻使肅貪工作變成始嚴終懈了，這可能是乾隆朝肅貪不具成效的重要原因之一。

第二，懲治貪污應該有一定的罰則才能徹底，才能生效，不能因人而異或因事而異。浙江巡撫盧焯一案最後以「完贓」減罪，使盧焯能東山再起，得到善終。可是湖南布政使楊灝在限期內繳清了贓銀，卻仍保不住性命。鹽政高恆因貪案處死，他的兒子卻未被牽連，反而歷任高官。貴州巡撫良卿受賄貪贓處斬後，他的兒子富多、富永二人不但被銷去旗籍，還發往邊疆為奴。同是旗下屬人，待遇竟有不同。蔣廷錫的兒子蔣洲、慧賢貴妃的弟弟高恆都在皇帝不顧情面下伏法了。但是阿桂的族孫富勒渾則得到從輕結案的收場，儘管皇帝知道他曾經向鹽商索取過白銀五萬多兩，而且在十年後，同樣以貪索鹽規的伍拉納等則又被視為貪贓處決了。凡此種種，都說明了乾隆朝肅貪定罪時常有雙重標準的。

第三，整肅貪污的工作，從來是怕有權勢的人出面或在暗中關說與庇護的，官官相護無異是保障貪污，乾隆朝在肅貪過程中不幸就常有權臣干擾，以致效果不盡理想。雲貴總督李侍堯犯的貪污罪，比起薩哈諒、楊灝，或是恆文、伍拉納等人來，都有過之無不及，可是在和珅的庇護下，「出自聖恩」赦免了他的死罪，並於不久後再任封疆大吏。兩廣總督富勒渾則在族祖阿桂的有心安排下，始終無法判定他的罪名，結果得君恩免死。權臣曲庇貪官如果只為親情而起，尚有可說；若是因牟利而發則更為可怕了。乾隆中期後的不少貪案都隱約牽涉到和珅，甚至有些是貪官為供應和珅錢財而犯案的。難怪薛福成後來說：「非其時人性獨貪也，蓋有在內隱為驅迫，使不得不貪者也。」

第四，乾隆朝肅貪不成的另一項原因可能與皇帝本身有關。以下四點，也許可為說明：㈠如雲貴總督恆文一案即與「貢金」有關；高恆案中的虧空確是「辦貢」的影響；高樸是利用以採玉「辦貢」的機會大飽私囊的。皇帝如果沒有欲望，相信貪案可能就不會發生。㈡乾隆皇帝在中期之後的十全自滿心態，也有助於貪污的發展。因為要粉飾太平，掩蓋醜事，儘量把案情大事化小，如此反而起了姑息寬容的壞效果，貪案那能肅清？㈢乾隆皇帝一向標榜他的中道思想，辦理政事是寬猛相濟的。他認為「殺一儆百」是法治的完美境界，因此在肅貪工作上也表現了若干年才辦一次的作風；然而貪案如果不徹底追查，不持之以恆，對肅貪都是不能竟其全功的。㈣專制時代的皇帝常要貪官的不斷奉獻而肥己是確有的事，更壞的是懲辦貪官而後抄贓入己，最後皇帝成為貪贓的最大受益者，乾隆皇帝可能也是這樣的君主。我們從現存的清宮檔案「密記檔」中得到一些證實，同時內閣學士尹壯圖在乾隆五十五年所說的一番話也值得我們玩味：「近有嚴罰示懲，而反鄰寬縱者。如督撫自蹈愆尤，不即罷斥，罰銀數萬，以充公用，因而督撫等自認應罰若干萬兩者，是罰項雖嚴，不惟無以動其愧懼之心，且潛生其玩易之意！」

總之，乾隆朝六十年間，皇帝雖不時的大興獄案，懲治貪污；但是貪案仍是層出不窮，貪官可謂前仆後繼，《清史稿》裡有一段話，對其原因做了一些註腳：「高宗譴諸貪吏，身大辟，家籍沒，僇及於子孫。凡所連染，窮治不稍貸，可謂嚴矣。乃嘗私玩法，前後相望，豈以執政者尚貪侈，源濁流不能清歟？抑以坐苞苴敗者，亦或論才宥罪，執法未嘗無撓歟？然觀其所誅殛，要可以鑑矣。」[159]持論也是相當公允切合的。

---

[159]《清史稿校註》，第十二冊，頁九四四六。《清史稿》原書「抑」字作「仰」字，今從清史館金兆蕃輯〈浦森傳稿〉作「抑」字。

略論清代族譜學的發展

——以《武嶺蔣氏宗譜》為研究中心

一、小引

民國三十七年（一九四八）十月，《武嶺蔣氏宗譜》成書時，陳布雷先生在卷末的跋文中說：

> 布雷等纂修是譜，承武進吳先生（按指吳敬恆先生）之指誨，歷時一載，始克完成。舊譜慎於稱引，少有考論，篇帙較簡。今追考先系，上暨漢世，旁徵故事，甄錄藝文，並參稽往牒，斟酌損益，更定體例，計分十一目，都三十二卷，發凡起例，具詳卷首，限於時日，愧未能悉臻善備也。至商榷體例，考訂史事，自列名纂修諸同人外，若鎮江柳先生詒徵、慈谿馮君貞群、蕭山朱君鼎煦、瑞安伍君俶、石城陳君方、鄞童君第德、奉化王君宇高、

孫君詒，並多啟助，而海寧蔣君復璁，供給圖籍，吳興陳君希曾、常德譚君釐之，督飭校印，亦與有勞，敬著姓氏，以誌不忘。❶

據此可知：《武嶺蔣氏宗譜》纂修時，蔣復璁先生在「供給圖籍」方面是「亦與有勞」的。今年（一九八七）欣逢蔣先生九十嵩壽，我想以這部民國以來的名譜之一做些研究，作為對慰老祝壽與尊敬的禮物，應該是更有意義的。

二、《蔣氏譜》中所見清代族譜學的發展

吳敬恆先生在《武嶺蔣氏宗譜》的序言裡說：奉化蔣氏族譜的編纂，始於元代的《龜山集》，其後在明代有洪武與天順的兩修，在清代有康熙、乾隆、嘉慶、道光、咸豐、光緒等八次修纂，在民國時代有七年與三十七年的兩修❷。如此首尾算起來，前後一共十三修。若以時間來說，從元末至正二十三年（西元一三六七年）到民國三十七年（西元一九四八年），共歷五百八十多年，前後相接，綿延不斷，這樣的族譜，雖在江南富饒地區，人文匯萃之地，實在是不多見的，而且

❶《武嶺蔣氏宗譜》卷三二文末（民國三十七年，上海中華書局刊印）。

❷同上書，卷首，民國三十六年，吳敬恆「武嶺蔣氏重修宗譜」序。

清代以後，蔣氏遵照古禮，每三十年一修，尤其難得。雖然《蔣氏譜》舊本的內容因多已散佚而不能盡窺全貌，然而舊譜的序例則大多收錄在民國三十七年新修本的〈舊譜考〉中，可謂相當完備，我們也從而了解蔣氏一族源流發展，並可看出中國近代族譜學演進的痕跡。現在我就以《武嶺蔣氏宗譜》中的有關資料，給清代族譜學的發展情形，作一番觀察與鉤考。

入清以後，蔣氏第一次重修宗譜是在康熙三十八年（西元一六九九年），這一次的纂修工作是請了一位名叫梁素的先生執筆，梁素是當地的庠生，他在序文中說：

事有微且易而實關風俗之盛衰、人心之萃渙者，莫修宗譜若也。每見世家大族有譜而不知修，殘缺失次，遲之又久，而先世之緒罔然，由是昭穆不明，親疎莫辨，裔之命名依然同祖考而莫之察，先人塋兆視為狐丘野骼而莫之稽，情誼疎而族禮廢，人心日漓，風俗日壞，其咎曷可勝悼哉！此孝子仁孫每胥胥於修譜者，蓋為風俗人心計非淺也。三嶺蔣氏自宋金紫浚明公肇居斯土，科名奕葉，袍笏相繩，為剡川望族，延今七百五十餘年，子孫散居郡邑者，不一其族，而咸稱三嶺為祖址，若夫譜牒之不講已越五百餘年。康熙己卯，三嶺賢嗣若守金國玉氏、守學國秀氏、昌胤君佐氏、邦彥碩侯氏輩，興起其敬祖睦族之念，重修宗譜，延余司厥事。及閱舊譜，始知蔣氏自遷鄞始祖以下，世有系圖刊本，跡雖存無考。元至正間十一世孫德淳先生諱樸者，手編家史名《龜山集》，未脫稿而逝，其子嘉議大夫子杰公自洪武十六年續其編，分為十八卷，詳見舊序中。天順間，十六世孫文正復起而錄之，僅存譜原、世系二項，其餘制誥、墓志、傳、序、詩文等類，竟無片字，余不敢妄為補綴，率照舊本，信者書之，疑者闕之。至於世系前以十世為一圖，非法也，今遵歐陽譜例，以五世為一圖，取五世服盡之義，而特立統宗圖於前，使一源萬派，昭若日星，閱是圖而上下判然矣。於戲！世家大族莫不有譜，有譜而不知修則與無譜等。……今諸君不為眾論所撓而毅然成其事，使金紫之統，煥焉一新，其餘諸派，相遞而舉，閱是譜而知千枝一本，萬派同源，親親長長之義有不油然而生，勃然而起者乎？由是人心萃而風俗淳，袍笏相繩之盛，可復期於今日矣。諸君子洵有光於宗祖哉，故喜而為之序。❸

從梁素的這一篇序文中，我們可以看出：蔣氏在武嶺一族的先人，在元代至正年間就想纂修宗譜，當時主其事的是十一世孫蔣德淳；不過這部定名為《龜山集》的家史並未完成，而蔣德淳就逝世了，直到明初洪武年間才由他的兒子蔣子杰續編而得以成書，當時修成的族譜共十八卷，書中有序、譜原、世系、制誥、墓志、傳、詩文等類目，就內容而言，顯然已經不似晉唐時代僅以富貴相矜，而專記先人宦績的簡略形式了。清初康熙三十八年重修時，梁素又「不敢妄為補綴，率照舊章」，因此我們可以了解：蔣氏這一支系的族譜從元末到清初，內容改變是不多的。然而清代

❸ 同上書，卷二〈舊譜考〉，頁三上。

二百多年之中，蔣氏譜又經八次重修，體例與書法都因時代改變而有所更張，現在我們就從這一方面來談談清代中國族譜學演進的大概。

先談修譜的大宗旨：

我們知道，在中國族譜學的發展史上，漢唐是一個階段，宋代以後又是另一個局面。漢唐之間的族譜特色正如唐代柳芳所說的：「乃漢尚官，魏晉尚姓，南北朝尚詐，譜之弊又復如此。」❹如果歸納上述三項來說，一言以蔽之，就是自漢至唐，中國大戶人家的族譜，意在光耀門第而已，而且藉族譜以證明家世身分，以作入仕途與聯婚姻之用。宋代以後，修譜的目的有重大的改變，以尊祖敬宗、化俗恤族為主要宗旨了。到了南宋元初，譜學家又採用正史的體例來作族譜，因而族譜的內容擴大，遠非漢唐時代可比。梁素在康熙三十八年所作的譜序中說：「情誼疎而族禮廢，人心日漓，風俗日壞，其咎曷可勝悼哉！此孝子仁孫每胥胥于修譜者，蓋為風俗人心計非淺也。」又說：「閱是譜，而知千枝一本，萬派同源，親親長長之義，有不油然而生，勃然而起者乎？由是人心萃而風俗淳。」可見梁素是「率舊章」而以敦人倫為要件的，這也是宋明以來中國譜學的大潮流、大趨勢。

康熙五十五年（西元一七一六年），蔣氏再修族譜，由族人景文倡議續修，同縣夏霖等人主

❹ 見明代學者焦竑《澹園集・汪氏族譜序》，明萬曆丙午（三十四年）刊本，臺北中央圖書館藏。另《新唐書》，卷一九九〈柳沖傳〉亦請參考。

纂。夏霖的序文中說：「……景文造門言前所談譜事，適遇祖祀，闔族齊集，家大人告諸尊長曰：欲上表先代明盛顯達，以垂之世世，下辨異同，別親疎，分遠近，以明祖宗一本之傳，非譜不可。諸父兄以為何如？眾皆樂從。……於是自己未年孟冬月至丙申年季秋月告成，共二卷。……」❺另一纂修人夏政也有序文說：「……景文慨然曰：家之有譜，猶國之有史也。宗譜不修，昭穆易紊，何以正名定分？世遠年遙，必致湮沒不傳，後雖欲修，已無及矣。」❻同書又有毛家成的譜序一篇，其中有云：「今不修（譜），必致紊亂無序，而倫理乖矣。」又說：「彙成一譜，使世次分明，彝倫攸敘，可永守之弗替者，皆諸子之力也。蘇氏譜曰：觀吾譜者，孝悌之心，可油然而生。今閱斯譜，為子孫者，知慎守焉，則尊祖敬宗，孝友睦婣之意，必有感發而興起者矣！」❼以上幾位修譜和作序的人，他們一再強調睦親族，化風俗，甚至有以家譜為國史的，實際上這是明代以降，族譜學發達的一般結果。

乾隆二年（西元一七三七年）的重修蔣氏宗譜，在武嶺蔣氏族譜史上，堪稱是一部佳作。不但參與修纂的人具有學識，族人也表現了熱心，他們通力合作。在內容方面可以說吸收了宋、元、明、清族譜學術的精華。當時又逢清代盛世，民生安樂，經濟富足，自然易於出現好的譜書。乾

❺《武嶺蔣氏宗譜》，卷二，〈舊譜考〉，頁三下。

❻同上書，卷二，頁四上。

❼同上書，卷二，頁四下。

隆二年重修的這部《蔣氏譜》，就大宗旨而言，顯然更深入更廣大了。從根本上就要使族譜成為家史，而且是可信的家史，正像國家的正史一樣。在主修人之一的唐禪自序中說：「儒者皆言輯譜同於作史，謂公而無私，直而無曲，誠而無偽，方而無隨，斯史足稱信史，譜足稱實譜也。」[8]族人蔣元鳳的序文中也說：「說者謂家之有譜，猶國之有史，能有功於人心世道一也。」[9]由此可知：清初譜家受明代學者影響不小，都以家史比國史，而且也講求家史能對人心世道有裨益。後世學者中有說族譜即家史之說首倡於章學誠，章氏生於乾嘉之世，他的譜學譜論顯然是承前人之說，這在《蔣氏宗譜》裡我們確是可以證明的[10]。

其次，從乾隆二年重修的這部《蔣氏宗譜》中，我們還可以了解當時人修譜的宗旨已不限於小我的家族範圍，而目的更擴大到大同的思想，所謂「一道德，同風俗」了。同書中又有族人蔣

[8] 同上書，卷二，頁四下～五上。

[9] 同上書，卷二，頁五下。

[10] 清儒章學誠在《文史通義》中多處談到中國族譜學的演變、體例、功用等問題，後世學者如梁啟超等都以為章氏在族譜學與方志學諸方面有大貢獻與新發明。然而近年以來，學界有新看法，如盛清沂先生即認為章氏譜學支離瑣碎，且多得之古人，對譜學並無重大發明（請參看盛清沂著〈論章學誠的譜學〉，聯合報文化基金會國學文獻館主辦第一屆亞洲族譜學術會議紀錄，頁一三一～一七七，民國七十三年初版，臺北）。

大盛的一篇序中有：「……各親其親，各長其長，而原於一本。覽諸譜牒，瞭然明白矣！譜非徒紀宗族之世次，而一道德，同風俗，俱由於是，修譜之所系顧不大哉！」⓫

乾隆二年所修的這部《蔣氏譜》中，尤其強調修譜對世教的好影響，如蔣元鳳說：「斯譜也，尊祖睦族，以致其親親長長之心，不由是益篤乎？況嘉言懿行，著諸簡編，無不可法可師乎？譜之為功於人心世道較易於史也，譜豈可無乎哉！」⓬

自乾隆二年以後，下迄清末，《武嶺蔣氏譜》又續修了五次，就大宗旨而言，多依乾隆二年本，未作大幅改變，但是也有兩件值得一述之事：

第一、講求每三十年一修的古禮：如乾隆三十三年重修本中有何紹南的序文說：

粵稽文公家禮，三十年一小修，五十年一大修。文公何以紀年也，若數十年內，則祖父之言猶在耳，行猶在目，名號猶在口，生卒配葬猶在記憶中也，從此序述，自無闕疑，寧不可信今而傳後哉！但曠隔日久，必致殘缺而失次矣，雖有孝子慈孫，亦無由稽考耳。⓭

⓫ 《武嶺蔣氏宗譜》，卷二，〈舊譜考〉，頁五下。

⓬ 同上書，卷二，頁六上。

⓭ 同上書，卷二，頁八下。

嘉慶四年重修本中也有族人祁達提到：

> 吾族之譜，自康熙五十五年一修，至乾隆二年又一修，至三十二年又一修，迄今已三十年有奇，董事恪遵文公家禮，延江氏、徐氏、唐氏諸先生修輯之。⓮

其後道光八年、咸豐八年以及光緒十四年又經三修，時間都是每次相隔約三十年。

第二、講求內容與刊行的改善：乾隆二年本在內容方面確已增多與改進很多了，計有世綸、世範、源流、村居十景、世系統宗圖、本紀、外紀、世芳、列傳、文藝、世祀錄等類目。乾隆三十三年本則增家規、祀典等項。咸豐八年本族人開家則說：「凡所謂世範、世傳、世芳，俱悉遵先師遺意，此外山水、人物、嘉言懿行，廣採詩文，間參己意，以為他日徵文考獻之助，但未知可告無罪於厥祖否也？」⓯可見這次重修本在內容方面又有了增加。另外乾隆三十三年本中，族人繼輩有序文說：「是譜也，較之先年寫本，相去天淵，可謂全璧矣，有不與國史郡誌可並傳不朽哉！」又說：「付之梨棗，越數月而告成。」當然《蔣氏宗譜》有木刻印刷本似自這次重修才有⓰。

⓮ 同上書，卷二，頁一〇下。

⓯ 同上書，卷二，頁一二上。

再就《武嶺蔣氏宗譜》中的書法問題，來談一談清代族譜學發展的情形。族譜的書法，可以分為書世牒、書善惡等幾項來深入探討。

㈠書世牒：世牒一名，也有稱為小傳、世傳或世譜等的，起源於歐陽修譜例圖表之後的小傳。元、明、清各代相沿為例，直到盛清之世，章學誠才定名為世牒。《武嶺蔣氏宗譜》中也沿用世牒，淵源即在於此。世牒的內容，所記載的都是人生常具有的事，例如字、號、別號、一個人的生死時間、功名、官爵、學歷、葬地、墓向、子女人數、繼、祧等事。另在本人的名字之下，又兼書配偶的出處、及其生死時間等項，書寫方式，大體一如其本人。這樣的詳細記載，也是族譜學歷代演進而來的，其盛行時期應在明清以降，不過也不能一概而論，因為作者學術水準有高下，如果修譜的程度不好，成書的族譜就難以達到這種地步了。再者家族中的文獻資料多寡，也會影響這方面的工作，即一家如果有關先人的資料殘缺不多，世牒的修撰當然就有問題，至少內容不會太好的。

《武嶺蔣氏宗譜》中所記的世牒，代表了族譜在這方面演進的過程。如在先系考中，因為早年資料的缺乏，或是認定的困難，所以只有考證，而沒有世牒。自五代第一世祖蔣光起，至十六、七世明代中葉止，世牒的寫作，仍然不完全，或書本人而不及配偶，生死日期或只書月日，而不寫年代的。其他像葬地等很多都是缺著不寫，這當然是舊譜簡略，資料不足緣故所造成的。明清

⑯ 同上書，卷二，頁九下。

之際，資料多了，記事也逐漸詳明了。如第二十世名「一芝」的世牒就可以舉出作一說明：

> 一芝：一名曰芝亨，鈿子，徙居嵊縣五都四明李家洋。明崇禎七年甲戌八月二十六日子時生，清康熙十四年乙卯正月初十日亥時卒。配江氏，崇禎五年壬申十月二十四日辰時生，康熙二十七年戊辰四月初九日申時卒。合葬張家田坂繞塘墩，坐南朝北。子三：萬化、萬和、萬選。女一：適奉化泉井塘。⓱

另外《武嶺蔣氏宗譜》的〈舊譜考〉中，附載了舊譜凡例二十八條，仔細閱讀其內容，可以看出多係作成於乾隆二年，後來歷次續修譜書，雖然偶爾略有增加，但所增的為數無多。在這二十八條凡例當中，已經有了書婦女的規定，這應是進步的表現，也從而說明清代族譜學在這方面發達的部份情形。凡例中有：

> 世傳首書行諱、字、號；字、號不存，止於行諱而已。至於生卒、配葬，則概書之，所以竟其存歿之詳也。
>
> 女子適人必書；適某處、某人第幾子某。或流遠派微，疏闊不能詳者，止書適某氏。⓲

⓱ 同上書，卷二二，頁一～二。

乾隆以後的蔣氏續修譜中，女子的地位已顯著的與時進步，獲得提高。如清代中期的一例就很明確：

祁忠，字靖心，繼平次子，鄉賓，清乾隆二十九年甲申九月十八日酉時生；道光二十一年辛丑四月二十八日申時卒，壽七十八歲。配張村張氏，乾隆二十七年壬午十二月初三日戌時生；乾隆五十八年癸丑七月初二日卒。繼配六詔孫氏，乾隆四十一年丙申三月十五日卯時生；道光二十八年戊申十一月十四日戌時卒，壽七十三歲。合葬象鼻山。子四：斯玉、斯璇、斯琳、斯琨。女三：長適棠陝江沛雲；次適狀元陝國學生周仁足；三適沙堤樊祖壽。俱孫氏出。⑲

這一段世牒，對婦之所自，女之所適，以及子女之所出，都說得很清楚，可見族譜學在清代是向前發展的，是在進步的，尤其是婦女地位的逐漸提高，很值得我們注意。

(二)書善惡：我國族譜，自宋代以後，就以尊祖敬宗、宏揚家族倫理教育為主旨。因此，歷代譜家對於族譜書寫善惡的方法，都非常講求。有人主張記家族之事，不妨隱惡揚善，實際上很多

⑱ 同上書，卷二，頁一五下、一六上等處。

⑲ 同上書，卷二二，世牒七上、頁九下。

人是採用這種方法的。但是也有人主張善惡直書的，認為不論好事壞事，都應該記述；如清代學者劉大櫆修劉氏族譜時，就是以春秋筆法，善惡直書，以寓勸戒。也有人強調要書惡而意在言外的，所謂雖隱而彰之，如蘇老泉的譜例多少屬於這一類。《武嶺蔣氏宗譜》對於書善惡一直就很注重，每次修纂，多有深論，大體說來，似取折衷辦法，以表善知恥，勵其心志為本；不過對於寓揚善貶惡之義，始終是沒有改變的。如乾隆二年重修《蔣氏譜》時，作者之一的唐禪就說：

> 儒者皆言輯譜同於作史，……然吾謂大同之中亦有小異。蓋朝廷之法，有賞有刑，故史官取裁，有褒有貶，則於奸宄無不顯揭，以示懲創。宗族之情者，有喜無怒，故譜家采錄有予無奪，則於疚慝，亦必隱諱，以示寬容，良以庶臣庶民異類，彙集無庸以恩掩義，而群昭群穆，合本分支，不得以義掩恩，所謂大同而小異如此。或曰黑白區分，從違方有定準，薰蕕蒙昧，勸戒何有成規，不知令行禁止有並用哉；舉直錯枉亦有偏務者，夫好榮惡辱，人皆有是心也，見有令聞廣譽，施於道明德立之賢，未嘗不反身內省而恥己之靡及者，恥斯憤，憤斯勤，勤斯至矣。美哉，舜舉皋陶，湯舉伊尹，而不仁者俱遠，要是激厲其恥心為之也，恥之於人大矣！⑳

⑳ 同上書，卷二，頁五上。

同上乾隆二年重修本中又有蔣鳳元序云：

……孔子之作《春秋》也，曰：其義則邱竊取之矣。敦庸命討，無少假借，於以繼雅詩而維王迹，遐哉不可及也。後之作史者倣而行之，善有褒，惡有貶，功有奬，罪有誅，是是非非，大義昭揭今古，如日月之麗天，江河之行地，能使讀其書者，善心由是而感，逸志由是而懲，此史之功而不可無也，譜則第舉族之為忠臣、為孝子、為義夫、為節婦、與夫秀良之彥，大書特書，以示褒嘉。茍非其人，不得濫予，黜惡之意已寓於奬善之中，為勸為懲，與史無異。㉑

下至清朝末年，蔣氏一族再修宗譜時，作者蕭湘自序中有新論出現，他認為「彰善諱惡」，終究不是好辦法，也非恰當，他說：

且夫今之所謂經，皆古之所謂史。史家有褒有貶，為後世法誡，炳如日星，而求之《詩》、《書》、《春秋》、三傳，以及漢、唐歷代諸史，經諸儒所纂訂，尚不免鋪張揚厲，好為浮夸之辭，況譜乃一家所私，猶史而究異乎史，美則從而彰之，惡則從而諱之，修之者又未

㉑ 同上書，卷二，頁五下～六上。

> 必果得其人，又何怪夫敘記、傳、贊、詩、歌所載，核之其人之生平，僅千百中之什一，甚有相刺謬者。信史難，信譜尤難，雖然揄揚過當，諛慕同譏，而揆之下筆之初，何莫非曲體為人子孫者，善則稱親之意，使必芟繁就簡，證其實，正其訛，無有一毫憾於心而後已，微論不合乎時宜，將善善從長之謂何，而苛以相繩，得毋太自矯乎？㉒

看了蕭氏這番言論，確知《蔣氏譜》到清末重修時，在書善惡這方面有了觀點上的改變。事實上，就此後的譜書內容而言，實有善惡直書的趨向，例如舊譜例所規定的夫死婦再改適，是不准入譜的，原因是婦人不能守節，這不是美事，因而凡例條文有：「女子有夫死不能守節改適他處者，本與族絕，有子者存其姓氏，不列年庚。無子者則削其氏而已。」㉓但是清末的譜書裡並不依照舊譜凡例記事了，夫死婦再適人的也被登錄上譜了，以下兩例，可為說明：

> 祁森，繼雲長子，清嘉慶十八年癸酉五月二十日酉時生，同治二年癸亥正月十三日未時卒。葬窯沖頭。配陳氏，改適。女一，隨母適公棠唐姓。㉔

㉒ 同上書，卷二，頁一三～一四。

㉓ 同上書，卷二，頁一六上。

㉔ 同上書，卷一五下，世牒二下、頁十一下。

又如：

周濟，字五鳳，一字鋆卿，肇寅第五子，清咸豐五年乙卯十月二十九日寅時生，光緒十八年壬辰正月二十四日寅時卒。配江氏，改適。冥配夏氏，同治九年庚午八月十一日寅時生，光緒二十二年丙申正月初二日卯時卒，合葬鴨嘴山，無子，以兄周均次子國松入繼。㉕

據上可知：陳姓與江姓兩位改適的婦女，既無子，也都入譜了，並列有年庚資料，實已不是舊譜例所規範的書法了，改隱惡揚善為善惡並書，應為觀念上進步的表現。

至於《武嶺蔣氏宗譜》其他方面的登譜書例，一般說來，舊例頗不一致，如大多數清代譜書不准入譜的原因常有以下幾項：第一為下殤，即兒童不足八歲就死亡的，常不入譜。第二為出族當僧道的不書。第三為養子不書，這是與維持血統純正有關的。第四為妾可不書，而妾無子的必不書等等。現在我們在《武嶺蔣氏譜》中所見到的，常有不依一般譜例書寫的，幼殤的兒童很多都有記錄，這在世系與世牒中經常出現，這裡不擬贅舉。出為僧道的也有書入的，只是附在父傳之下而不為特立傳記而已。《蔣氏譜舊譜》考凡例中說：

㉕ 同上書，卷三二，世牒七上、頁三五上。

男子絕嗣，或未娶而卒與出家為佛老者，特傳不立，止父傳下見之。㉖

養子則在清代《蔣氏譜》中另有附譜，載於正譜之後，蔣開祐也為此事寫下如後的一段說明：

舊本螟沠，向無系圖。會咸豐戊午春重修世譜，宗房董事等以檢校委余，余以不勝其任故辭而不果。今觀養子世傳，間有族繁齒盛，根深葉茂者，故特著華蓋圖，以清圖眉，以便觀覽，而其世傳，仍謹遵老譜凡例，世世附於本支之末，余特詳系圖於其首。㉗

清末《武嶺蔣氏宗譜》中對於妾多稱側室，常不論有子無子，都一體登載。如：

孝儒，字廷梁，一字孝哉，國舜子。……清光緒三十二年丙午十二月二十四日酉時生，配王氏……光緒三十四年戊申十二月初一日未時生。側室湖北蘄春熊氏，……宣統三年辛亥三月初二日酉時生。子二：友均、友綱，俱王氏出。㉘

㉖ 同上書，卷二，頁一五下。
㉗ 同上書，卷二，頁一二下。
㉘ 同上書，卷一六，世牒三、頁六六下。

也有訂婚未娶而死亡的婦女被書記入譜的，如：

孝行、字興有，國章子。……光緒三十一年乙巳十一月初四日丑時生，聘王氏，光緒三十三年丁未十二月二十一日戌時生，未婚卒。……㉙

這些書法都是與舊譜例不合的，也是一般清代其他家族譜中不多見的。《武嶺蔣氏宗譜》的這些內容，相當特出，可以說是蔣氏一族對人權平等的一種表現，也是清末很多人家思想逐漸開通的一項明證。

最後再從宗法與譜法的結合方面，就《武嶺蔣氏宗譜》的記載，來看看清代譜學的演進。宋代譜學家以族譜與宗法相結合，即以族譜來維繫宗法，以宗法來維繫宗族親愛的精神，這是一股偉大的學術風氣，歷元、明、清而不墜。武嶺蔣氏，自從宋代以後，族譜就賡續不絕，家族也綿延興盛，未嘗不與此有關。《武嶺蔣氏宗譜》與宗法結合，見諸記載的以《龜山集》為最早。胡世佐在《龜山集》的序言中說：

㉙ 同上書，卷一六，世牒三、頁九九上。

> 以宗法為重，欲以大統小，倣於古也。[30]

這是說作譜之法，以大宗統小宗為次第。至於「倣於古」一事，似乎是效法歐、蘇譜例而言的。因為在歐、蘇以前，從沒有以譜法合於宗法的事。康熙三十八年重修蔣氏譜時，梁素在序文中也說：

> 今遵歐陽譜例，五世為一圖，取五世服盡之義。[31]

這已很明顯的表示標榜宗法以為譜法了。乾隆二年再修蔣氏譜時，族人蔣大盛則更進而以為族譜之作，乃是所以明宗法，益發加重了宗法在族譜中的力量。他說：

> 經云：立愛惟親始，立敬惟長始，斯二者總係於宗法，著明不相雜異也。傳曰：有大宗有小宗，大宗乃別子之後，百世不遷，小宗服窮則易，五世則遷也。古者君卿大夫，立嫡長世子以承國家，更立次別子為祖，以統族人，族人世世宗之，是謂大宗也。秦漢以來仕者

---

[30] 同上書，卷二，頁一下。

[31] 同上書，卷二，頁三上。

不世，而宗法遂廢，獨小宗之法，天下之人，尚可行之，其法有四：四世為準，繼禰之宗，與兄弟至於元孫也。繼祖之宗，與從兄弟至於曾孫也。繼曾祖之宗，以再從兄弟至於孫也。繼高祖之宗，以三從兄弟至於子也。蓋情見乎分，分見乎服；服窮則親盡，皆自小宗之祖降之，而世次遞傳，惟本於一，須有譜為編紀，則親親長長之道，可以不失。程子曰：管攝天下人心，敘宗派，厚風俗，使人不忘其自始，惟是明譜系，立宗子法，宗子法壞，則不知來處，以至流轉四方，分未遠，情未絕，而已不相識，故修輯譜籍，足挽頹風，所以明其宗也。……子姓蕃盛，世次綿遠，與時推遷者，勢也。宗有所自者，情也。太古散漫不可悉稽，由百世之下，溯百世之上，據譜牒之可徵，追吾身之自出，凡別遷異地，則以始遷一人為大宗，而繼其下，昭穆以服次為隆殺，則為小宗，各親其親，各長其長，而原於一本，覽諸譜牒瞭然明白矣。[32]

上引文中有「獨小宗之法，尚可行之」，實際上是蘇洵所發明譜例的口氣。另外，以始遷祖為大宗一說，也是南宋譜家的創作，總而言之，《武嶺蔣氏宗譜》當時也是以宋代以下的宗法來與族譜結合了。

又如當時族人蔣鳳元的〈世系統宗圖敘略〉中也說：

---

[32] 同上書，卷二，頁五上、下。

周官小史奠世系，所以著支派，辨親疏，等名分。記曰：上治祖禰，尊尊也。下治子孫，親親也。旁治昆弟，序以昭穆，此譜之所由作也。錄世系而必先之以統宗圖，乃法家禮宗子圖式，圖之繫名，本以列高尊祖父子孫曾元，故老泉蘇氏謂之著代，東萊呂氏謂此正是家法，蓋舉其要而大宗之統小宗，居然可見矣。㉝

他如嘉慶四年蔣氏重修譜中有江廷會自序一篇，其中也說：

宋時歐陽竟公，蘇文公各以己意著為譜，其為書譜例雖不同，而於大宗小宗之法則皆甚備，蓋惟詳敘支派，庶幾各得溯其先世之分合，不至愈遠而愈疏也。禮曰：尊祖故敬宗，敬宗則收族，即此意也。㉞

從以上兩段引文中，我們對宗法與譜法的關係更有進一步的了解：宗子圖式，係出自朱熹的家禮，亦與呂東萊的宗法條目有關。譜法效法歐蘇，可見直接與宋代宗法學者的持說結合在一起了。

此外，在清代歷次重修的蔣氏譜中，我們還可以看出：不僅僅以譜法結合宗法，而且每次修

㉝ 同上書，卷二，頁五～六。
㉞ 同上書，卷二，頁一〇上。

譜似乎都非得「會宗長」得其同意而後能著手。至於家族中的宗法組織，也由此可以看到一些端倪，如宗長就是大宗，房長就是分支分房的小宗。在重修的蔣氏譜中，整個清代都是以宗長及房長為大的，排名在先的。如乾隆二年重修本的纂修職名是這樣排比的：

宗長：萬雲字彬如

房長：學敏字順之、學瑀字禹玉、學福字偉光、學德字振之、學仕字偉臣、學良字振英、三相字佩公

采輯：大盛字天池、鳳輝字鳴岐、鳳靈字德輝、繼道字紹堯

檢校：鳳元字景文、鳳瑞字景祥、鳳雷字鷲百、鳳岡字于高

纂修：同里貢生梅巖唐禪[35]

乾隆三十三年重修譜時所附的纂修職名也以宗長為首。如：

宗長：學孝字瑞華

房長：學山、學忠字國良、學雷字鷲百、學雛字靈昭、鳳棲字庭竹、鳳立字高梧、鳳聲字

---

[35] 同上書，卷二，頁八下。

漢傑、鳳沼字鳴雝、天壽、鳳章字煥文、鳳才

倡議：鳳稷字克岐、茂馥字蘭芳

董事：鳳翼字才高、繼望字維揚、繼寧字國安、繼瑗字紹玉

采輯：鳳音字其祥、鳳陽字瑞明、繼蜚字乘雲、繼緯字揆贊、祁超字掄一

檢校：繼契字翼倫、繼龍字克言、繼緒字覲颺、祁雄字世英

纂修：新邑西園石紹南[36]

另外嘉慶四年重修本職名中也以宗長學棨為先，道光八年本首列宗長鳳綵，咸豐八年與光緒十四年則分別將宗長繼雲與祁鳳排在第一位，直到民國三十七年再修時，才改變這種傳統，將宗長與房長列名在總裁與總編纂之後了[37]。這當然與民國以後家庭宗法色彩已不如以前濃厚，族譜與宗法的結合也才發生變化。總之，整個清代，宗法仍未亡失，長子少子，有著輕重之分，宗族團結親愛精神也賴以維繫。

---

[36] 同上書，卷二，頁九下。

[37] 同上書，卷首，纂修職名。

三、結　語

我國族譜的發展，由周代下迄現在，已經有三千多年的歷史了，發展的經過，目前還沒有一部好的、完整的著作，來綜合作一番敘述，實在是我國譜學研究方面的一項缺陷。然而這部《武嶺蔣氏宗譜》，所援引的資料，可以上溯唐代，並且下歷宋、元、明、清，直到民國，賡續不斷，實為難得。同時歷代體例的演變，內容的發展，都有史實可靠，使人一目瞭然，因此，讀完這部族譜，很能教人覺得看了一部中國族譜發展史。雖然《武嶺蔣氏宗譜》在整個中國族譜發展史上，以範圍而論，是小了一些；但就譜學發展的這門學問看，我們確是從中了解了一個大概。

再以清代的情形來說，從這部蔣氏宗譜中，我們可以看出：從康熙到光緒，蔣氏一族對修譜的大宗旨，始終是由尊祖敬宗、化俗恤族的基礎發展的。清初仍以元明舊例修譜，乾隆之世則強調修譜「為功於人心世道較易於史也」的理想，甚至擴大修譜宗旨到「一道德、同風俗」的大同思想方面了，確實已經突破了小我家族的範圍。這是蔣氏譜優長處，也是清代譜學發展的新成就。另外從族譜的書法方面看，蔣氏譜也提供了我們一些譜學發展的痕跡記錄。例如世牒的修纂，在清代有了比元明更為進步的內容，而書婦女的規定，則對婦之所自，女之所適，以及子女之所出，也都比前朝清楚詳細了，這也證明婦女的地位在當時已經提高，清代族譜學的前進發展，由此可以得到證明。其他如書善惡的事，清代譜家不少人受了考據學的影響，主張求真求實，善惡直書。蔣氏譜中也一直重視這方面的事，每次重修，多一再討論，先採折衷辦法，以表善知恥，勵其心志為本。後來又認為彰善諱惡不是好辦法，如要家史比國史，就應該凡屬家庭之事都應直書無諱，包括婦女改嫁，子孫出為僧道等等，都不能隱而不記，這也是清代譜學進步的地方。最後，在蔣氏譜中我們看到了一個現象，也是一般清代成書的族譜中常常顯示的，即譜法與宗法的結合。以往有人以為滿清統治者因係異族入主，不希望漢人家族團結而產生力量，當然也不主張以宗法來維繫宗族的親愛精神了；然而蔣氏譜中正相反地反映了宗法在清代為一般家族所重視，宗法仍是與譜法牢牢結合在一起的，直到清末而未改變。

綜上所述，從《武嶺蔣氏宗譜》中，我們可以知道：清代譜學是繼承著宋明譜學的優良傳統，向前發展，繼續進步的。若說清代的文網對於「譜學在學術發揚上之地位則頗受損失」㊳，似乎稍嫌誇大，而清代文字獄影響到乾嘉考據學大興，考據學又或多或少的影響到清代譜家的講求無徵不信，這也許可以說文網又給了清代族譜學的發展一種好的影響㊴。總之，《武嶺蔣氏宗譜》是一部名譜，其中收集清代譜學資料特多，有助於我們了解清代族譜學發展的大概。

㊳ 羅香林先生著《中國譜牒學史》（中華學術與現代文化叢書，三，頁四九～五一，文化大學出版，臺北市）。

㊴ 請參看拙作〈清代譜禁探微〉（第一屆亞洲族譜學術研討會會議紀錄，頁一〇四～一三〇，聯合報國學文獻館主辦，一九八三年九月，臺北市）。

滄海叢刊書目（二）

國學類

先秦諸子繫年	錢　穆　著
朱子學提綱	錢　穆　著
莊子纂箋	錢　穆　著
論語新解	錢　穆　著
周官之成書及其反映的文化與時代新考	金春峯　著
尚書學述（上）、（下）	李振興　著
周易縱橫談	黃慶萱　著
考證與反思 ——從《周官》到魯迅	陳勝長　著

哲學類

哲學十大問題	鄔昆如　著
哲學淺論	張　康　譯
哲學智慧的尋求	何秀煌　著
哲學的智慧與歷史的聰明	何秀煌　著
文化、哲學與方法	何秀煌　著
人性・記號與文明 ——語言・邏輯與記號世界	何秀煌　著
傳統・現代與記號學 ——語言・文化和理論的移植	何秀煌　著
邏輯與設基法	劉福增　著
知識・邏輯・科學哲學	林正弘　著
現代藝術哲學	孫　旗　譯
現代美學及其他	趙天儀　著
中國現代化的哲學省思 ——「傳統」與「現代」理性的結合	成中英　著
不以規矩不能成方圓	劉君燦　著
恕道與大同	張起鈞　著
現代存在思想家	項退結　著
中國思想通俗講話	錢　穆　著
中國哲學史話	吳怡、張起鈞　著

中國百位哲學家	黎建球 著
中國人的路	項退結 著
中國哲學之路	項退結 著
中國人性論	臺大哲學系主編
中國管理哲學	曾仕強 著
孔子學說探微	林義正 著
心學的現代詮釋	姜允明 著
中庸誠的哲學	吳 怡 著
中庸形上思想	高柏園 著
儒學的常與變	蔡仁厚 著
智慧的老子	張起鈞 著
老子的哲學	王邦雄 著
當代西方哲學與方法論	臺大哲學系主編
人性尊嚴的存在背景	項退結編訂
理解的命運	殷 鼎 著
馬克斯・謝勒三論	阿弗德・休慈原著、江日新 譯
懷海德哲學	楊士毅 著
海德格與胡塞爾現象學	張燦輝 著
洛克悟性哲學	蔡信安 著
伽利略・波柏・科學說明	林正弘 著
儒家與現代中國	韋政通 著
思想的貧困	韋政通 著
近代思想史散論	龔鵬程 著
魏晉清談	唐翼明 著
中國哲學的生命和方法	吳 怡 著
生命的轉化	吳 怡 著
孟學的現代意義	王支洪 著
孟學思想史論（卷一）	黃俊傑 著
莊老通辨	錢 穆 著
墨家哲學	蔡仁厚 著
柏拉圖三論	程石泉 著
倫理學釋論	陳 特 著
儒道論述	吳 光 著
新一元論	呂佛庭 著

宗教類

佛教思想發展史論	楊惠南 著
佛教思想的傳承與發展 ——印順導師九秩華誕祝壽文集	釋恒清 主編
佛典成立史	水野弘元著、劉欣如譯
圓滿生命的實現（布施波羅密）	陳柏達 著
薝蔔林・外集	陳慧劍 著
維摩詰經今譯	陳慧劍 譯註
龍樹與中觀哲學	楊惠南 著
公案禪語	吳怡 著
禪學講話	芝峰法師 譯
禪骨詩心集	巴壺天 著
中國禪宗史	關世謙 譯
魏晉南北朝時期的道教	湯一介 著
佛學論著	周中一 著
當代佛教思想展望	楊惠南 著
臺灣佛教文化的新動向	江燦騰 著
釋迦牟尼與原始佛教	于凌波 著
唯識學綱要	于凌波 著
從印度佛教到中國佛教	冉雲華 著
中印佛學泛論 ——傅偉勳教授六十大壽祝壽論文集	藍吉富 主編
禪史與禪思	楊惠南 著

社會科學類

中華文化十二講	錢穆 著
民族與文化	錢穆 著
楚文化研究	文崇一 著
中國古文化	文崇一 著
社會、文化和知識分子	葉啟政 著
儒學傳統與文化創新	黃俊傑 著
歷史轉捩點上的反思	韋政通 著
中國人的價值觀	文崇一 著

奉天承運 ——古代中國的「國家」概念及其正當性基礎	王健文　著
紅樓夢與中國舊家庭	薩孟武　著
社會學與中國研究	蔡文輝　著
比較社會學	蔡文輝　著
我國社會的變遷與發展	朱岑樓主編
三十年來我國人文及社會科學之回顧與展望	賴澤涵主編
社會學的滋味	蕭新煌　著
臺灣的國家與社會	徐正光、蕭新煌主編
臺灣的社區權力結構	文崇一　著
臺灣居民的休閒生活	文崇一　著
臺灣的工業化與社會變遷	文崇一　著
臺灣社會的變遷與秩序（政治篇）、（社會文化篇）	文崇一　著
鄉村發展的理論與實際	蔡宏進　著
臺灣的社會發展	席汝楫　著
透視大陸	政治大學新聞研究所主編
寬容之路 ——政黨政治論集	謝延庚　著
憲法論衡	荊知仁　著
周禮的政治思想	周世輔、周文湘　著
儒家政論衍義	薩孟武　著
制度化的社會邏輯	葉啟政　著
臺灣社會的人文迷思	葉啟政　著
臺灣與美國的社會問題	蔡文輝、蕭新煌主編
自由憲政與民主轉型	周陽山　著
蘇東巨變與兩岸互動	周陽山　著
教育叢談	上官業佑　著
不疑不懼	王洪鈞　著
戰後臺灣的教育與思想	黃俊傑　著
太極拳的科學觀	馬承九編著
兩極化與分寸感 ——近代中國精英思潮的病態心理分析	劉笑敢　著
唐人書法與文化	王元軍　著
C 理論——易經管理哲學	成中英　著

史地類

國史新論	錢　穆　著
秦漢史	錢　穆　著
秦漢史論稿	邢義田　著
宋史論集	陳學霖　著
宋代科舉	賈志揚　著
中國人的故事	夏雨人　著
明朝酒文化	王春瑜　著
劉伯溫與哪吒城 ——北京建城的傳說	陳學霖　著
歷史圈外	朱　桂　著
歷史的兩個境界	杜維運　著
近代中國變局下的上海	陳三井　著
當代佛門人物	陳慧劍編著
弘一大師論	陳慧劍　著
弘一大師傳（修訂新版）	陳慧劍　著
杜魚庵學佛荒史	陳慧劍　著
蘇曼殊大師新傳	劉心皇　著
近代中國人物漫譚	王覺源　著
近代中國人物漫譚續集	王覺源　著
影響現代中國第一人	石永貴編著
魯迅這個人	劉心皇　著
沈從文傳	凌　宇　著
三十年代作家論	姜　穆　著
三十年代作家論續集	姜　穆　著
當代臺灣作家論	何　欣　著
史學圈裏四十年	李雲漢　著
師友風義	鄭彥棻　著
見賢集	鄭彥棻　著
思齊集	鄭彥棻　著
懷聖集	鄭彥棻　著
憶夢錄	呂佛庭　著
古傑英風 ——歷史傳記文學集	萬登學　著

走向世界的挫折 ——郭嵩燾與道咸同光時代	汪榮祖 著
周世輔回憶錄	周世輔 著
三生有幸	吳相湘 著
孤兒心影錄	張國柱 著
我這半生	毛振翔 著
我是依然苦鬭人	毛振翔 著
八十憶雙親、師友雜憶（合刊）	錢　穆 著
烏啼鳳鳴有餘聲	陶百川 著

語文類

標點符號研究	楊　遠編著
訓詁通論	吳孟復 著
翻譯偶語	黃文範 著
翻譯新語	黃文範 著
翻譯散論	張振玉 著
中文排列方式析論	司　琦 著
杜詩品評	楊慧傑 著
詩中的李白	楊慧傑 著
寒山子研究	陳慧劍 著
司空圖新論	王潤華 著
詩情與幽境 ——唐代文人的園林生活	侯迺慧 著
歐陽修詩本義研究	裴普賢 著
品詩吟詩	邱燮友 著
談詩錄	方祖燊 著
情趣詩話	楊光治 著
歌鼓湘靈 ——楚詩詞藝術欣賞	李元洛 著
中國文學鑑賞舉隅	黃慶萱、許家鸞 著
中國文學縱橫論	黃維樑 著
漢賦史論	簡宗梧 著
古典今論	唐翼明 著
亭林詩考索	潘重規 著
浮士德研究	李辰冬 著

十八世紀英國文學 ——諷刺詩與小說	宋美瑋 著
蘇忍尼辛選集	劉安雲 譯
文學欣賞的靈魂	劉述先 著
小說創作論	羅盤 著
小說結構	方祖燊 著
借鏡與類比	何冠驥 著
情愛與文學	周伯乃 著
鏡花水月	陳國球 著
文學因緣	鄭樹森 著
解構批評論集	廖炳惠 著
細讀現代小說	張素貞 著
續讀現代小說	張素貞 著
現代詩學	蕭蕭 著
詩美學	李元洛 著
詩人之燈 ——詩的欣賞與評論	羅青 著
詩學析論	張春榮 著
修辭散步	張春榮 著
修辭行旅	張春榮 著
橫看成嶺側成峯	文曉村 著
大陸文藝新探	周玉山 著
大陸文藝論衡	周玉山 著
大陸當代文學掃描	葉穉英 著
走出傷痕 ——大陸新時期小說探論	張子樟 著
大陸新時期小說論	張放 著
大陸新時期文學（1976－1989） ——理論與批評	唐翼明 著
兒童文學	葉詠琍 著
兒童成長與文學	葉詠琍 著
累廬聲氣集	姜超嶽 著
林下生涯	姜超嶽 著
青　春	葉蟬貞 著
牧場的情思	張媛媛 著
萍踪憶語	賴景瑚 著

現實的探索	陳銘磻 編
一縷新綠	柴扉 著
金排附	鍾延豪 著
放　鷹	吳錦發 著
黃巢殺人八百萬	宋澤萊 著
泥土的香味	彭瑞金 著
燈下燈	蕭蕭 著
陽關千唱	陳煌 著
種　籽	向陽 著
無緣廟	陳艷秋 著
鄉　事	林清玄 著
余忠雄的春天	鍾鐵民 著
吳煦斌小說集	吳煦斌 著
卡薩爾斯之琴	葉石濤 著
青囊夜燈	許振江 著
我永遠年輕	唐文標 著
思想起	陌上塵 著
心酸記	李喬 著
孤獨園	林蒼鬱 著
離　訣	林蒼鬱 著
托塔少年	林文欽 編
北美情逅	卜貴美 著
日本歷史之旅	李希聖 著
孤寂中的廻響	洛夫 著
火天使	趙衛民 著
無塵的鏡子	張默 著
關心茶 ——中國哲學的心	吳怡 著
放眼天下	陳新雄 著
生活健康	卜鍾元 著
文化的春天	王保雲 著
思光詩選	勞思光 著
靜思手札	黑野 著
狡兔歲月	黃和英 著
老樹春深更著花	畢璞 著
列寧格勒十日記	潘重規 著

文學與歷史 胡秋原 著
——胡秋原選集第一卷
晚學齋文集 黃錦鋐 著
天山明月集 童山 著
古代文學精華 郭丹 著
山水的約定 葉維廉 著
明天的太陽 許文廷 著
在天願作比翼鳥 李元洛輯注
——歷代文人愛情詩詞曲三百首
千葉紅芙蓉 李元洛輯注
——歷代民間愛情詩詞曲三百首
醉樵軒詩詞吟草 楊道淮 著
陳寅恪晚年詩文釋證 余英時 著
鳴酬叢編 李飛鵬編纂
秩序的探索 周慶華 著
——當代文學論述的省察
樹人存稿 馬哲儒 著

美術類

音樂與我 趙琴 著
音樂隨筆 趙琴 著
美術鑑賞 趙惠玲 著
爐邊閒話 李抱忱 著
琴臺碎語 黃友棣 著
樂林蓽露 黃友棣 著
樂谷鳴泉 黃友棣 著
樂韻飄香 黃友棣 著
樂海無涯 黃友棣 著
弘一大師歌曲集 錢仁康編著
立體造型基本設計 張長傑 著
工藝材料 李鈞棫 著
裝飾工藝 張長傑 著
人體工學與安全 劉其偉 著
現代工藝概論 張長傑 著
藤竹工 張長傑 著
石膏工藝 李鈞棫 著

色彩基礎	何耀宗 著
當代藝術采風	王保雲 著
都市計劃概論	王紀鯤 著
建築設計方法	陳政雄 著
古典與象徵的界限 ——象徵主義畫家莫侯及其詩人寓意畫	李明明 著
民俗畫集	吳廷標 著
畫壇師友錄	黃苗子 著
自說自畫	高木森 著

～涵泳浩瀚書海　激起智慧波濤～